Sozialpsychologie des Schulalltags

Im Klassenzimmer

Band II

Gisela Steins, Kristin Bitan, Anna Haep

Sozialpsychologie des Schulalltags
Im Klassenzimmer
Band II

PABST SCIENCE PUBLISHERS
Lengerich

Korrespondenzadresse: Prof. Dr. Gisela Steins
Universität Duisburg-Essen
Fakultät für Bildungswissenschaften
Institut für Psychologie
45117 Essen
e-mail: gisela.steins@uni-due.de
homepage: www.uni-due.de/biwigst

Bibliografische Information Der Deutschen Bibliothek
Die Deutsche Bibliothek verzeichnet diese Publikation in der Deutschen Nationalbibliografie; detaillierte bibliografische Daten sind im Internet über <http://dnb.ddb.de> abrufbar.

© 2014 Pabst Science Publishers, 49525 Lengerich, Germany

Formatierung: Susanne Kemmer
Druck: KM-Druck, D-64823 Groß-Umstadt

Print: ISBN 978-3-89967-955-7
eBook: ISBN 978-3-89967-956-4 (www.ciando.com)

INHALT
Inhaltsübersicht

Inhaltsverzeichnis

„Klassenführung ist kein Programm,
kein Regelwerk, kein Gesellschaftsspiel,
keine Organisationsform (...)
Klassenführung geschieht immer –
es gibt keine Pause."

(Rainer Dollase, 2012, S.7)

Teil I: Einführung

TEIL I
Einführung

Dieser kurze Teil dient einer Einführung in die Ziele dieses Bandes, seiner Bezüge zu Band I und den notwendigen Begriffen und Begriffsproblemen, um sich der Frage anzunähern, wie die Herausforderungen im Klassenzimmer bestmöglich für alle Beteiligten gestaltet werden können.

Einige zentrale Gedanken von Norbert Elias werden immer wieder Erwähung finden. Norbert Elias, ein wichtiger Soziologe des letzten Jahrhunderts, der bis in das gegenwärtige Jahrhundert sichtbar ist, hat sich Zeit seines Lebens mit den Zivilisationsprozessen von Gesellschaften beschäftigt. Obwohl seine soziogenetischen Analysen sich in der Tat auf Gesellschaften beziehen, ist er einer der wenigen Wissenschaftler, die die Trennung zwischen Individuum und Gesellschaft nicht vollziehen, sondern ganz im Gegenteil, zu der Erkenntnis kommen, dass Individuen Gesellschaften sind und Gesellschaften Individuen (Elias, 2003). Diese Analysesicht ist eine wichtige erkenntnistheoretische Herangehensweise an die Schule, die diesem Band zugrunde liegt: Schule wird nicht als leblose Institution gesehen, sondern als ein gelebtes Handlungsfeld, in dem sich viele verschiedene Individuen, gleichwohl sie in Gruppenbezügen sind, als Individuen verhalten und in einer Gruppe irgendwie zu synchronisieren haben.

Elias verweist auf die Bedeutung eines freundlichen Miteinanders. Dies ist eine rote Diskussionslinie dieses Bandes. In der Schule ist es aber nur eine Dimension, die relevant ist. Die andere Dimension, die der Führung, des Forderns, der Erwartung ist ebenso wichtig. Die Schulzeit wird dann wahrscheinlicher eine gute Zeit für alle Beteiligten, wenn beide Dimensionen kombiniert reflektiert und umgesetzt werden. Das genau macht den Lehrberuf zu der anspruchsvollen Profession, die er ist und das genau ist das Thema des Bandes.

Ebenfalls spielen für viele Ausführungen dieses Bandes die Argumente von Rainer Dollase eine zentrale Rolle zu der Frage was Klassenführung ist und wie sie geschickt gemeistert werden kann (Dollase, 2012). Das eingangs aufgeführte Zitat ist als Würdigung dieser einzigartigen und weiterführenden Überlegungen, die für unsere Arbeit zentral sind, gedeckt.

1. Anmerkungen zu Band II

In Band I *Sozialpsychologie des Schulalltags* wurde anhand ausgewählter grundlagenwissenschaftlicher Bezüge und angewandten Vertiefungen beschrieben, wie *Sozialpsychologie als Erkenntnisquelle* verschiedenen Ebenen der Schulgestaltung dienen kann (Steins, 2014). Da in der Schule viele verschiedene Menschen idealerweise miteinander klar kommen, wenn es für alle eine interessante und positiv bewegende Zeit werden soll, hatte Band I sich zum Ziel gesetzt, fundierte Wissensgrundlagen über menschliche Beziehungen als eine Art Elementarlehre von Beziehungen in der Schule darzubieten. Bereits in Band I wurde anhand ausgewählter Situationen exemplarisch gezeigt, wie dieses Wissen schulalltagspraktisch Anwendung finden kann.

In *Band II* werden ausgehend von diesen und weiteren sozialpsychologischen Erkenntnissen die verschiedenen Ebenen der konkreten Arbeit im Klassenzimmer unter die Lupe genommen. Da schulisches Unterrichten eine Arbeit mit und in Gruppen ist, spielt hier nicht allein die individuelle Interaktionsgestaltung eine Rolle, sondern vor allem auch der Umgang mit einer größeren Lerngruppe. Die Lektüre des Bandes soll einerseits zum *Wissenserwerb* dienen: Welche Prozesse spielen im Klassenzimmer eine wichtige Rolle und wie können sie gesteuert werden? Andererseits soll die Lektüre anregen, *die eigene Lehrpraxis zu reflektiere*n, sie kann auch *eine diagnostische Hilfe* bei bestehenden Problematiken in der eigenen Lehrpraxis ein.

Sozialpsychologische Forschungserkenntnisse helfen zu verstehen, warum sich Interaktionen zwischen Individuen auf bestimmte Art und Weise entwickeln und welche Konsequenzen damit verbunden sind. Die Sozialpsychologie liefert eine Einsicht in grundlegende interaktive Prozesse. Sozialpsychologische Erkenntnisse bieten die Grundlagen, welche ein tiefes Verständnis des schulischen Miteinanders erst ermöglichen. So können Interaktionen bewusst, komplex, konstruktiv und situationsangemessen gestaltet werden. Sozialpsychologie ist sozusagen eine *Elementarlehre sozialer Beziehungen*.

Die in Band I beschriebenen Prozesse in sozialen Interaktionen wie Macht, Konformität, Reaktanz, Attribution, Modelllernen, Selbstaufmerksamkeit sowie soziale Wahrnehmung werden auch in diesem Band eine Rolle spielen, sie werden aber, anders als in Band I nicht als getrennte theoretische Perspektiven aufgeführt, sondern als grundlegende Elemente sozialer Interaktionen als bekannt vorausgesetzt. Zur besseren Orientierung von Lesern/innen, die mit diesen Perspektiven noch nicht vertraut sind, sind hier Querverweise zu den entsprechenden Kapiteln in Band I aufgeführt. Im vorliegenden Band II spielen ebenfalls Erkenntnisse aus den Schnittstellen der Sozialpsychologie mit anderen psychologischen Disziplinen, der sozialpsychologischen Lern- und Emotionsforschung (Bitan, Haep & Steins 2013) sowie der Umweltpsychologie (Flade, 2011) eine bedeutsame Rolle, um sich einem Verständnis der Komplexität des Klassenzimmers anzunähern.

Die Verwobenheit schulalltäglicher Phänomene mit der abstrakten Theorieebene ist ein zentrales Anliegen des Bandes; in den Worten von Elias gesprochen:

> „Allgemein gesprochen, ist für diese wissenschaftlichen (...) Formen der Problemlösung charakteristisch, dass im Prozeß des Wissenserwerb Fragen auftauchen und beantwortet werden, die jeweils das Ergebnis einer ununterbrochenen Hin- und Herbewegung zwischen zwei Wissensebenen sind: der Ebene allgemeiner Ideen, Theorien oder Modelle und der Ebene der Beobachtung und Wahrnehmung bestimmter Ereignisse. Die letztere bleibt, wenn sie nicht genügend durch die erstere befruchtet wird, ungeordnet und diffus; die erstere bleibt, wenn sie nicht genügend durch die letztere befruchtet wird, von Gefühlen und Phantasien beherrscht. Es ist, so könnte man sagen, das Bestreben von Wissenschaftlern, einen stetig wachsenden Fundus von Theorien oder Modellen und einen gleichermaßen wachsenden Fundus von Einzelbeobachtungen mit Hilfe einer ununterbrochenen kritischen Konfrontation immer wieder in Übereinstimmung miteinander zu bringen." (Elias, 1987; 2003; S. 135).

Ein gutes Beispiel liefert hier der Umgang mit Schulalltagssituationen aus der Sicht von Lehramtsstudierenden *vor ihrem Wissenserwerb* zu Fragen des Umgangs mit Gruppen Lernender im Klassenzimmer. In einer noch laufenden Untersuchung wird den Studierenden der Anfang eines Kapitels aus Ottfried Preußlers „Herr Klingsor kann ein bisschen zaubern" vorgelegt und zwar der Beginn des Kapitels aus „Der kleine Jantsch" (Preußler, 1987). Sie lesen von den Schwierigkeiten des Lehrers Effenberger (Grundschule) mit einem Schüler, dem kleinen Jantsch. Der kleine Jantsch ersinnt alle möglichen Störungen und wendet diese häufig und voller Freude an, um seinen Lehrer, Herrn Effenberger, zum Explodieren zu bringen. Es wird geschildert, welche große Selbstwirksamkeit der kleine Jantsch bei der Verfolgung dieses Ziels entwickelt und in welche Hilflosigkeit, Wut und Verzweiflung Herr Effenberger gerät.

Den Studierenden wird ein Auszug über die ersten Seiten des Kapitels vorgelegt, der an der Stelle endet, an der Herr Effenberger den kleinen Jantsch packt und in seiner Verzweiflung seinen Kollegen Herrn Klingsor mitten in dessen Unterricht aufsucht und um Hilfe bittet.

An dieser Stelle werden die Lehramtsstudierenden aufgefordert, die Geschichte zu Ende zu schreiben.

Im Folgenden finden sich drei ausgewählte Fortsetzungen der Geschichte:

Auswahl 1: Herr Effenberger erzählte seinem Kollegen, dass Jantsch bisher Streiche gespielt hatte, jedoch dieses mal zu weit ging. Er teilte im Unterricht mit, dass er kurz auf die Toilette gehen müsse. In Wirklichkeit schleichte er sich aus dem Schulgebäude und streute auf die Hauptstraße vor dem Schulhof Reiszwecken und Nägel. Als Herr Effenberger erst zur zweiten Stunde zur Schule kam, fuhr er die Straße entlang, wobei seine Reifen des Autos platzten und beinahe einen Unfall verursacht hätte. Als Herr Effenberger auf dem Schulhof Jantsch lachend sah, wusste er, dass der Schüler dies bewerkstelligt hatte. Er stieg wutentbrand aus und ging zu Jantsch, packte ihn am Kragen und ging ins Schulgebäude. Er wusste, dass Herr Klingsor, der Schulleiter, zur selben Zeit die Klasse von Jantsch unterrichtete. Herr Klingsors war total entsetzt über die Geschehnisse. Er meinte, dass eine Klassenkonferenz einberufen wird, um die nötigen Sanktionsmöglichkeiten offen zu legen. Nach dem Schulunterricht suchte Herr Effenberger das Gespräch mit Herrn Klingsors. Er teilte mit, dass Jantsch aus einem bestimmten Grund so reagiert und Sanktionieren nicht die richtige Wahl sei. Vielmehr sollte eine weitere Instanz, Schulpsychologe, eingeschaltet werden, um der Frage auf den Grund zu gehen.

Auswahl 2: Herr Klingsor schlägt Herrn Effenberger vor, dass er für einige Stunden in der Klasse hospitiert und ein besonderes Augenmark auf Jantsch legt und Herrn Effenberger unterstützt. Herr Effenberger willigt ein und weist ihn sofort darauf hin, dass er wohl noch nie so einen schlimmen Schüler wie Jantsch gesehen hat. Während Herr Klingsor also in den darauffolgenden Stunden hospitierte, stellte er fest, dass Herr Effenberger sehr auf Jantsch fokussiert ist und förmlich nach Fehlern des Jungen sucht. Jantsch ist ein typischer Zappelphilipp und lässt sich durch Herrn Effenbergs Wut auf ihn nur noch mehr austadeln. Herr Klingsor kann seinen Kollegen Herrn Effenberger natürlich nicht sagen, dass er das Übel aller Probleme ist, weil er Jantsch oftmals unfair behandelt und dessen Verhalten überbewertet. Also schlägt er Herrn Effenberger vor, dass Jantsch unter Zustimmung der Eltern in eine andere Klasse kommt, weil die Dynamik in der Klassengemeinschaft nicht funktioniert. Herr Effenberger ist seinen „Problemschüler" los und Jantsch bekommt unter einem neuen (Klassen-) lehrer die Chance auf einen unvoreingenommenen, fairen Umgang.

Auswahl 3: Herr Klingsor forderte den Herrn Effenberg auf, erstmal den Jungen lozulassen. Der Junge wurde daraufhin in den „Trainingsraum" geschickt, wobei er betreut wurde und selbständig einen Aufsatz über sein Fehlverhalten verfassen sollte. Der Kollege, Herr Klingsor, führte ein Gespräch mit Herrn Effenberger. Er versuchte ihm die Augen zu öffnen, dass egal wie schlimm ein Schüler sich auch verhalten sollte, man nur sein Fehlverhalten nicht gut finden sollte und nicht den Schüler selbst. Außerdem fügte sein Kollege hinzu, dass er als Lehrer Ruhe bewahren soll und nicht die provozierenden Handlungen persönlich nehmen soll. Nach dem Gespräch fühlte sich Herr Effenberger erleichtert und kehrte in seiner Klasse zurück. Der schlimme Schüler wurde für zwei Tage von der Schule verwiesen, weil er auch im Trainingsraum nicht die Regeln befolgt hatte. Herr Effenberger genoss die zwei Tage, in dem er problemlos unterrichten konnte. Doch als der Schüler wieder kam, fing alles wieder von vorne an. Es wurde schlimmer als zuvor. Der Schüler beleidigte den Lehrer, dabei verlor er die Kontrolle über sich und gab dem Schüler eine Backpfeife. Es endete tragisch für den Lehrer, denn er verlor seinen Amt und wurde arbeitslos. Herr Effenberger ärgerte sich darüber, wie ein kleiner Junge von heute auf morgen sein Leben ruinieren konnte. Der Schüler wurde daraufhin psychologisch betreut. Es stellte sich heraus, dass seine Eltern sich getrennt hatten, woraufhin er alle Männer hasste. Sein Vater verließ einfach die Familie. Das war also die Erklärung für das auffällige Verhalten des Jungen.

Herr Effenberger war umso wütender auf sich, als er den Grund erfahren hatte. Er stellte fest, dass er als Lehrer versagt hatte, in dem er nicht objektiv an die Sache rangegangen ist. Ihm wurde bewusst, dass er hätte vieles anders machen können.

Doch nun war es zu spät. Herr Effenberger suchte sich einen neuen Job. Die psychologische Betreuung tat dem kleinen Jungen gut, so dass er die Trennung seiner Eltern verarbeiten konnte.

Er wurde nicht nur wieder zu einem netten Schüler, sondern seine Leistungen verbesserten sich ebenfalls. Aufgrund seines schlechten Gewissens schrieb der Schüler dem Herrn Effenberger einen Brief, in dem er sich bei ihm entschuldigte. Herr Effenberger hat sich über den Brief gefreut und ist dabei mit der Vergangenheit abzuschließen.

Diese Fortsetzungen der Geschichten sind teilweise sehr anrührend, denn sie spiegeln die Ängste, Alltagsvorstellungen und Orientierungen der Studierenden wieder angesichts von Fehlverhalten auf Seite der Schüler/innen. Auswahl 1 zeigt, dass der/die Studierende das Verhalten des Lehrers Effenberger rechtfertigt, indem Jantsch ein noch extremeres Verhalten unterstellt wird, aus Herr Klingsor wird der Rektor der Schule (in der Geschichte ist er nur ein einfacher Lehrer) und es wird ein Schulpsychologe hinzugenommen. Die Fortsetzung *externalisiert* das Ereignis vollkommen.

Auswahl 2 bringt Jantschs Verhalten implizit mit dem ADHS Syndrom in Verbindung, Jantsch ist ein Zappelphilip und es gibt auch hier eine *exkludierende* Lösung, die Jantsch in eine andere Klasse verweist.

Auswahl 3 zeigt ein ähnliches Handlungsmuster. Auch hier kann das Problem nicht durch Herr Effenberger gelöst werden, auch nicht durch den Einsatz des Kollegen: der Trainingsraum, die Suspension vom Unterricht werden als Sanktionen verhängt, die den Schüler aus dem Unterricht entfernen; ein Verständnis für den Schüler wird generiert durch die Erwähnung psychischer Belastungen des Schülers. Diese Auswahl enthält eine recht dramatische Entwicklung der Geschichte, indem Herr Effenberger zuschlägt und daraufhin seines Amtes enthoben wird; die Auswahl zeigt auch die Angst des/r Studierenden und weist daraufhin hin, dass es als ungerecht bewertet wird, dass schwierige Schüler auch wohlmeinenden Lehrern gravierende Probleme bereiten können.

Das Ende dieser wirklich wunderbaren Geschichte von Ottfried Preußler bekommen die Studierenden nach einer Veranstaltung zur entwicklungsförderlichen Interaktionsgestaltung in der Schule zu lesen (Veranstaltungen mit unterschiedlichen Schwerpunkten). Die Geschichte geht folgendermaßen: Durch Herr Klingsors beruhigenden Einfluß (denn Herr Klingsor kann ein bisschen zaubern), bemerkt Herr Effenberger plötzlich die komischen Aspekte der Situation und muss so über den kleinen Jantsch lachen, dass dieser vor Erstaunen ganz still wird; Herr Effenberger behält seinen Humor bei und läßt sich nicht mehr von dem kleinen Jantsch provozieren, so dass seine Provokationen mit der Zeit ganz aufhören. Diese nüchterne Kurzfassung des Verlaufs wird von Preußler unvergleichlich poetisch beschrieben und bekommt durch die Zauberkräfte von Herr Klingsor eine märchenhafte Anmutung. Die Studierenden können jedoch trotz der märchenhafte Dimension der Geschichte *nach* den einschlägigen Veranstaltungen sofort den Bezug zu dem sehen, was sie über Interaktionsgestaltung gelernt haben. Das Wissen um Dimensionen, Aspekte, Inhalte, Haltungen, Theorien, Beispiele der konstruktiven Interaktionsgestaltung gehört sicher zum *relevanten Wissensfundus* für den Lehrberuf.

Dieser Band möchte dazu beitragen, diesen Wissensfundus zu sichern.

1.1   Zum Aufbau des Bandes

Band II ist in *sechs* unterschiedlich umfassende Teile mit insgesamt 19 Kapiteln ungleicher Länge gegliedert, die verschiedenen Zielen dienen. Die Kapitel eines Teils sind nicht immer streng inhaltlich getrennt, sondern beschäftigen sich mit unterschiedlichen Aspekten des Themas des jeweiligen Teils und gehören also zusammen. Es ist übersichtlicher sie in Kapitel aufzuteilen. *Teil I Einführung* vermittelt einen Überblick über die verschiedenen Begriffe, die mit Klassenzimmerforschung verbunden sind und ermöglicht es den Lesern/innen, die in Band II aufgeführten Perspektiven einzuordnen. Damit wird bereits die Vorarbeit zu *Teil II Wer ist im Klassenzimmer* geleistet, in dem die unterschiedlichen Realitätsorientierungen auf die Schule im Klassenverband zusammengetragen werden. Da dieser Band durch viele beispielhafte Illustrationen die Nähe zur Praxis herzustellen versucht, werden zwei fiktive Lehrende eingeführt: Frau Kern und Herr Konrad. Teil II zielt vor allem darauf ab, eine realitätsgerechte Deskription durchschnittlicher Verhältnisse im Klassenzimmer zu liefern, die gleichzeitig die Anforderungen schon auf einer deskriptiven Ebene liefert, denen sich Schüler/innen sowie Lehrer/innen in einer durchschnittlichen Schule zu stellen haben.

Teil III Grundlagen des Unterrichtens in der Klasse enthält wichtige Grundlagenkenntnisse darüber, wie das Zusammenspiel aus Selbsttechnologien, Umgebungsgestaltung, Interaktionsgestaltung und physikalischen Arrangements zu guten präventiven Bedingungen führen kann. Erst dann wird in *Teil IV Die Klasse als Gruppe verstehen* der Blick auf die Klasse als Gruppe gelenkt. Die wichtigsten Erkenntnisse aus der gruppendynamischen Grundlagenforschung werden in Hinblick auf die Prozesse, die in einer Klasse relevant sind, zusammengetragen und vorgestellt. Warum manche Klassen einen hilfreichen und unterstützenden Zusammenhalt aufweisen, andere jedoch das Gegenteil, wird danach verständlicher sein. In *Teil V In der Klasse* wird das Verhalten auf der Basis der Tatsache, dass viele Personen gleichzeitig zu unterrichten sind, und zwar von einer einzelnen Person, die sozial und numerisch abgesetzt von dieser Gruppe ist, beleuchtet. Aus dem Blick des unterrichtlichen Geschehens heraus, wird beschrieben wie es ist in der Gruppe zu lernen und zu unterrichten und was dies für alle Beteiligten bedeutet. Bis zu diesem Teil haben die Leser/innen zahlreiche Erkenntnisse erworben und viele Anregungen bekommen, wie unterrichtliche Interaktionen präventiv und förderlich gestaltet werden können. Allerdings kann eine noch so gute Interaktionsgestaltung das Auftreten von Problemen, auch gravierenden Problemen, niemals vollständig verhindern. Deshalb widmet sich der letzte Teil *VI Wenn Interventionen notwendig sind* der Frage, was zu tun ist, um Probleme zu verstehen und zu lösen. Ein besonders schwieriges Problem, dass Desintegration auf Klassenebene betrifft, schließt diesen Teil beispielhaft ab.

Das letzte Kapitel dient einer Zusammenführung des Gesagten unter besonderer Berücksichtigung einer sozialpsychologischen Analyse.

1.2   Zum Gebrauch des Bandes

Die Teile des Bandes sind prinzipiell für sich schlüssig und verständlich. Dennoch haben wir mit vielen Querverweisen, auch zu Band I, deutlich gemacht, dass diese verschiedenen Perspektiven auf ein und dieselbe Frage, wie Schule eine gute Zeit für alle Beteiligten werden kann, zusammengehören. Der von uns hier präsentierte Aufbau entspricht einer bestimmten Logik, indem wir uns von außen immer konkreteren Problematiken des Klassenzimmers nähern. Aber der/die Leser/in mag selbst über die eigene Vorgehensweise entscheiden. In jedem Fall hoffen wir mit dem Band dazu beizutragen, dass die beträchtliche Zeit in der Schule, die Heranwachsende und Lehrer/innen dort verbringen, gut gelebt werden kann.

2. Fachbegriffe und ihr Bezug zur Realität des Klassenzimmers

Das schulische Miteinander wird in der akademischen Lehre häufig unter den Begriffen *Classroom Management* bzw. *Klassenführung* thematisiert. Der Begriff Management appelliert an organisatorische Fähigkeiten und vernachlässigt für viele bereits schon im Begriff die soziale Dimension, also die Gestaltung des Miteinanders. Andererseits steckt im Management das „sich um etwas kümmern", was diese soziale Dimension denotativ beschreibt, aber konnotativ oft nicht wiedergibt. Führung klingt für viele Menschen autoritär und dominant. Damit können sich viele heute nicht mehr identifizieren. Andererseits läuft eine Gruppe von durchschnittlich 28 Heranwachsenden nicht von allein, Führung scheint irgendwie notwendig zu sein. Im Folgenden werden einige zentrale Gedanken zu verschiedenen Begrifflichkeiten wiedergegeben, die direkt und indirekt mit der Frage zu tun haben, wie man als lehrende Person mit einer Gruppe von Lernenden gut umgehen kann. Was diese Gedanken bedeuten, wird abschließend zusammengefasst werden.

2.1 Classroom Management

Classroom Management ist ein interdisziplinäres Forschungsgebiet, das insgesamt wenig Beachtung in den einzelnen Fächern und interdisziplinären Kongressen findet (Evertson & Weinstein, 2006; Steins & Welling, 2010). Obwohl sich viele nützliche Erkenntnisse aus diesem interdisziplinären Forschungsgebiet ergeben, ist davon in der Lehrer/innenausbildung nur sehr wenig systematisch integriert. Unter den Begriffen Classroom Management bzw. Klassenführung werden häufig lediglich Techniken der Schüler/innendisziplinierung und –sanktionierung verstanden. Der entscheidende Aspekt, nämlich die Interaktionswirkung und –gestaltung des/der Lehrer/in auf die Schüler/innen, sowohl auf individueller wie auch auf Gruppenebene, wird vernachlässigt.

Begriffe wie Classroom Management oder Klassenführung beschäftigen sich, entgegen dieser Einschränkungen, aber genau mit dieser Frage nach einer guten, d.h. entwicklungsförderlichen Interaktionsgestaltung (Kounin, 1979; Brophy, 1988, 1999; Doyle, 1986; Watson & Ecken, 2003):

"We define classroom management as the actions teachers take to create an environment that supports and facilitates both academic and social-emotional learning. In other words, classroom management has two distinct purposes: It not only seeks to establish and sustain an orderly environment so students can engage in meaningful academic learning, it also aims to enhance students' social and moral growth. From this perspective, *how* a teacher achieves order is as important as whether a teacher achieves order." (Evertson & Weinstein, 2006, S. 4).

Diese Definition zeigt, dass nicht nur die Lernenden, sondern auch die Lehrenden als *Teil einer Interaktion* betrachtet werden. Es ist also ein interaktiver Blick auf das Schulgeschehen notwendig, um es verstehen und positiv beeinflussen zu können. Die Definition macht ebenfalls deutlich, dass es nicht *die feste Routine* gibt, um entwicklungsförderliche Bedingungen für eine Klasse herzustellen. Es wird immer von der Zusammensetzung, dem Ausgangsniveau und den Entwicklungen der Klasse abhängen, welche Bedingungen für eine gute Entwicklung notwendig sind. Es geht in der Schule generell um Entwicklung. Die *kognitive, soziale und emotionale Entwicklung* können nicht getrennt voneinander betrachtet werden, wenn die bestmögliche Entwicklung Heranwachsender das Ziel ist.

Der in den PISA Studien gefundene starke Zusammenhang zwischen Sozialer Herkunft und Schulerfolg (Bauer, 2012), hat viel damit zu tun, dass die Kinder mit sehr unterschiedlich entwickelten sozialen und emotionalen Kompetenzen in die Schulwelt eintreten. Kinder, die bislang wenig kulturelle und/oder sozial-emotional aufbauende Erfahrungen machen konnten, werden mit anderen Kompetenzen im Schulalltag arbeiten können als Kinder mit einem reichen diesbezüglichen Kapital (Kuck, del Monte, Maas, Parker & Steins 2007; Maas & Steins 2012). Die Umwelt- sowie Interaktionsgestaltung kann sich idealerweise danach richten, um entsprechende Kompetenzen zu entwickeln.

Diese Kompetenzen werden aber häufig nicht systematisch entwickelt, was der Inhalt des Erziehungsauftrags wäre, sondern stillschweigend vorausgesetzt. Fertigkeiten wie Impulskontrolle, Emotionsregulation, Aufmerksamkeitssteuerung, Selbstreflexion, Selbstkenntnis und Frustrationstoleranz sowie Verantwortlichkeit sind eine notwendige Voraussetzung für Bildungserfolg (Liew, Chen & Hughes, 2010). Sind diese Fertigkeiten nicht altersangemessen entwickelt, können sie vor allem in den gesellschaftlichen Gruppen wahrscheinlicher nicht kompensiert werden, in denen die Kinder diese Fertigkeiten nicht durch ihr Elternhaus erwerben (Pianta & Walsh, 1996).

Die Definition von Evertson und Weinstein verdeutlicht letztendlich, dass eine ideologische Herangehensweise an die Berufsrolle von Lehrern/innen nicht erkenntnisfördernd ist. Da Schüler/innen sich in ihren vielfachen Kompetenzen, die sie mitbringen, extrem unterscheiden, gibt es *nicht die eine* Lösung und auch *nicht nur wenige* Lösungen. Lehrer/innen benötigen ein breites und tiefes Wissen über Interaktionen, um *das Interaktionsmuster* zu finden, dass sowohl ihnen selber als auch den Schüler/innen eine gute Zeit miteinander, im Sinne von geistigem, sozialem und emotionalem Wachstum, ermöglicht und zwar nicht zu vergessen, auf *individueller* als auch auf *Gruppenebene*, was häufig bedeutet, dass es nicht die perfekte Lösung geben wird, sondern nur den Versuch einer guten Arbeit und eines Ausgleichs.

2.2   Klassenführung

Die Frage nach der Notwendigkeit von *Führung in erzieherischen Kontexten* ist berechtigt. Kinder entwickeln sich nicht von allein, sondern benötigen, um bestimmte Ziele erreichen zu können, eine *altersangemessene Anleitung*. Ganz allein und selbstreguliert zu arbeiten ist eine Fähigkeit, die Heranwachsende hoffentlich annähernd erreicht haben, wenn sich ihre Schullaufbahn dem Ende zuneigt. Die meisten Kinder werden dieses Ziel jedoch von alleine nicht erreichen. In der Unterrichtsforschung wird viel zu häufig implizit der/die motivierte und bildungsinteressierte Schüler/in als Normalfall propagiert. Normal, im Sinne von Auftretenswahrscheinlichkeit, ist aber möglicherweise das Gegenteil. Deswegen ist Führung im Sinne von konstruktiver und motivierender Interaktionsgestaltung ein wichtiger Aspekt des Miteinanders.

Da das Alltagserleben der Menschen gleichzeitig die höchste Eindruckskraft hat, sind die *tatsächlichen* Begegnungen zwischen Menschen auch die stärksten Eindrücke, die Heranwachsende in der Schule haben (Berger & Luckmann, 1998). Neben dem *Wie* der Unterrichtsgestaltung verblasst häufig das *Was*, der Unterrichtsinhalt selbst. Erwachsene Bezugspersonen prägen und etablieren die zukünftigen Szenarien für die Heranwachsenden. Auch ein Lehrer, der nicht führen will, ist ein *Modell* und führt allein durch seine Präsenz (Bandura, 1965, 1979, 1986; Haep, Steins & Wilde, 2012). Natürlich machen Schüler/innen nicht blind das nach, was die Lehrpersonen ihnen vorleben. Auch die Eltern der Heranwachsenden spielen als Modelle eine große Rolle und mit zunehmendem Alter auch deren Mitschüler/innen, insbesondere die Freunde/innen.

Unabhängig von der Vielzahl der Modellmöglichkeiten Heranwachsender stellt eine erwachsene Person, die ihre Anleitungsfunktion ignoriert, ein Modell mit nur sehr geringer orientierender Funktion dar und verpasst ihre Chancen konstruktiver Anleitung.

Orientierung bedeutet jedoch nicht, dass lediglich rigide Vorgaben gemacht werden. Noch wichtiger als Modelllernen ist das, was die Schüler/innen selber machen. *Die eigenen Erfahrungen* sind eine zentrale Quelle allen Lernens (Bandura, 1986). Hier sind, im sozialpsychologischen Verständnis der Klassenführung, nicht didaktische Modelle gemeint, sondern die Interaktionsgestaltung zwischen Lehrer/innen und Schüler/innen. So kann jede didaktische Gestaltung unterschiedlichste Interaktionsqualitäten annehmen; von der Interaktionsqualität wird aber der Erfolg der didaktischen Methode abhängen. Sie stellt die atomare Ebene aller sozialen Prozesse dar, als die auch Lehr-Lernsituationen zu verstehen sind.

Diese interaktionale Betrachtungsebene ist allerdings angesichts einer Gruppe Lernender nicht unbedingt von der didaktischen Ebene zu trennen. Coriand (2014) weist zu Recht kritisch darauf hin, dass das Wissen um Denktraditionen in der Allgemeinen Didaktik der Erziehungswissenschaften, in denen beide Ebenen selbstverständlich zusammen reflektiert wurden, allmählich verloren geht. Interessant und anregend sind ihre Verweise auf Herbarts Begriffe der *Regierung*, die zur Mühe gehört, die der Erziehende auf sich zu nehmen hat (Coriand, 2014, S. 154). Demnach ist Regierung bzw. Classroom Management das *Ermöglichen* von Unterricht. Eine systematische Aufarbeitung der verwendeten Begriffe rund um die Frage wie man eine gute und produktive Zeit für alle in der Schule entwickeln kann, würde sich interdisziplinär sehr lohnen.

2.3 Dimensionen einer lernförderlichen Interaktionsgestaltung

Es geht also in diesem Band konkret um *die Herstellung bestmöglicher Bedingungen und Interaktionsmuster für die soziale, kognitive und emotionale Entwicklung von Heranwachsenden.* Die entscheidende Frage ist also: Was kann ein/e Lehrer/in tun, um diese Bedingungen für die kognitive, soziale und emotionale Entwicklung seiner/ihrer Schüler/innen herzustellen? Was kann sie auf individueller Ebene und was auf Ebene der Gruppe dafür tun?

Folgende Dimensionen des Lehrer/innenverhaltens sind dafür erforderlich, die im Laufe des Bandes detailliert immer wieder aufgegriffen werden:

2.3.1 Freundlichkeit, Empathie, Zugewandtheit

Freundliche Interaktionen verringern Stress und erhöhen das Gefühl der Akzeptanz; Lernen gelingt wesentlich besser in einem kooperativen Lernklima (Hattie, 2009; Steins & Haep, 2014). Die *Motivation* gegenüber einer freundlichen Person ist höher ausgeprägt als gegenüber einer gleichgültigen oder/und unfreundlichen Person (Steins & Welling, 2010). Der Gedanke „dass Schüler/innen mit eiserner Hand geführt werden sollten, damit sie Respekt haben", bewirkt häufig Verhalten auf Lehrer/innenseite, das zur oberflächlichen Konformität der Schüler/innen führt (siehe Band I, Kapitel 5), aber nicht zur tiefen Verarbeitung von Inhalten. Freundlichkeit hängt auch mit einem *positiven Selbstkonzept* der Heranwachsenden zusammen, das wiederum mit *größerer Lernfreude* und *Anstrengungsbereitschaft* einhergeht (Lamborn, Mounts, Steinberg & Dornbusch, 1991; Dollase, 2012).

2.3.2   Struktur, Anforderungen, Orientierung, Konsequenzen, Erwartungen

Anforderungen werden altersangemessen an die Schüler/innen gestellt werden, die diese aktivieren und ihnen lernförderliche Erfahrungen zugänglich machen. *Hohe realistische Erwartungen* des Lehrers/innen an die Schüler/innen sind zentral (siehe Band I, S. 40 ff.) und die Bereitschaft, die Schüler/innen bei der Realisierung dieser Erwartungen zu unterstützen. Freundlichkeit ist nicht zu verwechseln damit, dass es den Schüler/innen unnötig leicht gemacht wird. Gelernt wird nur, wenn Schwierigkeiten auf dem Weg zum Lernziel überwunden werden können.

Es gibt zahlreiche Wirksamkeitsbelege für einen positiven Zusammenhang zwischen Interaktionsgestaltung und der Entwicklung der Schüler/innen. Die Lehrer/innen-Schüler/innen-Interaktion übt einen sichtbaren Einfluss auf die *schulische Leistung* der Schüler/innen aus (Hattie 2009). Besonders wichtig sind die Faktoren Nondirektivität, Empathie, Wärme und die Ermutigung zu höheren Denkprozessen und Lernen. Auch das differenzierte Eingehen auf Schüler/innenunterschiede ist wichtig, ebenfalls, wenn auch sehr viel schwächere Effekte haben die Echtheit bzw. Natürlichkeit des Verhaltens und schülerorientierte Glaubensvorstellungen. Die von Hattie (2009) zu diesem Faktor aufgeführten Metaanalysen zeigen deutlich, dass das Verhalten der Lehrperson relevant ist und fachliches Können alleine sogar eine kleinere Rolle für den Lernerfolg der Schüler/innen spielt als die Interaktionsgestaltung. Lehrpersonen, die ihr Fachwissen in einem ungenügenden Interaktionssetting vermitteln, werfen ihre Schüler/innen in ihrem Fach bis zu ein Schuljahr zurück (Hattie, 2009).

Die *Lehrqualität* ist natürlich auch eine entscheidende Größe für eine gute Lernumgebung und übt einen starken Effekt auf die schulische Leistung der Schüler/innen aus. Für das Fach Mathematik fasst Hattie (2009) folgende förderliche Faktoren für eine gute Lehrqualität zusammen: Die Lehrperson ermuntert die Schüler/innen Probleme selber durchzudenken und alleine oder in Gruppen Lösungen zu finden. Sie hat hohe Erwartungen, wie überhaupt die Erwartungshaltung der Lehrperson einen starken Einfluss auf das Schüler/innenverhalten ausübt; sie bringt den Schülern bei, dass diese sich selber kontrollieren, überwachen und versuchen, eigenständig Prinzipien zu entdecken und sie legt Wert auf das Unterrichten der Fachsprache und der Details ihres Faches. Vermutlich gelten diese Faktoren auch für die Lehrqualität in anderen Fächern.

Eine weitere belegte Variable, betrifft die *Klarheit* des Unterrichts: Die Absicht der Stunde und was es für das Erlernen der Inhalte für diese Absicht bedeutet, muss klar sein (siehe auch Meyer, 2004).

Programme zur Übung sozialer Kompetenzen haben einen wesentlich schwächeren Effekt auf die schulischen Leistungen der Schüler/innen als die Lehrer/innen-Schüler/innen-Interaktion selbst, wenn auch trotzdem sichtbar positive Veränderungen durch diese Programme erzielt werden können (Hattie 2009). Lehrer/innen können bereits in der alltäglichen schulischen Situation in der konkreten Interaktion als ein soziales Modell fungieren und so die Schüler/innen durch modellhaftes Verhalten anleiten (Haep, Wilde & Steins, 2012).

Die Art und Weise wie unterrichtet wird, übt einen positiven Einfluss auf die sozial-emotionale Entwicklung aus. Zusammenfassend kann der *bestmögliche Interaktionsstil* so beschrieben werden: Konsequentes (klar, transparent, vorhersehbar) und liebevolles (zugewandt, kümmernd, einbeziehend) Verhalten schafft eine gute Grundlage für das Erlernen auch sozial-emotionaler Kompetenzen (Hamre & Pianta, 2001; 2005; Pianta & Walsh, 1996; Steins, 2011; Haep, Wilde & Steins, 2012; Haep & Steins, 2012; Steins & Haep, 2014).

2.4   Der Zeitaspekt

Eine entwicklungsförderliche Interaktionsgestaltung ist keine Sache von ein paar Wochen zu Beginn des Schuljahres oder in Krisenzeiten, sondern repräsentiert ein *zeitlich überdauerndes Muster sozialer Interaktionen*, das den sich wandelnden Bedürfnissen einer Lerngruppe und deren Individuen im Sinne einer Entwicklungsunterstützung angepasst wird. Es handelt sich in diesem Band also nicht um kurzfristig einzusetzende Kompetenzen, sondern um grundlegende Routinen und Haltungen, die ständig benötigt werden, insofern sie zur Etablierung erwünschter Zustände und zur Aufrechterhaltung etablierter Konzepte, Normen und Verhaltensweisen notwendig sind. Es ist wichtig auf *soziale Beziehungen als Arbeit* zu blicken: Ein bestimmtes Klima, ein bestimmter Zusammenhalt, eine Atmosphäre, ein Miteinander wird nicht nur etabliert, sondern es muss auch aufrechterhalten werden.

Dollase weist in seiner Definition von Klassenführung besonders eindrucksvoll auf diesen Aspekt hin:

> „Klassenführung ist kein Programm, kein Regelwerk, kein Gesellschaftsspiel, keine Organisationsform. Klassenführung ist die Art und Weise des komplexitätsreduzierenden Umgangs mit einer Schulklasse, sie ist die Kompensation der Nachteile, die sich ergeben, wenn man mit mehreren Menschen gleichzeitig lernen soll." (Dollase, 2012, S. 7)

Nach dieser Auffassung ist es nicht möglich eine Klasse nicht zu führen, so wie es auch nicht möglich ist, kein Modell zu sein, wenn man vor einer Klasse steht. Die lehrende Person führt, ob sie will oder nicht.

> „Klassenführung muss hauptsächlich mit den ‚persönlichen Wirkungsmitteln' bewerkstelligt werden: mit verbaler und nonverbaler Kommunikation, mit den Sinnen, mit der Persönlichkeit und dem Charakter, den Beziehungen zu den Schülern und mit Aufmerksamkeit. Und mit Organisation, die vorbereitet und überlegt sein will." (Dollase, 2012; S. 7).

2.5   Prävention und Intervention

Diese Erkenntnis bedeutet folgendes, übertragen auf Konzepte wie Prävention und Intervention: Die Begriffe Prävention und Intervention, die im Zusammenhang mit Classroom Management immer wieder auftauchen, suggerieren häufig, dass bestimmte Maßnahmen vorbeugend oder intervenierend durchgeführt werden und dann treten die Probleme gar nicht erst auf bzw. sind gelöst. Prävention und Intervention im Sinne von Klassenführung oder Classroom Management, also im Sinne der Arbeit an einer guten gemeinsamen Zeit in der Schule bedeutet etwas anderes: Entwicklungsförderliche Interaktionsmuster haben dann eine präventive Wirkung, wenn sie etabliert und aufrechterhalten werden können. Gibt es auftretende Probleme werden neben diesen Aufrechterhaltungsprozessen weitere Arbeiten an der interaktiven Gestaltung vorgenommen werden.

In einer Klasse zu arbeiten und dort zu lehren erfordert also die Annahme einer Reihe von Herausforderungen. Oft suggerieren die Begriffe, die zur Beschreibung von Prozessen zur Verfügung stehen eine Art technischer Lösung, die aber hiermit nie gemeint ist: Lösungen in der Schule sind sozialer Natur.

2.6   Zusammenfassung

Die Arbeit an einer entwicklungsförderlichen Zeit in der Schule wird in der Fachliteratur häufig unter den Begriffen Classroom Management bzw. Klassenführung abgehandelt; der Umgang mit Schüler/innen als Individuen und Individuen als Teil einer Gruppe erfordert eine kontinuierliche soziale Arbeit, insofern freundliche Beziehungen und realitätsangemessene Erwartungen nicht nur etabliert, sondern auch idealerweise aufrechterhalten werden, sowohl auf individueller Ebene als auch auf der Ebene der Gruppe. Die zur Verfügung stehenden Fachbegriffe verkürzen durch ihre Konnotationen häufig diesen Aspekt der kontinuierlichen Arbeit in und an der sozialen Realität.

2.7   Fragen, Übungen, Lektüre

2.7.1   Fragen

* Welche Dimensionen entwicklungsförderlicher Interaktionsgestaltung kennen Sie?
* Was bedeutet entwicklungsförderlich: Woran könnte es gemessen werden?
* Was ist Klassenführung/Classroom Management?

2.7.2 Übungen

- Befragen Sie eine/n angehende/n Lehrer/in dazu, was sie/er über die in diesem Kapitel besprochenen Begriffe (Classroom Management, Klassenführung, Prävention, Intervention) weiß und vergleichen Sie diese Ausführungen mit denen dieses Kapitels.
- Vertreten Sie die These, dass die Freundlichkeit einer erwachsenen Bezugsperson eine entscheidende Dimension entwicklungsförderlichen Verhaltens ist in einer Gruppe von Bekannten und sammeln Sie die Gegenargumente. Nehmen Sie selbst dazu in Ihren schriftlichen Ausführungen Stellung.

2.7.3 Weiterführende Lektüre

- Dollase, R. (2012). *Classroom Management. Theorie und Praxis des Umgangs mit Heterogenität*. München: Oldenbourg.

TEIL II

Wer ist im Klassenzimmer

So wie sich das Berufsbild der Lehrperson gewandelt hat, hat sich auch der Blick auf Kindheit und Jugendalter verändert. Die Art und Weise, wie Menschen zusammenleben wandelt sich beständig in Abhängigkeit von sehr vielen Faktoren, die dicht miteinander verwoben sind. Die Richtung des Wandels ist häufig schwer zu beurteilen aus einer gegenwärtigen Perspektive heraus. Sicher ist nur, dass Wandel nicht notwendigerweise immer zu positiven Entwicklungen führt, deshalb ist es hilfreich, Wandel zu beobachten und aufmerksam zu sein. Ökonomische Anforderungen, historische Ereignisse, technische Erfindungen und andere Aspekte beeinflussen wie Menschen miteinander leben und ihre Angewiesenheit aufeinander gestalten.

In diesem Teil wird versucht, durch eine Präsentation von Tatsachen und ihren verschiedenen Deutungen ein Bild davon zu zeichnen, wer sich denn heute überhaupt im Klassenzimmer versammelt. Dieses Bild ist nicht repräsentativ für alle historischen und kulturellen Kontexte, sondern orientiert sich an der heutigen Wissensgesellschaft. Das Bild ist auch nicht besonders differenziert und geht nicht auf jede mögliche Kombination von Personkonstellationen ein. *Ziel dieses Teils* ist es, die unausweichlichen *Herausforderungen* herauszuarbeiten, denen sich Lehrer/innen schon immer, aber besonders heute stellen, um ein gutes Gefühl für die Lernprozesse ihrer Schüler/innen zu entwickeln, aber auch die Herausforderungen, die an die Schüler/innen gestellt werden. Zunächst wird ein kurzes *Gedankenexperiment* verfolgt und ausgearbeitet, um zu sehen, wie eine repräsentative Arbeitswoche eines Lehrers und einer Lehrerin aussieht. Hierfür wurden zwei Stundenpläne von realen Lehrenden einer realen Gesamtschule verwendet und so umgestaltet, dass sie lesefreundlich sind. Davon ausgehend wird ein Blick auf die *Stressforschung im Lehrberuf* geworfen und betont wie bedeutsam eine Professionalisierung Lehrender im Sinne einer engagierten Distanzierung ist, um selber sich gesund und motiviert zu erhalten, aber auch um die Schüler/innen angemessen in ihrer Entwicklung zu unterstützen. Die Rolle fundierter Selbsttechnologien wird bereits gestreift, die aber erst im nächsten Teil das zentrale Thema sein wird. *Heranwachsende* stehen im Fokus des letzten Teils dieses Kapitels. Es werden *Alltagstheorien* untersucht über das Wesen Heranwachsender und in Bezug auf ihre Bedeutung für die Schule interpretiert. Zusammengenommen ergibt sich ein Bild, das darauf hinweist, dass, obwohl Schule überwiegend gut gelingt und die meisten Lehrer/innen eine sehr gute professionelle Haltung herausbilden können, Problematiken auftreten, die besonders der unglücklichen Verflechtung von mangelnder Selbsttechnologie, schwierigen Rahmendbedingungen und den Ansprüchen einer individualistischen Kultur geschuldet sind. Die damit verbundenen Herausforderungen zu formulieren ist aber wichtig und genau dies geschieht in diesem Teil.

II

3. Zwei Beispiele aus dem Schulalltag: Frau Kern und Herr Konrad

Das Arbeitsprofil und die Anforderungen an eine Lehrkraft sind von außen nicht unbedingt nachzuvollziehen. Durch die Tatsache bedingt, dass die meisten Lehrkräfte in Deutschland an der Schule keinen wirklichen Arbeitsplatz haben und sie von zu Hause aus viele Arbeiten zu erledigen haben, scheint der Lehrberuf für viele Menschen ein Beruf zu sein, der nicht besonders viel Anstrengung und zeitliche Kosten nach sich zieht.

In diesem Kapitel wird eine durchschnittliche Arbeitswoche von zwei durchschnittlichen Lehrkräften dargestellt, von Frau Kern und Herr Konrad. Beide arbeiten mit einer Vollzeitstelle an einer Gesamtschule und sind mit 27 Stunden /Woche beschäftigt. Ihre Arbeitspläne sind in den Tabellen 1 und 2 dargestellt.

3.1   Eine zeitökonomische Betrachtung

Frau Kern (siehe Tabelle 1) ist zuständig für den Deutsch- und Geschichtsunterricht von vier Klassen: einer sechsten Klasse, zwei achten Klassen und einer zehnten Klasse. Sie unterrichtet 17 Stunden Deutsch und vier Stunden Geschichte. Zwei Stunden verbringt sie in der Schule für den Fall, dass sie als Vertretung benötigt wird. Eine Stunde ist sie für eine Aufsichtspflicht eingeteilt und eine Stunde steht als Sprechstunde zur Verfügung. So verbringt sie 27 Schulstunden in der Schule, in denen sie beschäftigt ist, entweder mit Unterricht, mit Beratung oder mit Aufsicht und/oder Vertretung. Dazu kommen 3 einzelne Stunden in ihrem Dienstplan, die verteilt über die Woche sind, denen zwar keine Tätigkeit zugeordnet ist, die aber so liegen, dass es sich nicht lohnen würde, die Schule zu verlassen; diese Stunden werden für kleinere Tätigkeiten genutzt, die man in der Schule, an seinem Platz im Lehrerzimmer verrichten kann.

Frau Kern ist also 30 Schulstunden in der Woche in der Schule. Unterrichtsvorbereitung, Unterrichtsnachbereitung, Korrektur von Klausuren, Hausaufgaben, Tests, anfallende Gespräche, die über die Möglichkeiten einer Sprechstunde hinausgehen, Vorbereitung von Exkursionen, Gespräche mit Kollegen/innen und Konferenzen werden überwiegend außerhalb dieser 30 Stunden erledigt.

Auf einen Blick, rein zeitökonomisch, ist zu sehen, dass Frau Kern viel zu tun hat und eine ziemlich stramme Arbeitswoche hat.

	Montag	Dienstag	Mittwoch	Donnerstag	Freitag
0				Aufsicht	
1	Deutsch 6a			Deutsch 8c	Deutsch 6a
2	Deutsch 6a		Deutsch 6a	Deutsch 8c	Geschichte 8b
3	Deutsch 8b		Sprechstunde	Deutsch 6a	Deutsch 10c
4	Deutsch 8c		Verfügbarkeit		Deutsch 10c
5	Verfügbarkeit		Deutsch 8b	Deutsch 8b	Deutsch 8b
6	Geschichte 8b		Deutsch 8b	Geschichte 8c	Deutsch 8c
7					
8	Deutsch 10c		Deutsch 8c		
9	Deutsch 10c		Geschichte 8c		

Tabelle 1: Der Arbeitsplan von Frau Kern

Ebenso Herr Konrad (siehe Tabelle 2). Herr Konrad unterrichtet drei zehnte Klassen, zwei achte Klassen und eine siebte Klasse. Seine Unterrichtsfächer sind Chemie, Mathematik und Informatik. Mit 14 Stunden Chemie, 5 Stunden Mathematik, 4 Stunden Informatik und 2 Vertretungsstunden, 1 Sprechstunde, und einer Stunde für Teamangelegenheiten, in die er involviert ist, ist auch Herr Konrad 27 Stunden in der Schule vollbeschäftigt und auch er hat drei einzelne Stunden zwischen seinen Diensten, die ihn letztlich 30 Stunden pro Woche an die Schule binden. Alle anderen Verpflichtungen kommen dazu, genauso wie bei Frau Konrad. In Tabelle 2 ist Herr Konrads Stundenplan dargestellt.

	Montag	Dienstag	Mittwoch	Donnerstag	Freitag
0					
1	Chemie 10a	Mathematik 8d		Informatik 10a	Chemie 8a
2	Chemie 10a	Informatik 8e		Informatik 10a	
3	Mathematik 8d	Informatik 8d	Chemie 10d	Aufsicht	Chemie 10f
4	Chemie 7b	Verfügbarkeit		Chemie 8a	Mathematik 8d
5	Chemie 10d	Chemie 7b	Mathematik 8d		Mathematik 8d
6	Chemie 8d	Chemie 7b	Chemie 10f		Sprechstunde
7		Teamkoordination			
8					Chemie 8d
9					Chemie 10a

Tabelle 2: Der Arbeitsplan von Herrn Konrad

3.2   Eine sozialpsychologische Betrachtung

3.2.1   Eine quantitative Annäherung

Eine sozialpsychologische Betrachtung des Arbeitsalltags sieht etwas anders aus als eine zeit-ökonomische Betrachtung. In den Abbildungen 1 und 2 sind zunächst die sozialen Kontakte graphisch dargestellt, die Frau Kern und Herr Konrad in diesem Schulhalbjahr zu bewältigen haben. Damit soll zunächst ein rein quantitativer Eindruck der sozialen Komplexität erzeugt werden, die den Arbeitsalltag von Frau Kern und Herrn Konrad ausmachen.

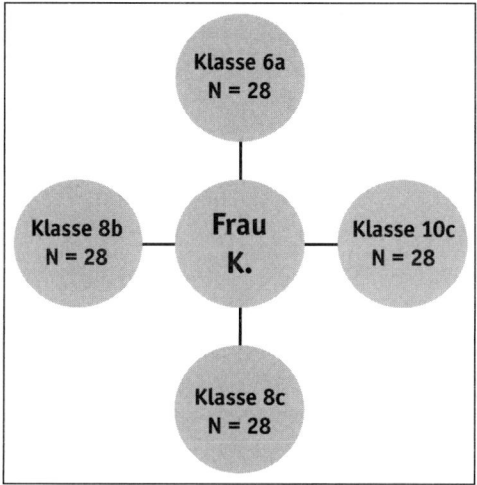

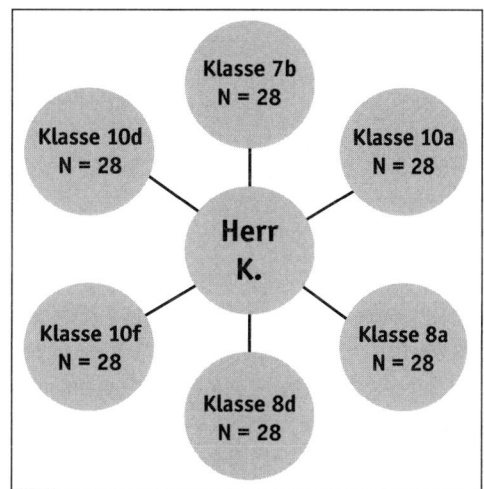

Abbildung 1: Soziale Begegnungen von Frau Kern für ein Schulhalbjahr

Abbildung 2: Soziale Begegnungen von Herrn Konrad für ein Schulhalbjahr

Sowohl Frau Kern kommt als auch Herr Konrad kommen pro Arbeitswoche auf cirka 644 soziale Interaktionen, ohne Kontakte mit Eltern, Kollegen/innen oder Kontakte in Sprech-, Aufsichts- und Vertretungsstunden mitzuzählen. Beide Lehrkräfte kommen idealerweise mit 644 Individuen sowohl auf *gruppenbezogener* als auch auf *individueller* Ebene klar. Dazu kommen die Kollegen/innen, mit denen Absprachen getroffen werden und Koordinationsleistungen bewältigt werden. Die sind der Einfachheit halber aus den Abbildungen herausgehalten, genauso wie die Eltern der Schüler/innen, mit denen Beratungstermine und Elternabende durchgeführt werden. Diese Zahlen stellen also zunächst nur eine ungefähre Gesamtsumme aller Beziehungen dar, die regelmäßig vorkommen.

Auf einen Arbeitstag gebrochen sieht das Bild schon wieder anders aus. An Tagen, in denen relativ viele Unterrichtsstunden in relativ vielen verschiedenen Lerngruppen gegeben werden, ist die Komplexität der Interaktionen dichter als an Tagen, an denen Frau Kern und Herr Konrad nur wenig Unterricht geben. Am Mittwoch beispielsweise haben beide einen langen und sehr dichten Tag. Das sieht am Dienstag bei Frau Kern und am Mittwoch bei Herr Konrad schon wesentlich entspannter aus. Dennoch kommt Herr Konrad auch hier auf cirka 112 Interaktionen, Frau Kern hat in diesem Halbjahr den Dienstag für Arbeiten zu Hause.

Die Abbildungen 1 und 2 und Berechnungen verdeutlichen auf einer quantitativen Ebene, dass die *Interaktion mit anderen Personen* ein zentrales Merkmal des Lehrberufs ist, das diese rein numerisch sehr hoch sind und oft ein Bündel multipler Interaktionsprozesse und –partner damit verbunden ist.

3.2.2   Eine qualitative Annäherung

Dies macht den Lehrberuf allerdings nicht besonders. Auch in anderen Berufen ist die konkrete und professionelle Begegnung mit vielen anderen Menschen eine zentrale rote Linie der Berufsausübung. Ärzte/innen, Verkäufer/innen, Therapeuten/innen, Pfleger/innen und viele andere Berufe wären zu nennen, in denen die Interaktion mit anderen Personen zentral ist. Was ist also der Unterschied?

Im Vergleich beispielsweise mit dem Arztberuf haben es Lehrkräfte allerdings mit Gruppen Heranwachsender zu tun, die nicht *freiwillig* in der Schule sind und im Vergleich zum Patienten, nicht unbedingt *motiviert* sind, da zu sein. Dazu kommt, dass die *Erwartung weiteren Kontaktes* vorhanden ist. Viele Berufe, in denen die Begegnung mit vielen Menschen relevant ist, leben von kurzfristigen Interaktionen, im Lehrberuf ist das nicht so. Lehrer/innen sind überwiegend mindestens ein ganzes Jahr lang mit einer Lerngruppe zugange, oft sogar länger. Sie begleiten substanziell Heranwachsende bei ihren Entwicklungsprozessen. Bei mittel- und langfristigen Interaktionen bilden sich unweigerlich soziale Strukturen heraus, soziometrische Strukturen entstehen, ein komplexes Geflecht aus Zu- und Abneigungen, Interaktionsrollen und Kommunikationsstrukturen, für das Lehrkräfte als erwachsene und professionelle Personen eine besondere Verantwortung tragen.

Die Abbildungen 1 und 2 zeigen nun deutlich, dass Frau Kern und Herr Konrad diese Verantwortung nicht nur dem/der einzelnen Schüler/in gegenüber tragen, sondern überwiegend mit Gruppen Heranwachsender arbeiten. Die 1:1 Interaktion mit einem Heranwachsenden ist aber nicht nur quantitativ eine andere Angelegenheit als die Interaktion 1:30, sondern durch diese numerisch beträchtliche *Asymmetrie* verändern sich die Möglichkeiten der Einflussnahme.

Frau Kern und Herr Konrad haben diese Herausforderungen alltäglich zu bewältigen. Dies wird ohne Zweifel umso schwieriger, je heterogener die Lerngruppen in Bezug auf lernrelevante Dimensionen sind. Heterogenität in Bezug zum Beispiel auf die Lernmotivation kann zu großen Spannungen besonders dann beitragen, wenn auch die Heterogenität in Bezug auf emotionale und soziale Kompetenzen groß ist und sich ungünstige Gruppennormen entwickelt haben. Schüler/innen, die eine nur geringe Motivation zu lernen haben, werden vermutlich umso wahrscheinlicher Unterrichtsabläufe stören, wenn auch ihre sozialen und emotionalen Kompetenzen gering sind oder wenn die Normen ihrer Bezugsgruppe dementsprechend formuliert sind. Hier müsste Frau Kern z.B. möglicherweise interventiv eingreifen (siehe Teil V); eine normale präventive Herangehensweise würde nicht mehr ausreichen. Aber auch eine präventive Herangehensweise setzt ein großes Wissen voraus und dann noch ein Können in der Umsetzung.

3.3   Zusammenfassung

In diesem Kapitel wird deutlich herausgestellt, dass die Interaktionen in der Schule überwiegend aus einer numerisch stark asymmetrischen Kombination von Lehrern/innen als Einzelpersonen und relativ großen Gruppen Heranwachsender besteht. Dadurch ergeben sich bestimmte Herausforderungen an das Handeln der Lehrer/innen, um den Schülern/innen gerecht zu werden. Es ist wichtig zu verstehen, dass die Größe der Gruppe Kapazitätsverteilungen erfordert: In der Vorbereitung, in den Arrangements, in der Aufmerksamkeitsverteilung, der Zuwendung etc.

Es ist also wichtig, das Lernen und Lehren in der Schule als Gruppengeschehen aufzufassen; das Zusammenspiel zwischen einem Schüler und einem Lehrer hat eine andere qualitative Realität als dasjenige zwischen einem Lehrer und 30 Schülern/innen.

3.4   Fragen, Übungen, Lektüre

3.4.1   Fragen

- Mit wie vielen Schülern/innen hat es eine Lehrkraft durchschnittlich an einem Tag zu tun?
- Was unterscheidet Interaktionen in der Schule von anderen Berufsfeldern, in denen der Umgang mit vielen Menschen ebenfalls zentral ist?

3.4.2   Übungen

- Interviewen Sie eine Lehrkraft offen zu der Frage, welche Techniken sie bewusst einsetzt, um dem Umstand Rechnung zu tragen, dass sie keinen Einzelunterricht gibt. Lassen Sie sie einschätzen, ob ihre Strategien die Lernprozesse der Schüler/innen unterstützen und woran sie das erkennt.
- Interviewen Sie ein Elternteil eines/r Schülers/in zu der Frage, ob es glaubt, dass die Schule der Perspektive und den möglichen Bedürfnissen ihres Kindes gerecht wird. Versuchen Sie die

Antwort des Elternteils vor dem Hintergrund von Frau Kerns und Herr Konrads Perspektive zu erörtern.

3.4.3 Weiterführende Lektüre

- Dollase, R. (2012). *Classroom Management. Theorie und Praxis des Umgangs mit Heterogenität.* München: Oldenbourg.

II

4. Unterrichten aus Lehrendenperspektive

4.1   Grundsätzliche Herausforderungen im Lehrberuf

Freundliches, zugewandtes Verhalten zu zeigen und gleichzeitig realitätsangemessene Erwartungen deutlich zu formulieren bei gleichzeitiger Unterstützungsbereitschaft mag für eine individuelle Interaktion machbar erscheinen, nicht aber für die Anzahl von mehr oder weniger großen Lerngruppen, mit denen es Lehrer/innen alltäglich zu tun haben.

Aus gruppenpsychologischer Sicht ist es ein entscheidender Unterschied, ob eine Lerngruppe aus einer lehrenden Person und einer lernenden Person besteht, so wie in vielen Nachhilfesituationen oder aber aus einer lehrenden Person und einer ganzen Gruppe von Lernenden. Der Unterschied ist gravierend, denn durch die Anwesenheit vieler Personen kommen drei entscheidende Dimensionen hinzu, die Schulunterricht besonders herausfordernd machen und ihn vom klassischen Privatunterricht grundlegend unterscheiden (Dollase, 2012):

1. Die Situation wird unübersichtlicher, *Komplexität* wächst entscheidend.

2. Es entsteht *Öffentlichkeit*; alles was gesagt und getan wird, geschieht vor den Augen aller.

3. Es entwickelt sich ein sehr komplexes *Beziehungsgeflecht aus Zu- und Abneigungen*, das für heranwachsende Menschen häufig viel entscheidender für ihr Erleben der Schule ist als der bloße Unterricht.

Unterrichten in einer durchschnittlichen Klasse bedarf also neben den bereits genannten grundlegenden Kompetenzen, die in Teil II ausgeführt werden ganz besonderer zusätzlicher Kompetenzen, die zentrales Thema in Teil IV sind. Diese Kompetenzen sind oft nicht naturgegeben, sondern werden erlernt und geübt. Das ist in den verschiedenen Ausbildungsbiographien von Lehrern/innen aber nicht immer der Fall, so dass viele Lehrer/innen nicht darauf vorbereitet sind, wie ist es ist, vor verschiedenen Gruppen zu stehen, die sich aus verschiedenen Individuen konstituieren. Für diese Gruppen hat eine Lehrkraft verschiedene, gesetzlich vorgeschriebene Aufträge zu leisten, den Bildungs- und Erziehungsauftrag sowie den Auftrag zur individuellen Förderung. Diese Aufträge können ohne elementares Wissen und Training nicht unbedingt gut umgesetzt werden.

Dass dann gerade die Ereignisse, die in großen Gruppen wahrscheinlicher auftreten als im Einzelunterricht immer wieder als Quellen persönlich empfundener Belastung genannt werden, wundert nicht.

Tabelle 3 gibt einen kurzen Überblick über die Herausforderungen, die durch die Tatsache entstehen, dass *die Interaktion mit einer Gruppe* von Individuen einen anderen sozialen Sachverhalt liefert als die Interaktion mit einem Einzelindividuum.

Realitätsdimensionen	Problematiken
Komplexität	
Heterogenität	Homogenität ist besser für das Lernen. Heterogenität bewirkt oft eine Anpassungsdoktrin.
Schwankende Selbststeuerung	Deindividierung/Selbstaufmerksamkeit
Viskosität	Variabilität von kurzen Ausführungen
Koordinierungs- und Synchronisationsschwierigkeiten	Unterschiedliches Lern- und Bearbeitungstempo
Prozess -und Motivationsverluste	Gruppenleistung ungleich individuelle Leistung
Öffentlichkeit	
Audienceeffekt	Was ein Schüler hört, hören alle Schüler. Es gibt nichts, was nicht auf alle wirken würde. Stellvertretende Imagebildung
Intrapsychische Verarbeitung sozialer Vergleiche	z.B. Siegerkultur
Kollektive Validität aller Information	Deutungsgemeinschaft in der Wahrnehmung und Beurteilung anderer/Ripple Effekt nach Kounin (1970)
Diskriminierungsrisiken	z.B. Binnendifferenzierung/in jeder Sekunde wird gelernt, dass man gut oder schlecht ist.
Modulation öffentlicher Kommunikationswirkungen	Was ein/e Schüler/in für seinen/ihren individuellen Lernprozess braucht, kann ihm/ihr aufgrund der Gerechtigkeitsnormen in der Klasse nicht gewährt werden.
Beziehungsgeflecht	
Soziometrischer Status	Alles wird durch den Beziehungsaspekt moduliert. (z.B. Lob/Balancetheorie)
Mehrheiten/Minderheiten	Tonangebend sind Mehrheiten.
Konflikte zwischen Subgruppen	Negatives Klassenklima
Strukturelle Entwicklungen von Kompositionseffekten	Scheren gehen auseinander.

Tabelle 3: Herausforderungen durch das Unterrichten einer Gruppe (nach Dollase, 2012)

Der folgende kurze Überblick über die *Stressforschung zum Lehrberuf* verdeutlicht stark, dass einerseits das Berufsprofil, große Gruppen gut zu unterrichten, herausfordernd ist; sie zeigt aber auch, dass es ein Zusammenspiel vieler Faktoren ist, die bestimmen, ob es eine gute Zeit für alle wird oder eine sehr starke Belastung, nicht nur für die Lehrer/innen, sondern auch für die Schüler/innen. Gestresste Lehrkräfte haben nicht nur selber die Folgen zu spüren, sondern können auch für Schüler/innen Folgen wie lebenslange psychische Beeinträchtigungen nach sich ziehen (Schlee, 2004, S.13). Wie schon vorauslaufend herausgestellt wurde, hängt die Entwicklung von Heranwachsenden auch mit der Interaktionsqualität mit den erwachsenen Bezugspersonen zusammen. Man kann sich gut vorstellen wie eine gestresste Lehrperson keine Sorge mehr für eine konstruktive Interaktionsgestaltung übernehmen kann. Gerade entwicklungsverzögerte Schüler/innen werden darunter zu leiden haben.

4.2 Zentrale Ergebnisse der Lehrer/innenstressforschung und ihre kritische Erweiterung

Die Stressforschung im Lehrberuf der letzten Jahre stellt sehr häufig die *äußeren* Arbeitsbedingungen in den Mittelpunkt und macht diese hauptverantwortlich für den gestressten Zustand der Lehrkräfte (Schaarschmidt, 2009; Krause, 2002). Aus stress- und emotionstheoretischer Perspektive sieht die Entstehung von Stress wesentlich komplexer aus. Im Commonsense stehen die äußeren Ereignisse im Fokus des Bewusstsein: Das undisziplinierte Verhalten von Schüler/innen, respektloses Verhalten von Eltern etc. Empirisch nachgewiesen ist aber vielmehr, dass die mentalen Verarbeitungsprozesse von Stress eine entscheidende Rolle für die Intensität und Qualität des Stresserlebens spielen. In einer emotionstheoretischen Theorie, die im Laufe dieses Bandes noch eine große Rolle spielen wird (siehe auch Band I, Kapitel 12; Band II, Kapitel 6), werden diese mentalen Verarbeitungsprozesse als individuelle Bewertungssysteme bezeichnet, welche verhaltensbezogene und emotionale Konsequenzen entscheidend moderieren (Lazarus & Folkman, 1984; Ellis & Hoellen, 2008). Viele Lehrkräfte entwickeln im Laufe ihrer Ausbildung und ihrer Berufsausübung hilfreiche Strategien um gleichzeitig ihr Stressempfinden zu minimieren und ihr pädagogisches Handeln zu verbessern.

Um dies bewerkstelligen zu können, ist es relevant, Stressprozesse besser zu verstehen. Das theoretische und empirische Wissen verhilft zu einem förderlichen Umgang mit Stresssituationen.

4.2.1 Ereignisforschung

Psychische Belastungen sind ein starker Prädiktor für Frühpensionierungen im Lehrberuf im Vergleich zu anderen Berufen (Weber, 2003, S.376ff). Die Forschung zu Stress im Lehrer/innenberuf beschäftigt sich überwiegend mit diesen äußeren Ereignissen, die von Lehrkräften *subjektiv* als stressvoll empfunden werden. Destruktives Schüler/innenverhalten zählt mit zu den erstrangig genannten gesundheitlichen Belastungsfaktoren bei Lehrer/innen. Verhaltensauffälligkeiten und Aggression bei beziehungsweise zwischen Schüler/innen, gefolgt von deren Arbeitshaltung werden sehr häufig genannt (Spanhel & Hüber, 1995), außerdem werden noch die Faktoren Organisation, Klassengröße sowie Heterogenität angegeben. Insbesondere in der Hauptschule scheint der höchste Belastungsfaktor für Lehrerinnen die Lehrer/innen-Schüler/innen-Beziehung zu sein (Stahl, 1995).

Das Auftreten dieser Ereignisse wird mitunter in der Forschung als zwangsläufig bewertet. In Deutschland generell scheint ein starker Mythos über die Folgen der Pubertät zu existieren, dahingehend, dass zwangsläufig die Pubertät der Heranwachsenden mit negativen Veränderungen im Disziplinbereich verbunden sei (Anderson, 2003).

Eine ereigniszentrierte Lehrer/innenstressforschung führt einerseits zur Nennung der Geschehnisse, die im Schulalltag als besonders stressinduzierend erlebt werden. Interessant ist es, dass es ganz zentral die sozialen Probleme des Miteinanders sind, die sehr stark gestresste Lehrpersonen belasten. Andererseits werden diese Ereignisse mehr oder weniger als unveränderbar bewertet.

4.2.2 Stressveränderungsforschung im Lehrer/innenberuf

Die Stressforschung zum Lehrer/innenberuf verfolgt unterschiedliche Herangehensweisen an die Fragestellung wie Stress von Lehrerinnen auf ein konstruktives Maß beschränkt werden kann, so dass eine konstruktive Interaktionsgestaltung möglich bleibt. Denn diese wiederum wirkt mittel- und langfristig stressreduzierend, sowohl für die Lehrer/innen selbst als auch für die Schüler/innen. Die Stressveränderungsforschung kann generell in *bedingungsbezogene* und *personenbezogene* Fragestellungen unterschieden werden (Krause, 2002).

Eine bedingungsbezogene Herangehensweise an Stress im Lehrer/innenberuf

Aus dieser Perspektive wird die spezifische Arbeitstätigkeit mit ihren Handlungsanforderungen betrachtet. Es werden eingehend die *Arbeitsbedingungen* analysiert. Eine für diesen Ansatz charakteristische Studie wurde von Schaarschmidt (2009) durchgeführt. Schaarschmidt befragte im Rahmen der Potsdamer Lehrerstudie 2005 nahezu 20.000 Personen zu ihren Haltungen und Einstellungen zum Lehrer/innendasein und der Einschätzung der eigenen Kompetenzen. Aus den Ergebnissen entwickelte er vier Grundmuster, G, S, A und B. Zu Muster G zählen diejenigen Lehrer/innen, die gesund sind und über günstige Voraussetzungen verfügen, ihren Beruf professionell zu gestalten. Lehrer/innen, die dem Muster S zugeordnet wurden, weisen keine gesundheitliche Gefährdung auf, nehmen jedoch eher eine Schonhaltung ein und zeigen ein nur geringes Engagement. Lehrer/innen des Risikomusters A strengen sich stark an, um ihren Beruf gut auszuüben, überfordern sich aber hierbei und erleben Misserfolge. Die hohe Anstrengung kann deshalb nicht durchgehalten werden und führt wahrscheinlich zum Risikomuster B, das als das problematischste Risikomuster bezeichnet wird. Es ist von Überforderung, Erschöpfung und

Resignation gekennzeichnet. Gutes Unterrichten der Schüler/innen ist für Personen in diesem Muster nicht mehr möglich.

Die Studie zeigt, dass 17% der Lehrer/innen in dieser Stichprobe in das als gesund bezeichnete Muster fielen. Für über die Hälfte der Befragten lag ein Risikomuster vor. Schaarschmidt hat diese Bewältigungsmustereinteilung auch bei anderen Berufsgruppen (Pflegepersonal, Existenzgründer, Strafvollzug, Polizei und Feuerwehr) durchgeführt, bei denen er eine hohe Belastung vermutete. Kein anderer Beruf hatte so geringe Anteile im gesunden Muster und so hohe Werte im problematischen Risikomuster B wie der Lehrer/innenberuf. Schaarschmidt erklärt die Befunde durch die spezielle zwischenmenschliche Beziehung zwischen Lehrer/innen und Schüler/innen. Engagierten Lehrer/innen würde nur ein geringer Rückfluss an Dank und Zuwendung zukommen. Und zudem führe problematisches Schüler/innenverhalten zu einer Verschlechterung der Beziehung und zu „emotionalen Verletzungen, die oftmals von nachhaltiger Wirkung sind" (Schaarschmidt, 2009, S.611). Als Konsequenz hält es Schaarschmidt für notwendig, Lehrer/innen nicht alleine zu lassen und Verantwortung auch auf andere (Politik, Eltern, Lehrerschaft) zu übertragen. Zudem soll Lehrer/innen mehr Freiheit für selbstbestimmtes Handeln eingeräumt werden und ihre Arbeitszeit soll vom Umfang vertretbarer und von der Verteilung her angemessener sein (Schaarschmidt, 2009, S. 607ff). Um die Lehrerbelastung zu senken, benennt Schaarschmidt also ganz zentral die äußeren Umstände. Eine Veränderung der Einstellungen und Haltungen der Lehrkräfte selber und eine Einbeziehung dieser in die Ursachenanalyse von Stressempfinden, wird kaum thematisiert.

Die Befunde zeigen deutlich, dass es äußerst relevant ist, sich mit Stress im Lehrer/innenberuf auseinanderzusetzen, um Verbesserungen für Schüler/innen und Lehrer/innen vornehmen zu können. Eine Lehrperson in Risikomuster B kann nicht gut unterrichten, da sie ihre verbleibende Kraft verwendet, „um irgendwie „über die Runden" zu kommen" (Schaarschmidt, 2009, S. 609). Es bleibt jedoch offen, ob diese Befunde zeigen, dass Lehrerinnen äußeren Umständen ausgesetzt sind, die nahezu automatisch zu einem hohen Stressniveau führen. Diese Studie suggeriert, dass die äußeren Umstände im Lehrerberuf stressförderlich sind, nach dem Modell von Lazarus und Ellis sind es jedoch die Bewertungen der Person selbst, die Stress entscheidend mit verursachen, verstärken und moderieren.

Eine personbezogene Herangehensweise an Stress im Lehrer/innenberuf

Bei dieser Herangehensweise steht die Individualität der einzelnen Lehrkraft mit ihrer *Wahrnehmung* und *Bewertung* im Vordergrund (Krause, 2002). Eine hierzu charakteristische Studie stammt von Rauin und Meier (2007). Die Autoren untersuchten in einer Längsschnittstudie den Kompetenzerwerb in der Lehrer/innenausbildung von drei Hochschulen in Baden-Württemberg. Die Proband/en/innen wurden dreimal befragt. 1995 wurden 900 Studierende, 1998 wurden 537

Referendar/e/innen und 2003 wurden 232 Lehranfänger/innen befragt. In der ersten Erhebung wurden Berufswahlmotive und Studienbedingungen ermittelt. Zu den zwei späteren Zeitpunkten wurde um Auskunft über den eingeschätzten Kompetenzerwerb im Lehrberuf gebeten.

Die Befunde zeigten, dass sich die Befragten bei der Bewältigung von Disziplinproblemen oft nicht kompetent genug fühlen. Fast 40 Prozent der Befragten gaben an, von einem professionellen Umgang mit Disziplinproblemen höchstens nur theoretisch gehört zu haben. Eine ausreichende Kompetenz haben nach dem zweiten Staatsexamen nach eigenen Angaben nur 10 Prozent der Lehrer erworben. „Besonders erstaunlich ist, dass 40 Prozent der Befragten angeben, in der gesamten Lehramtsausbildung nichts über schulexterne Beratungsmöglichkeiten gehört zu haben" (Rauin & Maier, 2007, S.115). Bei der Frage, wie sich eine Lehrkraft vor Überlastung wirkungsvoll schützen kann, gaben fast 40 Prozent an, noch nie von Lösungsmöglichkeiten gehört zu haben.

In der ersten Erhebung 1995 wurden die Befunde zur Berufswahl und den Studienmotiven der Lehramtsstudierenden am Ende des Studiums aufgenommen. Aus diesen Daten entwickelten Rauin und Maier drei Personentypen.

27 Prozent aller Befragten wurden Typ 1 zugeteilt. Dieser Typ zeichnet sich dadurch aus, dass er das Lehramtsstudium aufgrund mangelnder Alternativen gewählt hat. Er ist mit dem Studium sehr unzufrieden. In allen gemessenen Kompetenzbereichen fühlt sich dieser Typ den anderen unterlegen. In der dritten Befragung 2003 ist der Anteil der Befragten, die zu Typ 1 zählen, auf knapp 18 Prozent gesunken. Dies lässt vermuten, dass diese Befragten nach dem Studium und dem Referendariat zu einem großen Teil den Lehrerberuf aufgeben. Jedoch haben sich immer noch 18 Prozent der fertigen Lehrer/innen mit diesen nicht hilfreichen Grundhaltungen im Beruf etabliert.

Zu Typ 2 zählen 35 Prozent der Befragten. Er zeichnet sich durch einen hohen Zeitaufwand fürs Studium sowie eine positive Selbsteinschätzung für den Beruf aus. Mit dem Studium ist er zufrieden. Der Anteil der Befragten dieses Typs ist in der dritten Befragung auf fast 45 Prozent angestiegen. So ist zu vermuten, dass Studierende, die zu Typ 2 zählen, auch nach dem Referendariat zum größten Teil im Lehrer/innenberuf verbleiben.

Der Typ 3 ist durch widersprüchliche Angaben gekennzeichnet. Die Hauptgründe für das Studium sind hedonistischer und pragmatischer Art, jedoch ist das Lehramtsstudium für ihn keine Notlösung gewesen (Rauin & Maier, 2007, S.122ff).

Die Autoren ziehen daraus den Schluss, dass es nicht die Engagierten sind, die im Lehrerberuf ausbrennen, sondern vorwiegend die Studierenden, welche bereits im Studium überfordert sind. *Nicht die äußeren Umstände*, wie Schaarschmidt es ableitet, sind für den Stress im Lehrer/innenberuf entscheidend verantwortlich, sondern *die individuellen Bewertungen* von Stress. So hängt nach emotionspsychologischen Ergebnissen das Erwerben von Kompetenzen von den Überzeugungssystemen einer Person ab. Auch Lazarus hält die eigenen Kontrollüberzeugungen für eine angemessene Stressbewältigung für entscheidend.

Wilton (2011; Wilton & Steins, 2012) empfehlen als Selbsttechnologie, um sich um sich selbst zu kümmern, die Selbstreflexionsmethoden der rational-emotiven Verhaltenstherapie, auf die in Kapitel 6 eingegangen wird. Eine systematische Anleitung zur Emotionsregulation übt bei Lehrenden nachgewiesenermaßen einen stressreduzierenden Effekt aus (Brackett, Palomera, Mojsa-Kaja, Reyes & Saloves, 2010; Wilton & Steins, 2012; Bitan, Haep & Steins, 2013; Steins, Haep & Bitan, 2013).

Auch ist es von großer Relevanz, ein glaubwürdiges Feedback im Beruf zu bekommen. Da dieser Punkt, zusammen mit Kenntnissen der Emotionsentstehung und –regulierung ein überaus kritischer Punkt ist, ist ihm der nächste, abschließende Abschnitt dieses Kapitels gewidmet.

4.3.   Feedback im Lehrer/innenberuf und seine Bedeutung für das psychische Gleichgewicht

Lehrer/innen durchlaufen eine relativ aufwendige Ausbildung, bis sie letztendlich eigenverantwortlich und in vollem Umfang eine eigene Klasse leiten und viele weitere Lerngruppen unterrichten. In der ersten Phase der Lehrer/innenausbildung, die an der Universität stattfindet, erfahren Lehrer/innen immer noch eine primär theoretische und auf das fachliche fokussierende Fundierung ihrer Kenntnisse. Im zweiten Teil der Ausbildung, dem Referendariat, das an Ausbildungszentren stattfindet, liegt der Schwerpunkt der Ausbildung vor allem auf dem Erlernen der Vermittlung der fachlichen Inhalte, also auf der didaktisch-methodischen Komponente (Speck, Schubarth & Seidel, 2007; Strietholt & Terhart, 2009).

Einerseits wird hier deutlich, dass in den beiden Ausbildungsteilen unterschiedliche und durchaus relevante Kenntnisse vermittelt werden, um angehende Lehrer/innen auf ihren Beruf vorzubereiten. Andererseits fehlen in der Aufzählung eine Reihe personaler und sozialer Kompetenzen, deren Vermittlung insbesondere für den Beruf eines/einer Lehrers/in bedeutsam sind (Blömeke, Müller & Felbrich 2006).

Zu einer der bedeutsamen Kompetenzen, die in der Ausbildung kaum oder lediglich implizit vermittelt werden, gehört auch die Anleitung der lebenslangen Reflexion des eigenen beruflichen Handelns einerseits und der dementsprechend erforderlichen Unterstützungssuche andererseits (Strietholt & Terhart, 2009).

Wie kaum ein anderer Beruf ist der des/r Lehrers/in noch geprägt durch ein Handeln als Einzelkämpfer/in, was auch voneinander abweichenden Stundenplänen und organisatorischen Details geschuldet ist. Das Agieren mit und vor der Klasse, bei dem die Türen geschlossen sind, gehört immer noch zum Berufsalltag einer Lehrkraft und nur langsam werden Bemühungen deutlich, diese Praxis zu verändern. Auch zeigen Forschungsergebnisse, dass Lehrer/innen, die weniger Hilfe suchen und in Anspruch nehmen, sich häufig stärker durch ihren Beruf beansprucht und belastet fühlen (Dickhäuser, Butler & Tönjes, 2007).

Lehrer/innen erfahren dabei Feedback und Rückmeldungen schwerpunktmäßig und institutionalisiert lediglich in der zweiten Phase ihrer Ausbildung. Das Feedback, welches während der, die universitäre Ausbildungsphase begleitenden, Schulpraktika erteilt wird, ist bislang selten systematisiert und häufig abhängig von den jeweiligen Lehrkräften an den Schulen vor Ort. Nach dem Referendariat, in welchem im hohen Maße das unterrichtliche Handeln der Lehramtsanwärter/innen reflektiert wird, steht in der Regel die Begutachtung und Beurteilung einiger weiterer Unterrichtsstunden durch die Schulleitung an. Auch sieht die Dienstordnung für Schulleitungen vor, dass diese regelmäßig bei allen Lehrer/innen einer Schule den Unterricht besuchen und hospitieren, was jedoch bei den alltäglich anfallenden Terminen und der hohen Arbeitsbelastung von Schulleitungen kaum regelmäßig ausgeführt wird (Bitan & Steins, 2013). Die Frage ist nun, wie es Lehrer/innen trotzdem gelingen kann, ihre Unterrichtspraxis ohne institutionell eingebettetes Feedback zu reflektieren und zu optimieren.

4.3.1   Feedbackquellen für Lehrer/innen im Schulalltag

Die Frage, wie sich Lehrkräfte selbst notwendiges Feedback im Schulalltag einholen können, ist derzeit immer noch eine Frage des persönlichen Engagements beziehungsweise einiger deutlich fortgeschrittener Schulen in diesem Bereich (Fischler, 2010). Doch warum ist es trotzdem so wichtig, dass Lehrer/innen sich *Feedbackquellen* suchen?

Zunächst einmal konnte in Kapitel 3 herausgestellt werden, dass die Profession eines Lehrers/einer Lehrerin hochkomplex ist und dementsprechend die Reflexion des eigenen Handelns wesentlich für eine berufliche Weiterentwicklung. Jedes Individuum entwickelt außerdem hinsichtlich des Verhaltens im Unterricht sogenannte blinde Flecken beziehungsweise eine Betriebsblindheit (Landes & Steiner, 2013), die es ihm in der Regel hinsichtlich einiger Bereiche kaum mehr ermöglicht, Verhaltensweisen kritisch-reflektiert einzuschätzen und notwendige Veränderungen vorzunehmen. Dementsprechend kann eine Rückmeldung von außen, die es ermöglicht, die Selbsteinschätzung mit einer Fremdperspektive und einer Außensicht abzugleichen, durchaus sinnvoll, förderlich und gewinnbringend für beide Seiten sein. Durch die Öffnung von Unterricht gewinnt dieser an Raum zum Austausch von Ideen, zur gegenseitigen Unterstützung und zur Eröffnung wertvoller Lerngelegenheiten durch den Austausch von Ideen.

Im Folgenden werden einige Möglichkeiten dargestellt, sich als Lehrkraft Feedback hinsichtlich des eigenen unterrichtlichen Handelns einzuholen.

Eine Möglichkeit, sich Feedback hinsichtlich des eigenen unterrichtlichen, jedoch auch gesamt-schulischen, Handelns einzuholen, besteht im Aufsuchen oder Bilden einer *Supervisionsgruppe* (Sieland, 2008). Diese kann auf unterschiedliche Art und Weise ausgestaltet sein: Einerseits kann ein/e professionelle/r Supervisor/in aufgesucht werden, andererseits können in einem gegenseitigen Austausch mit Kolleg/innen Situationen reflektiert werden.

Eine weitere Möglichkeit, wenn auch institutionell aufwendiger umzusetzen, sind *kollegiale Hospitationen*. Diese ermöglichen einen Austausch unter Fachkolleg/innen oder innerhalb eines gesamten Kollegiums einer Schule, welcher sich gewinnbringend auf die eigene Unterrichtspraxis, die Öffnung des Unterrichts einer Schule und den Austausch innerhalb des Kollegiums auswirken kann.

Weitere Möglichkeiten bestehen darin, *die Schulleitung um Feedback und das Hospitieren des eigenen Unterrichts zu bitten*. Das Suchen dieser Feedbackgelegenheit wird jedoch in hohem Maße von der Atmosphäre an der Schule sowie der Tatsache abhängen, wie der Umgang zwischen Kollegium und Schulleitung gestaltet ist.

Bei problematischen und immer wiederkehrenden Situationen mit einzelnen Schüler/innen empfiehlt es sich außerdem, je nach Verfügbarkeit und Grad der konstruktiven Kooperation, den Kreis der Feedback erteilenden Personen auf *außerschulische Professionen und Kooperationspartner* zu erweitern. Dazu gehören unter anderem Sozialpädagog/innen, Schulpsycholog/innen und weitere Beratungsstellen, wie beispielsweise die des Jugendamtes (Bitan, 2014).

Neben all den aufgeführten Möglichkeiten, ist es einerseits wichtig, zu beachten, dass nicht jede Feedbackmethode oder jeder Personenkreis in jeder Situation sinnvoll als Ressource aktiviert werden kann. Trotzdem empfiehlt es sich, auch nach dem Referendariat, in regelmäßigen Abständen Feedbackquellen aktiv zu suchen und Feedbackgelegenheiten zu schaffen, um das eigene berufliche Handeln weiterentwickeln zu können.

Zwei weitere wesentliche Feedbackquellen bleiben an dieser Stelle nicht unerwähnt: Lehrer/innen können viel über die Qualität ihrer unterrichtlichen Praxis erfahren und wie sie den Unterricht stärker entlang den Bedürfnissen ihrer Zielgruppe orientieren können, wenn sie ebenfalls ihre Schüler/innen um Feedback bitten. Dies kann beispielsweise zum Ende einer längeren Unterrichtsreihe oder eines Halbjahres geschehen. Auch hier ist es wesentlich, Prozesse der sozialen Erwünschtheit und des Gruppendenkens sowie des Einflusses von meinungsführenden Cliquen innerhalb des Klassenverbandes zu beachten und dementsprechend das Feedback anonym und von jedem/r Schüler/in einzeln zu erfragen (Kapitel 8 in diesem Band). In den meisten Fällen werden Schüler/innen diese Gelegenheit würdigen, sie ernst nehmen und kritisches, jedoch gleichzeitig konstruktives Feedback erteilen. Wesentlich ist jedoch anschließend auch, dass dieses Feedback dann, zumindest soweit möglich, umgesetzt wird. Des Weiteren kann auch eine Befragung der Eltern einer Klasse durchaus dazu beitragen, eine ehrliche und wertvolle Einschätzung hinsichtlich der eigenen Arbeit mit einer Klasse zu erhalten.

4.4 Zusammenfassung

Es sind nicht nur äußere Ereignisse, die Stress bei Lehrenden in der Schule evozieren, sondern die Intensität und Qualität dieser Ereignisse wird durch das Verhalten der Lehrenden selber mitbestimmt, das wiederum mit deren Bewertungen verschiedener Ereignisse verbunden ist. Lehrende als Teil einer Interaktion, ob auf individueller oder gruppenbezogener Ebene spielt keine Rolle, beeinflussen durch ihre Interaktion auch das Gesamtergebnis. Das bedeutet im Umkehrschluss nicht, dass viele äußere Umstände in der Schule nicht deutlich verbesserungswürdig wären: Es ist leichter, wenn eine Lerngruppe kleiner ist als wenn sie größer ist, weil Komplexität reduziert wird; homogene Lerngruppen sind leichter zu führen als heterogene Lerngruppen, all das ist richtig. Die Stressforschung zeigt jedoch, dass Lehrer/innen *ohne Selbstechnologien*, die ihnen Distanz zu den Geschehnissen ihres Arbeitsalltags geben können, häufig die zwangsläufig aufkommenden Probleme als Überforderung erleben. Eine dieser Selbstechnologien ist das Einholen von Feedback: Realitätsorientierung ist eine notwendige Voraussetzung, um Probleme zu erkennen und zu bewältigen.

4.5   Fragen, Übungen, Lektüre

4.5.1   Fragen

- Welche Perspektiven auf Belastungen im Lehrer/innenberuf werden unterschieden?
- Was unterscheidet die Befunde von Schaarschmidt von den Ergebnissen von Rauin und Meier?
- Warum ist Feedback wichtig im Lehrer/innenberuf?
- Welche Feedbackquellen sind aktuell in der Berufslaufbahn von Lehrkräften institutionalisiert etabliert?
- Welche weiteren, bislang nicht institutionalisierten Feedbackquellen für Lehrer/innen existieren?

4.5.2   Übungen

- Interviewen Sie eine/n Bekannten zu der Frage: Kann man selber das Erleben von Stress beeinflussen? Wenn ja, wie? Skizzieren Sie die zentralen Ergebnisse vor dem Hintergrund der zwei Perspektiven auf Belastungen.
- Stellen Sie sich ein Ereignis in Ihrem (zukünftigen) Beruf vor, das Sie stark belastet (belasten würde).
  - a Versuchen Sie in einem ersten Schritt zu beschreiben, was an dem Ereignis belastend wäre.
  - b Finden Sie in einem zweiten Schritt heraus, wie die Belastung reduziert werden könnte.
  - c Erarbeiten Sie in einem dritten Schritt, ob Ihre Lösung eher person- oder ereigniszentriert ist.
  - d Resümieren Sie in einem vierten Schritt, welche Rolle die in c. festgestellte, jeweils weniger einbezogene Perspektive bei der Entstehung des Belastungserlebens spielen könnte.
- Interviewen Sie eine/n Bekannten zu der Frage, ob sie/er schon einmal etwas Wichtiges durch die Rückmeldung einer anderen Person gelernt hat, das ihr geholfen hat, ein Problem zu lösen. Wenn ja, welches? Wie wurde das Feedback gegeben, so dass es hilfreich war? Skizzieren Sie die zentralen Ergebnisse vor dem Hintergrund des Kapitels.
- Untersuchen Sie Ihre (Praktikums-) Schule daraufhin, welche konkreten Feedbackquellen sich dort für Lehrer/innen bieten. Was verhindert das aktive Suchen der Lehrer/innen von Feedback, welche begünstigenden Faktoren können Sie entdecken?
- Befragen Sie Lehrer/innen beziehungsweise Kolleg/innen Ihrer Wahl, wie diese zu den Themen Feedback, Unterrichtsbeobachtungen und kollegiale Hospitationen stehen.

4.5.3   Weiterführende Lektüre

- Bitan, K. (2014, im Druck). *Sozialpsychologische Betrachtungen des Umgangs mit Feedback und Evaluationen im Schulkontext*. Wiesbaden: VS Verlag für Sozialwissenschaften | Springer Fachmedien.

II

5. Heranwachsende in der Schule

5.1 Alltagsvorstellungen über Heranwachsende: Wie sie sind und was sie brauchen

Es wurde vorauslaufend herausgestellt, dass eine freundliche und unterstützende Interaktion bei klaren und hohen Erwartungen an Verhaltensstandards der Heranwachsenden für eine gute Entwicklung dieser förderlich ist (Band I, Kapitel 2; Band II, Kapitel 2). Immer wieder wird in den empirischen Untersuchungen hierzu deutlich, dass es um die gesamte Entwicklung der Heranwachsenden geht, das bedeutet, um die *kognitive, soziale und emotionale Entwicklung*. Es geht also nicht darum, gute Noten oder mehr Punkte zu bekommen, sondern um Lernprozesse der Individuen auf verschiedenen Ebenen, die eng miteinander zusammenhängen (Liew, Chen & Hughes, 2010).

Die Kombination aus einer freundlichen und zugewandten Interaktion mit deutlichen Erwartungen an Verhaltensstandards der Heranwachsenden wird in der Erziehungsforschung als *reifer* Erziehungsstil bezeichnet (siehe Band I, Kapitel 12). Hier wird bereits sehr deutlich, dass Bindung und Bildung sowie Erziehung und Beziehung verflochtene Dimensionen sind, denen eine gemeinsame soziale Dimension zugrunde liegt. Gerade aber zu diesen Bereichen existieren zahlreiche subjektive Alltagstheorien erwachsener Bezugspersonen zum Umgang mit Heranwachsenden, die oft eher das Resultat bestimmter medialer bzw. ökonomischer Konstruktionen sind, denn an der Realität orientiert. Diese *Alltagsvorstellungen* sind teilweise so sehr mentale Selbstverständlichkeiten geworden, dass sie nahezu den Status von *Mythen* einnehmen.

Gehen Lehrer/innen mit solchen Mythen an die Aufgaben der Klassenführung heran, werden sich unweigerlich nicht hilfreiche Interaktionsmuster heraus kristallisieren. Wie in Band I (Kapitel 12) bereits veranschaulicht, sind die eigenen *Glaubensüberzeugungen* verhaltenswirksam, besonders wenn sie von der sozialen Umgebung geteilt werden (Band I Kapitel 6, S. 104).

In diesem Kapitel sollen nun einige zentrale moderne Mythen aufgeführt werden, die in der Interaktion zwischen Erwachsenen und Heranwachsenden eine dysfunktionale Rolle spielen insofern sie der Entwicklung Heranwachsender nicht nur nichts nutzen, sondern auch schaden können. Es werden Mythen diskutiert, die entweder eine freundliche Interaktion oder angemessen hohe Erwartungen verhindern oder beides. Ergänzend hierzu empfiehlt sich die Lektüre der

Seiten 211 – 213 in Band I. Es ist wichtig diese irrigen Erziehungsvorstellungen zu durchdenken, denn sie tragen viel zu der Atmosphäre bei, in der Heranwachsende in der Schule lernen sollen.

5.1.1   Selbstbewusstsein und Selbstwert

Nach einer Studie von Köcher (2009 zitiert in Schneewind, 2012) ist es für die meisten Eltern in Deutschland ein sehr wichtiges Erziehungsziel das *Selbstbewusstsein* ihrer Kinder zu stärken. Ein hohes Selbstbewusstsein gilt als eine gute Voraussetzung dafür, dass Kinder sich durchsetzen können und unbeirrt einen guten Weg für sich finden.

Vier Fragen sollen zunächst diskutiert werden, um herauszuarbeiten, warum diese Auffassung dysfunktional ist (David, Lynn & Ellis, 2010).

- Was heißt Selbstbewusstsein?
- Wie wird es gesteigert?
- Wie wirkt diese Art der Steigerung?
- Was hindert Menschen an einer funktionalen Auffassung von Selbstbewusstsein?

(1) Was heißt Selbstbewusstsein in den Augen vieler Menschen? Zunächst ist es interessant zu sehen, dass diese Frage kulturell sehr unterschiedlich beantwortet wird. Das, was in *individualistischen* Gesellschaften (wie beispielsweise den USA und Deutschland) als selbstbewusst gilt, gilt in *kollektivistischen* Gesellschaften (wie beispielsweise Japan und Indien) als unreif. Das, was in kollektivistischen Gesellschaften als selbstbewusst (und reif) gilt, nämlich das Einfügen-können-in-eine-Gruppe wird in individualistischen Gesellschaften als angepasst bezeichnet. Das Einfügen-können-in-eine-Gruppe wird jedoch in Deutschland nicht mehr als ein wichtiges Erziehungsziel gesehen (Köcher, 2009).

Es gibt also nicht die universell gültige Definition von Selbstbewusstsein. Selbstbewusstsein, wie es Eltern in Deutschland ihren Kindern vermitteln wollen, hat etwas damit zu tun, dass das Kind *einen hohen Selbstwert* hat, sich also einzigartig, wichtig und besonders fühlt und zwar, das ist ein wichtiger Punkt, losgelöst von seinen sonstigen Verhaltensweisen. Selbstbewusstsein und Selbstwert wird also häufig sprachlich synonym verwendet.

Der Mythos selbst ist medial vielfach veranschaulicht: In vielen Spielfilmen werden immer wieder Eltern gezeigt, die ihrem Kind versichern, dass es einzigartig und wertvoll ist, wie es ist, gerade angesichts des Scheiterns der Kinder.

Die Wurzeln dieser Anschauung, dass ein Mensch wertvoll und einzigartig ist, ganz unabhängig von dem, was er tut, sind eng verflochten mit humanistischen Anschauungen, ökonomischen Wandlungen und künstlerischem Ausdruck in Belletristik und Film. Die Association of Humanistic Psychology der 1960ziger Jahre hat sicherlich den damaligen Zeitgeist gut eingefangen, indem sie es zu einem wichtigen Grundsatz wissenschaftlichen Handels machte, dass jedes einzelne Individuum in seiner Würde unantastbar sei und dies mit theoretischen Vorstellungen der bedingungslosen Zuwendung verknüpfte (siehe für einen Überblick Steins, 2008a). Auch verhaltenstherapeutische Strömungen griffen diesen Grundsatz auf und proklamierten, dass immer zwischen der Person und ihrem Verhalten zu trennen sei.

Diese aus der psychologischen Theorienbildung kommenden Gedanken passten gut in eine aufstrebende individualistische Gesellschaft wie den USA, in der jede/r sich vom/von der Tellerwäscher/in zum/zur Millionär/in entwickeln konnte, wo soziale und strukturelle Barrieren von der Kraft des einzigartigen Individuellen gesprengt werden könnten. Hier lassen sich merkwürdige Trennungen in den Begriffen Individuum und Gesellschaft ausmachen, die von Elias sehr stark in Frage gestellt werden, insofern ein Individuum nicht von der Gesellschaft zu trennen ist, in der es lebt und eine Gesellschaft nicht von ihren Individuen (Elias, 2003). Aber die heute oft auzumachende Herangehensweise an den Menschen als Individuum impliziert diese Trennung, als wären Individuum und Gesellschaft nicht unauflöslich miteinander verflochten.

Individualismus wurde in einer auf Wirtschaftswachstum ausgerichteten Gesellschaft sehr stark *materialisiert*, indem Menschen glaubten, durch materielle Wahlfreiheiten ihre Individualität gestalten und ausdifferenzieren zu können. Da aber Menschen ein starkes *Bedürfnis nach sozialer Zugehörigkeit* haben (Baumeister und Leary, 1995; siehe auch Band I, Kapitel 6), und sich auf sozialen Dimensionen miteinander vergleichen, um die Hinweisreize sozialer Zugehörigkeit zu kennen, kommt es zu dem paradox anmutenden Phänomen, dass in individualistischen Gesellschaften ein ziemlich starker Konformitätsdruck herrscht (Steins, 2008a).

Die Frage danach, was Selbstbewusstsein in den Alltagsvorstellungen zeitgenössischer Menschen also bedeutet, ist schwer zu beantworten, da hier mehrere Dimensionen gesellschaftlichen Zusammenlebens miteinander verflochten sind: Einerseits die Zuschreibung einer individuellen Einzigartigkeit von bedingungslos hohem Wert und andererseits die materielle Verkörperung dieses Wertes in zu wählenden Produkten, die neben ihrem materiellen Wert oft auch einen symbolischen Wert beinhalten. Festzuhalten ist, dass Selbstwert, Wert und Selbstbewusstsein des modernen Menschen in individualistischen Gesellschaften ideell hoch erwünscht sind, und häufig durch materielle und/oder sichtbare und/oder sichtbar zu machende Güter symbolisiert werden (siehe Band I, Kapitel 10).

(2) Die zweite zu diskutierende Frage wie Selbstbewusstsein gesteigert wird, ist leichter zu beantworten, da sich die Steigerungsprozesse von Selbstwert alltäglich vielfach beobachten lassen. Eine große Rolle spielen *verbale* Zuweisungen. Heranwachsenden wird sehr häufig völlig globales und extrem akzentuiertes positives Lob gegeben. Zuweisungen wie „Du bist einfach super!", „Das kannst auch nur du"!, „Du bist die/der Beste!", „Einfach genial", stel-

len Übertreibungen von Leistungs- bzw. Verhaltensrückmeldungen dar, die besser spezifisch gegeben würden (hier die Kapitel 7 aus Band I und Kapitel 8 aus vorliegendem Band). Interessant ist es, dass solche Zuweisungen durchaus nicht unbedingt etwas mit einer tatsächlich genialen Leistung zu tun haben, die ja auch, statistisch betrachtet, nicht sehr häufig vorkommen kann.

Weiterhin spielen *materielle* Verstärker des Selbstwertes eine zentrale Rolle; sie sind ein Kern von konsumorientierten Leistungsgesellschaften. Aus Angst davor, dass ihr Kind einen Knacks in seinem Selbstwert entwickeln könnte, wenn es nicht so ausgestattet ist wie seine Peer Group versuchen Eltern häufig materiell mitzuziehen. Das Resultat kann sich am Konsum von Symbolen der sozialen Zugehörigkeit beobachten lassen, wie bestimmte Kleidungsmarken, Schuhsorten, Handymarken, Apps und anderen Symbolen, die eine bestimmte „Kultur" von Alterssubgruppen bilden, denen das eigene Kind unbedingt zugehören muss, um selbstbewusst sein zu können.

Viele Forscher/innen haben sich schon seit längerem Gedanken darüber gemacht wie diese Art der Selbstwertsteigerung wirkt. Dwecks Gedanken hierzu wurden bereits in Band I (Kapitel 7) detailliert ausgeführt. Dweck beschäftigte sich besonders mit den sprachlichen globalen positiven Zuschreibungen und kommt zu dem Schluss, dass das *Ego* der Kinder hierdurch aufgebläht wird und eine positive Rückmeldung als Anspruch internalisiert wird. Gleichzeitig konnte sie empirisch belegen, dass diese Art der Zuschreibungen zu Versagensängsten führt, da die Kinder keinen Zusammenhang zwischen realen Leistungen und verbalen Zuschreibungen herzustellen lernen. Rückmeldungen sind idealerweise an der Realität orientiert, um zu bewirken, dass ein Mensch Kontrolle über sein Verhalten entwickelt. Verbale bedingungslos positive Zuschreibungen verfehlen diesen Zusammenhang und führen zu unerwünschten Nebenwirkungen. Dieser schlichte Befund zeigt nochmals, wie eng verflochten die Interaktionen zwischen Erwachsenen und dem Selbstkonzept der Heranwachsenden sind.

(3) Weiterhin gibt es eine sehr groß angelegte Studie in den USA, in der systematisch über die Zeit hinweg untersucht wurde, wie verschiedene Arten der Selbstwertsteigerung wirken (Mecca, Smelser & Nasconcellos, 1989). Die Entwicklung von Schüler/innen, die verbale Bekräftigungen ihres hohen Selbstwertes bekamen, wurde verglichen mit derjenigen von Schüler/innen, die statt einer globalen positiven Rückmeldung spezifische Unterstützung in der Entwicklung spezifischer Kompetenzen bekamen ohne dass jemals der individuelle Wert der Schüler/innen positiv (oder negativ) thematisiert wurde. Es zeigte sich, dass Selbstwertunterstützungsprogramme keinerlei Effekte aufwiesen. Das einzige, was die Schüler/innen selbstwirksamer werden ließ, waren *spezifische* Unterstützungen. Wenn also beispielsweise ein Schüler Probleme in Englisch hat, ist es sinnvoll, mit ihm zu ermitteln wie das Problem zustande kommt und dann sehr spezifische Lösungen zu finden, die an der Problemdiagnose

orientiert sind (siehe Band I, Kapitel 7). Es hilft nichts, ihm zu sagen, dass er unabhängig von seinen Leistungen ein wertvoller Mensch wäre.

(4) Dieser letzte Punkt tangiert die Beantwortung der vierten Frage. Selbstwert an sich ist ein merkwürdiges Konzept. Es suggeriert eine seltsame Trennung zwischen Gruppe und Individuum, die so nicht existieren kann, da Menschen sozial aufeinander angewiesen und zugewandt sind (Elias, 2003). Was hindert Menschen also an einer funktionalen Auffassung von Selbstbewusstsein?

Eine funktionale Auffassung von Selbstbewusstsein bedeutet, dass ein Individuum seine Verhaltensweisen kritisch reflektieren kann, ohne generalisierende, selbst verdammende negative Selbstbewertungen vorzunehmen. Das eigene Verhalten kann ohne intensive negative Gefühle an realitätsnahen Kriterien überprüft und einem angemessenen Standard angepasst werden. In dem Fall jedoch, in dem eine Person den eigenen Wert von der Qualität ihrer Leistung abhängig zu machen beginnt, wird sie verschiedene Strategien der Realitätsabwehr einsetzen oder/und einen starken Leistungsdruck verspüren, da sie viel zu verlieren hat.

Dieser Zusammenhang wird durch verschiedene Facetten unserer *Leistungskultur* verstärkt. Gute Leistung, z.B. im Sport, wird nahezu mit Heldentum gleichgesetzt. Es findet oft eine generalisierende Bewertung statt. Schlechte Leistung wird kaschiert. Das gleicht einem sozialen Bestrafungsakt, denn implizit wird darauf hingewiesen, dass man sich mit einer schlechten Leistung nicht sehen lassen kann.

Unsere Kultur ist so besessen von einer *hierarchisierenden Wertigkeit* der Menschen, dass es nicht verwunderlich ist, dass Kinder lernen, ihren Selbstwert über ihre Leistungen zu definieren.

Dabei ist das Konzept des Selbstwertes ein recht modernes Konzept und enthält immer eine sehr willkürliche Komponente. Wer bestimmt die Kriterien des Wertes eines Menschen? Ein Versicherungsunternehmen wird andere Kriterien anlegen als eine Krankenkasse oder ein Familienmitglied. Selbstwert ist ein Konzept, mit dem Gesellschaften ihre Individuen stark steuern können und unterliegt immer willkürlichen Normgebungen.

Klug wäre es, sich von diesem Konzept zu verabschieden.

Es stellt sich z.B. die Frage, ob es ein erstrebenswertes Ziel ist, dass ein Mensch sich auch dann als wertvoll empfindet, wenn alle um ihn herum überhaupt nicht mit seinen Verhaltensweisen einverstanden sind? Es wäre wichtiger, als sich wertvoll oder wertlos zu fühlen, zu lernen, nach welchen vernünftigen, realitätsorientierten Kriterien man eigene Verhaltensweisen bewerten und ändern kann oder ob das überhaupt erforderlich ist und für wen oder was es gut wäre.

5.1.2 Motivation und Lernen

Ein moderner Mythos, der seine Wurzeln ebenfalls in humanistischen Anschauungen hat (der Mensch ist von Natur aus gut; Steins, 2008a) und in der Neugierdeforschung, besagt, dass Kinder natürlicherweise lernen wollen. Das mag durchaus sein, insofern der menschlichen Spezies, wie auch anderen Spezies, ein *Neugierdemotiv* zu eigen ist. Das heißt aber nicht, dass jedes Individuum dieser Spezies die gleiche Ausprägung von Neugierde und/oder Lerneifer aufweist. Es zeigt sich, dass die wenigsten Kinder von sich aus genau das lernen wollen, was sie lernen sollen. Die meisten Kinder lernen schulisch verordnete Inhalte nicht aus eigenem Antrieb. Es ist schwer vorstellbar, dass ohne Schulpflicht die meisten Menschen jemals eine Gleichung mit zwei unbekannten Variablen gelöst hätten.

Die Anzahl lernwilliger und neugieriger Kinder, die irgendwann *selbstreguliert* lernen kann, kann sicherlich durch geeignete Lehrstrategien, wie Interesse und Neugierde wecken, Sinn vermitteln und freundliche und zugewandte Lehr-Lernsettings erhöht werden. Aber auch das wird nur gelingen, wenn nicht ein starres Konzept auf alle Schüler/innen angewandt wird, sondern die Eigenschaften einer Lerngruppe stets aufs Neue berücksichtigt werden. Alle Schüler/innen mit nur einer Methode der Motivation und Unterrichtung zu erreichen, wird unmöglich sein.

Umgekehrt führt dieser Mythos zu der Schlussfolgerung, dass, wenn ein Kind nicht lernt, dass es dann auch nicht will. Können und wollen zu unterscheiden ist jedoch sehr schwierig, wenn nicht sogar ein unmögliches Unterfangen. In dem Moment jedoch, in dem Kindern, die offensichtlich nicht lernen, eine Intention im Sinne von *Verantwortung* unterstellt wird, führt der damit verbundene Ärger oft zur Unterlassung weiterer Hilfestellungen (siehe Band I, Kapitel 7) und damit wird der/die Heranwachsende als *faul* abgestempelt.

Viele Vorgehensweisen der individuellen Förderung beruhen bedauerlicherweise auf dem Mythos, dass jedes Kind lernen will. Ausgehend von dem Glauben, dass jedes Kind lernen will, wird bereits in der Primarstufe der Lernfortschritt den Kindern zunehmend selber überlassen. Das ist sehr schön für die Schulbuchverlage, weil sie so sicherlich eine Blütezeit des Verkaufs ihrer Unterrichtsmaterialien erleben, die dann jedes Kind nach eigenem Lerntempo und Lernwillen durcharbeiten darf, in der Hoffnung, dass sich durch die impliziten Lerninstruktionen ein Wissen bei dem Kind aufbaut. Ein Kind kann aber nicht von selbst wissen, wie hoch die Latte liegt, es hat keinen Standard von Leistungsqualität. Ist es also eines der zahlreichen Kinder, die nicht das lernen wollen, was sie sollen, dann wird es sicherlich kein angemessenes Lerntempo und auch keine Lernfreude entwickeln, wenn es sich durch die unüberschaubaren Seiten eines vorgegebenen Lernduktus arbeitet. Es wird sein Tempo nicht steigern bzw. verlangsamen. Wenn die Instruktion lautet, eine Stunde im Arbeitsbuch zu üben, wird ein/e durchschnittliche/r Schüler/in, das heißt statistisch betrachtet also die Meisten, diese Stunde machen, aber nicht besonders schnell und möglicherweise auch nicht Sinn entnehmend.

Während jedoch ein Kind, das bereits selbstreguliert lernen kann, die Pflichtstunde nutzt, um ganz viel zu schaffen und möglichst viel Neues zu lernen, wird ein eher desinteressiertes Kind, dem weder die Konsequenzen seines Desinteresses klar sind und das auch nicht wissen kann, wie viel es überhaupt schaffen könnte und möglicherweise auch nicht versteht, wozu das überhaupt gut sein kann, wenig lernen. Individuelle Förderung bedeutet heute, dass ein Kind sich selber dort abholen soll wo es steht. Die meisten Kinder wissen aber erstens gar nicht, wo sie stehen und zweitens auch nicht wohin die Reise gehen kann.

Es ist ganz deutlich aus der Forschung ersichtlich, dass Menschen überwiegend unter gesetzten Standards bleiben (Lewin, Dembo, Festinger & Sears, 1944; Band I, S. 40 f.). Wie schlecht fällt also erst ihre Leistung aus, wenn sie gar keinen Standard haben. Die Erwartungen sind immer möglichst hoch, und zwar in diesem Fall für alle gleich. Die Wege der Unterstützung, die können zwar anders aussehen, aber das Ziel ist das Gleiche.

Individualität ist nicht gleich Wahlfreiheit von Inhalten und Standards, sondern die individuelle Unterstützung ist angepasst an die Motivation des Kindes.

Der Glaube an das Gute im Menschen ist das Pendant zum Glauben an das Schlechte im Menschen. Kinder jedoch haben nicht universelle psychologische Eigenschaften, sondern entwickeln ihre Individualität, die Intensität ihrer Charakteristika, den Umgang damit, erst in der *Verflechtung mit ihrer sozialen Umwelt*. Sie sind Personen, die sich in der *Entwicklung* befinden, deren hohe Plastizität die Spezies Mensch bislang vor dem Aussterben geschützt hat. Menschen sind durch ihre lange Entwicklungszeit hoch anpassungsfähig. Entwicklung ist ein Prozess, der das ganze Leben durchziehen kann, aber besonders in der Kindheit ein durchweg stattfindender Prozess ist, der durch Veränderungsfähigkeit und Lernfähigkeit gekennzeichnet ist, auch wenn die Bereitschaft, diese Fähigkeiten zu nutzen, nicht gleich ausgeprägt ist.

Deswegen sind z.B. Terminologien wie *Opfer* und *Täter* für Kinder nicht passend. Ein Kind, das gemobbt wurde ist genauso wenig ein Opfer wie ein Kind, das mitgeholfen hat ein anderes Kind zu mobben, ein Täter ist. Diese Art der Zuschreibungen unterstellen feste generalisierende Dispositionen. Sie gehören vielleicht in die Forensik, nicht aber in die Schule.

Auch die zunehmende *Psychopathologisierung* von Kindern aufgrund von statistisch auffälligen Verhaltensweisen, da selten und stark ausgeprägt, weist daraufhin, dass der Entwicklungsgedanke in der Beziehung zu Kindern nicht wirklich in den subjektiven Glaubenssystemen moderner Menschen verankert ist. Es ist bedenklich, dass Verhaltensweisen, die von Kindern quasi per Entwicklungsstand oft nicht gezeigt werden können, wie z.B. die Regulation von Wut angesichts subjektiv wahrgenommener großer Ungerechtigkeiten, pathologisiert werden. Kinder werden zunehmend wie kleine Erwachsene behandelt (Kagan, 2012).

Das ist eigentlich paradox, da durch die Erkenntnisse neurophysiologischer Grundlagenforschung immer deutlicher wird, dass die soziale Verflechtung mit den Bezugspersonen das tragende, auch physiologisch wichtige, Entwicklungsmotiv in der Kindheit ist, wodurch sich Individualität herausbilden kann, die einem Kind jedoch abgesprochen wird, wenn zunehmend pathologisiert wird (Bauer, 2013).

Durch Zuschreibungen wachsen Verantwortlichkeitsdelegationen. Ein Kind, das pathologisiert wird, wandert in die Psychiatrie und in die Therapie. Wichtiger als dieses wäre es, dass sich sein alltägliches soziales Beziehungsgeflecht ändern würde. Ein Kind, das als lernunwillig und lernschwach eingestuft wird, wandert auf die Förderschule. Hilfreicher als das, wäre es, zu sehen, was das soziale Verflechtungsproblem ist und dieses zu lösen.

Es wäre also insgesamt hilfreicher in Lehr-Lernsettings problem- und lösungszentriert zu denken und Kinder durch freundliche und fordernde Interaktionen zu unterstützen, statt ihnen Eigenschaften zuzuschreiben, die sie mehrheitlich so gar nicht besitzen.

5.1.3   Gleichheit und Gerechtigkeit

Eng verbunden mit der Vorstellung, dass Kinder lernen wollen, ist der Glaubensgrundsatz, dass Gleichheit gleichbedeutend mit Gerechtigkeit wäre. Aufgrund komplexer Interaktionen von biologischen Anlagen mit sozialen, historischen und kulturellen sowie ökonomischen Bedingungen sind Menschen nicht gleich, sondern weisen eine enorm hohe interindividuelle Varianz auf, die statistisch wesentlich interessanter als Varianzen zwischen zentralen Merkmalen wie z.B. Geschlecht, Ethnie usw. sind.

Als Spezies bedürfen Menschen universeller Grundlagen, die für sie lebensnotwendig sind, aber schon das Ausmaß des Bedarfes von sozialen, finanziellen und kulturellen Bedarfen scheint sehr unterschiedlich ausgeprägt zu sein und weist eine große Varianz auf.

Das heißt nicht, dass die Möglichkeiten von Individuen fest sind und vorhersehbar; deswegen wäre es falsch, z.B. Schüler/innen von vorne herein und überhaupt als leistungsschwach bzw. leistungsstark einzuordnen.

Aber die Wege zu einem gleichen Ziel werden unterschiedlich verlaufen, wobei hier die zeitliche Begrenzung der Schule eine wesentliche Rolle bei den individuellen Beurteilungen spielt. Denn der eine mag über Umwege länger brauchen, die andere noch länger und nicht alle werden das Ziel erreichen können oder wollen. Schüler/innen bedürfen unterschiedlicher Arten von Unterstützung. Gleichheit in der Unterstützung ist also nicht möglich, sondern wäre auch sehr ungerecht. Unterstützung ist an den *konkreten Problemen* von Schüler/innen ausgerichtet.

5.1.4 Konflikte

Es ist sehr unwahrscheinlich, dass Menschen in einer Gruppe keine Konflikte entwickeln werden. Die Forschung zeigt, dass eine Gruppe von Menschen, die in der Lage ist, Konflikte als notwendige Begleiterscheinungen des Miteinanders zu akzeptieren und zu lösen, profitiert (Forsyth, 2010). Die *kollektive Selbstwirksamkeit* wächst und der *Zusammenhalt* intensiviert sich auf eine konstruktive Art und Weise.

In der Schule, sowie in vielen anderen Lebens- und Arbeitsbereichen, werden viele Ereignisse, die ein Konfliktpotenzial aufweisen, oft ignoriert, da Menschen Konflikte meistens aversiv finden. Menschen tendieren eher dazu, Konflikte zu vermeiden oder zu rationalisieren, statt sie zu lösen. Um Konflikte lösen zu wollen, ist ihre offene Bennung erforderlich, eine gemeinsame Problemdefinition ist hilfreich und Auseinandersetzungen um ein vernünftiges Problemlösespektrum sind notwendig.

Da viele Menschen ihren Selbstwert daran ausrichten, ob sie von möglichst vielen anderen gemocht werden, stellen Konflikte auch oft eine Bedrohung der als notwendig bewerteten Sympathie dar. Das ist sicherlich ein häufiger Grund dafür, warum das Ansprechen von Konflikten oft vermieden wird.

Ein anderer Grund mag eine geringe Selbstwirksamkeitserwartung beim Lösen von Konflikten sein. In der Tat, jede Lösung eines Problems kann scheitern, aber das Scheitern ist sehr viel wahrscheinlicher, wenn nichts versucht wird.

Im Erziehungskontext ist es die Aufgabe der Erwachsenen, Konflikte nicht zu scheuen und modellhaft vorzuleben, wie konstruktive Problemdefinitionen und Lösungen gefunden werden können.

Die *Angst vor Konflikten* macht sicherlich auch einen Teil der Ursachen für eine missverstandene Art der individuellen Förderung aus. Denn ein Kind wird natürlich sehr viel wahrscheinlicher frustriert, wenn es sich an hohen Standards misst. Hier erlebt es eine Diskrepanz zwischen Ist und Soll. Nur aber, wenn diese Diskrepanz mit dem eigenen Selbstwert in Verbindung gebracht wird und mit anderen globalen Attributen wie z.B. Begabung und Intelligenz, wird eine solche Diskrepanz zum Problem. Ohne Standard keine Fortbewegung, ohne Diskrepanz kein Strecken, ohne Unterstützung und zugewandte Interaktion für die meisten Schüler/innen kein Erreichen der Standards.

Frustrierte Schüler sind häufig eine Quelle des Konfliktes. Konfliktscheue Lehrer/innen und Eltern senken dann lieber den Standard. Ein gutes Modell ist eine erwachsene Bezugsperson, die das psychologische Problem derjenigen Kinder erkennen, die Diskrepanzen zwischen Ist und Soll falsch interpretieren, dies mit dem Kind bereden und mit ihm Strategien finden, die ihm eine Annäherung an die Standards erlauben (siehe Band I, Kapitel 7 und Kapitel 9).

Es ist sehr wichtig zwischen notwendigen und nicht notwendigen Frustrationen zu unterscheiden (siehe Band I, Kapitel 12). Diskrepanzen beim Lernen, bei der eigenen Entwicklung zu erleben, muss nicht stark frustrierend sein; wenn es aber so ist, kann die Frustration oft eine notwendige Voraussetzung für die Bewegung in Richtung Standard sein. Notwendige Frustration ertragen zu erlernen, das ist eine Lernaufgabe von Kindern, die durch Erwachsene sehr gut unterstützt werden kann.

5.1.5 Klare Ansagen, klare Erwartungen = hart; Führung = autoritär

Die Gleichsetzung von klaren und hohen Erwartungen und Führung wird häufig mit Härte gleich gesetzt. Abgesehen davon, dass diese Gleichsetzung bereits irrig ist, ist sie mit zwei weiteren Irrtümern verbunden. Der eine Irrtum besagt, dass es schrecklich ist, hart zu sein, weshalb Erwartungen niemals zu hoch sein dürfen. Da es schwer zu sagen ist, wann Erwartungen zu hoch sind, werden sie von vornherein sehr niedrig angesetzt oder sofort den Kindern selbst überlassen. Dass dies nicht zu einer guten Entwicklung führt, wurde bereits an anderer Stelle erörtert (Band I, Kapitel 12).

Der andere Irrtum besagt, dass Kinder Härte brauchen und Führung autoritär gestaltet werden muss, weil Kinder wissen müssen, wo „der Hammer hängt".

Umgekehrt hängen hiermit auch gegensätzliche Bewertungen von Zugewandtheit und Freundlichkeit zusammen. Freundlichkeit und Zugewandtheit werden oft umgangssprachlich abwertend mit Kuschelpädagogik assoziiert. Von dieser ist aber nur bei gleichzeitiger Kombination mit mangelnden Erwartungen und Forderungen zu sprechen (obwohl man darüber streiten kann, ob der Begriff prinzipiell eine hilfreiche Beschreibung der Realität liefert). Ganz im Gegenteil ist bewiesen, dass freundliche Interaktionsmuster, gepaart mit hohen Erwartungen im Sinne eines reifen Erziehungsstils die besten Voraussetzungen für eine gute Entwicklung sind (Band I, Kapitel 12).

Beide Varianten von Irrtümern hängen mit einem weiteren irrigen Glaubensgrundsatz zusammen, nämlich dass Bindung, Bildung, Erziehung und Beziehung getrennte Dimensionen voneinander sind. Neugierige, lernwillige und motivierte Kinder können auch desinteressierte, bindungsschwache Erwachsene sozial, emotional und kognitiv unbeschadet überleben. Was genau ihre Überlebensfähigkeit, sogenannte *Resilienz* ausmacht, ist eines der großen, noch nicht wirklich gelösten Geheimnisse. Es gibt viele Thesen, aber wenige gesicherte universelle Befunde. Aber Kinder, die weder besonders neugierig, noch auffallend lernwillig sind, profitieren ungemein von starken und positiven Ausprägungen dieser sozialen Verflechtungsdimensionen, wiewohl natürlich auch selbstregulierte, motivierte und resiliente Kinder diese zu schätzen wüssten (Hamre & Pianta, 2001; Liew et al., 2010).

5.1.6 Schöne Schulen

Negative Ereignisse können sich auch in einer wunderschönen Umgebung abspielen. Zwar ist es wichtig und gut, dass eine *Lernumgebung* ansprechend ist, damit Lehrende und Lernende nicht eine ständige Fluchttendenz aufgrund aversiver physikalischer Reize empfinden, was für Lehr-Lernprozesse sehr hinderlich wäre. Eine angenehme Lernumgebung erhöht sicherlich die Wahrscheinlichkeit, dass Menschen lieber einen Ort aufsuchen und in ihm verweilen können als wenn diese Umgebung hoch aversiv wäre (siehe Kapitel 9). Allerdings verbessert eine schöne Umgebung allein nicht entscheidend die Produktivität einer Gruppe oder die Qualität des Lernens. *Was* in der schönen Umgebung *wie* passiert, ist entscheidend. Wenn Schüler/innen eine unterstützende und freundliche Lehr-Lern-Interaktion erwarten, dann werden sie in einer physikalisch unangenehmeren Umgebung sicher besser und lieber lernen im Vergleich mit einer physikalisch reizvollen Umgebung, in der die Interaktionen langweilig, desinteressiert und wenig unterstützend sind.

Eine schöne Umgebung ist also schön, aber ohne konstruktive interaktionale Lehr-Lernsituationen für den Lernzuwachs selbst wirkungslos.

Diese Vorstellungen über Heranwachsende in Lehr-Lernkontexten stellen nur eine kleine Auswahl von Irrtümern über Heranwachsende als lernende Individuen dar. Die Vorstellungen stehen in ihrer Gesamtheit nicht isoliert nebeneinander, sondern bilden verschiedene Ableitungen, die miteinander verbunden sind. Möglicherweise ist der *zentrale Irrtum*, um den sich alle Mythen über Heranwachsende ranken, *dass es nicht so wichtig sei, was man wie mit Heranwachsenden macht*. Das würde auch erklären, warum die längste Zeit der Menschheitsgeschichte eher von Versuch und Irrtum im Umgang mit den jüngeren Generationen geprägt ist, von Ideologie, als von wissenschaftlichen Erkenntnissen. Es würde ebenfalls erklären, warum auch heutzutage das, was als

Sozial- und Kulturwissenschaften bezeichnet wird, immer noch eine wesentlich geringere gesellschaftliche und politische Anerkennung erfährt als MINT Wissenschaften.

Um Heranwachsende zu verstehen, ist es wichtig zu verstehen, dass Mythen Glaubensgrundsätze darstellen, die verhaltenswirksam sind. Das eigene Verhalten kann durch Regeln etc. geformt werden. Dort, wo verbindliche Standards fehlen, wird es aber von den eigenen Glaubensgrundsätzen bestimmt. Da es nirgendwo im Schulgesetz steht, dass ein/e Lehrer/in verpflichtet wäre, freundlich und zugewandt zu den Schüler/innen zu sein oder die Standards hoch und klar zu halten, sind diese beiden wichtigen Erkenntnisse aus der sozialpsychologischen und entwicklungspsychologischen Forschung *nicht* gesichert. Und auch deren Umsetzung obliegt den subjektiven Vorstellungen von Lehrer/innen, die hierzu auch nicht unbedingt eine systematische auf gesichertem Wissen beruhende Ausbildung erhalten. Heranwachsende in der Schule werden also mit hoher Wahrscheinlichkeit mit sehr widersprüchlichen, teilweise sehr irrigen und realitätsdesorientierenden Vorstellungen erwachsener Bezugspersonen konfrontiert.

5.2   Was es für Heranwachsende bedeutet in der Gruppe zu lernen

In Teil IV wird detailliert dargestellt, was es lernpsychologisch bedeutet, in einer Gruppe zu lernen. Es wird deutlich werden, dass eine Gruppe durchaus förderlich sein kann beim Erwerb einfacher Kompetenzen, dass sie aber sehr hinderlich beim Erwerb komplexerer Kompetenzen ist.

In diesem Abschnitt geht es darum, zu verstehen, dass das Lernen in der Gruppe für junge Menschen mit einer Fülle von problematischen Aspekten verbunden ist. Nicht nur für Lehrende kann es beträchtlichen Stress bedeuten, die durchschnittlich recht großen Gruppen zu unterrichten; es bedeutet auch für Heranwachsende Stress.

Aufgrund ihres Alters sind Schüler/innen die meiste Zeit physisch noch nicht vollkommen in der Lage, ihre Emotionen und viele ihrer Bedürfnisse immer so regulieren zu können, wie es oft von ihnen als angemessen erwartet wird. Die Fähigkeit zur Selbstregulation von Frustrationen und starken Emotionen ist physiologisch erst mit der Zeit, mit zunehmender Gehirnreifung (die erst mit 25 Jahren einigermaßen abgeschlossen ist), möglich; sie muss überdies aber auch als eine sehr wichtige Kulturtechnik erlernt werden. Dieses Wissen ist nach wie vor im Elternhaus angesiedelt. Bekommen Kinder Selbstregulationsfähigkeiten nicht von dort gelehrt, fallen sie in der Schule sehr schnell negativ auf. Selten jedoch bekommen sie dann hierzu Förderunterricht, eher werden sie als verhaltensauffällig pathologisiert (Kagan, 2012; Steins, Weber & Welling, 2013).

Als Individuum in einer Gruppe zu lernen, ist aber unweigerlich und unabänderlich mit starken Selbstregulationsbedarfen verbunden: Kinder haben oft zu warten und in dieser Zeit Langeweile ertragen; sie haben zu akzeptieren, dass die Aufmerksamkeit nur einer Lehrperson durch 30 Heranwachsende geteilt werden muss; sie haben Unruhe und Unkonzentriertheit ihrer Mitschüler/innen auszuhalten; sie haben zu tolerieren, dass sie ihren Körper über eine beträchtliche Zeitspanne hinweg motorisch einigermaßen still zu halten haben; sie haben hinzunehmen, dass sie viele Dinge, die sie nicht immer sofort verstehen, nicht einfach durch Nachfragen verstehen werden; sie haben die Launen aller Menschen in ihrer nächsten Umgebung auf kleinem Raum zu ertragen; sie haben es wegzustecken, dass Bewertungen, Rückmeldungen etc. nicht immer gerecht verlaufen; sie haben zu verarbeiten, dass sie in einer Rangfolge stehen, sozial und leistungsmäßig. Lernen in der Gruppe ist noch mit vielen anderen Unannehmlichkeiten verbunden.

Dazu kommt, dass die Ansprüche an die Selbstregulationsfähigkeiten der Individuen moderner Gesellschaften in den letzten Jahrzehnten immer höher geworden sind (Elias, 2003; Kagan, 2012). Heranwachsende stehen deswegen in einem ausgesprochenen Spannungsfeld aus natürlicherweise biologisch noch in der Entwicklung begriffenen Möglichkeiten der Selbstregulation,

sehr hohen Ansprüchen an diesen und gleichzeitig gewandelte Erziehungspraktiken und Alltagsvorstellungen über Heranwachsende, die bewirken, dass Selbstregulation als Kulturtechnik
nicht immer an die Heranwachsenden weitergegeben wird.

Die so auch in Bezug auf die Selbstregulationskompetenzen der Heranwachsenden sehr heterogenen und vor allem numerisch großen Klassen, werden heute oft als eine Chance zum Sozialen
Lernen gesehen. Ganz im Gegenteil brauchen Heranwachsende allerdings in einem hohen Ausmaß soziale und emotionale Kompetenzen, um mit dem Lernen in großen Gruppen klar kommen
zu können.

Bis auf die Tatsache, dass Lernen in großen Gruppen die kurzfristigen monetären Kosten der Bildung reduziert, gibt es aus sozial- und lernpsychologischer Perspektive nicht ein einziges qua-
litatives relevantes Argument, das auch nur ansatzweise dafür sprechen könnte, dass Lernen in
großen Gruppen für auch nur einen der Beteiligten wertvoll sein könne (Dollase, 2012; 2014).

Werden die Gruppennormen in einer Klasse falsch gesetzt oder es wird nicht transparent immer
wieder daran gearbeitet, dass eine Lerngruppe lernförderliche Verhaltensnormen etabliert, ist die
Gefahr recht groß, dass die Individuen einer Klasse deindividuieren (Diener, 1979), d.h. sich von
Normen der Gruppe mitreißen lassen, die gegen die gültigen Verhaltensnormen laufen. Eine
deindividuierte Gruppe ist schwer in den Griff zu bekommen.

5.3 Zusammenfassung

In diesem Kapitel wurden sechs zentrale moderne Mythen aufgeführt, die in der Interaktion
zwischen Erwachsenen und Heranwachsenden eine dysfunktionale Rolle spielen insofern sie
der Entwicklung Heranwachsender nicht nur nichts nutzen, sondern auch schaden können.
Die diskutierten Mythen verhindern entweder eine freundliche Interaktion oder angemessen
hohe Erwartungen oder beides. Sie sind verhaltenswirksam, wenn es keine anderen ver-
bindlichen Interaktionsgestaltungsregeln gibt.

5.4   Fragen, Übungen, Lektüre

5.4.1 Fragen

- Was sind die Argumente gegen eine bloße Steigerung von Selbstwert als Mittel Schüler/innen
  zu selbstbewussten Menschen zu erziehen?
- Warum wollen Kinder nicht unbedingt alle lernen?
- Was ist individuelle Förderung?
- Was sind die Wirkungen konstruktiver Konfliktlösungen?

- Was ist ein guter Erziehungsstil?
- Welche Rolle spielt eine schöne Umgebung für das Lernen?

5.4.2 Übungen

- Welche anderen Mythen über Kindheit fallen Ihnen ein?
- Legen Sie einem/r Bekannten einen Mythos zur Interaktionsgestaltung vor. Findet er/sie den Mythos begründet oder falsch? Was sind die Argumente und Erfahrungen? Skizzieren Sie kurz das Gespräch.
- Lesen Sie von Skinner „Why teachers fail". Skizzieren Sie die Zusammenhänge zwischen diesem alten Text und diesem Kapitel
- Welche anderen Begriffe fallen Ihnen noch als Synonyma zu Mythen ein?

5.4.3 Weiterführende Lektüre

- Kagan, J. (2012). *Psychology's Ghosts. The crisis in the profession and the way back.* New Haven: Yale University Press.

TEIL III

Grundlagen des Unterrichtes in der Klasse

Das Unterrichten einer Klasse erfordert viele Kompetenzen der Lehrenden und Lernenden, damit die Chancen steigen, dass Schule eine gute Zeit für alle wird. Dieser Teil ist denjenigen Teilkompetenzen gewidmet, die man zunächst selber erwerben kann ohne für eine Klasse verantwortlich zu sein und leibhaftig zu unterrichten. Eine zentrale Rolle nehmen die Selbsttechnologien in Kapitel 6 ein, denen sich eine Erweiterung durch Kapitel 7 anschließt. Selbsttechnologien sind Instrumente der Selbstreflexion, die Individuen befähigen, sich selber realitätsorientiert zu sehen und sich entsprechend realitätsorientiert zu verhalten. Der Soziologe Norbert Elias hat sich Zeit seines Lebens als Menschenwissenschaftler mit der Bedeutung von Selbsttechnologien für die menschliche Zivilisation und deren Entwicklungen beschäftigt. Er schreibt:

„Gesellschaften ohne eine dauerhaft autokratische zentrale Machtinstanz können nur funktionieren, ja, sie können in dieser Form auf längere Sicht nur überleben, wenn mit der relativen Schwäche und Instabilität der zentralen Machtinstanz, der führenden externen Steuerungsinstanz, eine relativ starke und stabile Selbststeuerung ihrer Mitglieder einhergeht. Dies ist (...) eine Tatsachenfeststellung." (Elias, 1987; 2003; S. 98).

Die in Kapitel 6 vorgestellte Selbsttechnologie, die in Kapitel 7 ausdifferenziert wird und in ihren sozialpsychologischen Bezügen ausgeführt wird, stellt besonders das in den Mittelpunkt, was das individuelle Erleben ausmacht und schenkt dem eigenen Denken eine große Aufmerksamkeit, denn:

„Die Art und Weise, in der einzelne Mitglieder einer Gruppe erleben, was immer ihre Sinne affiziert, die Bedeutung, die sie ihren Wahrnehmungen beilegen, ist von dem Standard des Wissens und damit auch der Begriffsbildung abhängig, den ihre Gesellschaft jeweils im Laufe ihrer Entwicklung erreicht hat." (Elias, 1987; 2003; S. 109).

Und:

„Wie jedes andere Wissen muß auch Denken, die stumme Manipulation sozialer Symbole, gelernt werden; und wenn man es gelernt hat, kennt oder weiß man es." (Elias, 1987; 2003; S. 190).

Das Ziel aller Selbsttechnologien ist die Fähigkeit zur Distanzierung, eine durch soziale Bezüge entwickelte Kompetenz. Sie wird als Kulturtechnik nicht systematisch entwickelt und ist auch auf internationaler Ebene oft nicht vorhanden. Dabei ist sie eine notwendige Begleiterscheinung aller Zivilisationsfortschritte und auf individueller Ebene für die eigene psychische wie physische Gesundheit wertvoll (siehe Kapitel 4). Deshalb ist der Wert des Wissens um eine gute Selbsttechnologie für einen *realitätsorientierten Wissensfundus* unumstritten:

„Von Fragen wie „Was bedeutet es für mich oder für uns?" oder: „Ist es gut oder schlecht für mich oder für uns?" (unschuldige Selbstbezogenheit, hohes Niveau der Affektivität aller Erfahrungen, aller Begriffe und Denkoperationen). „Die Stärke und Tiefe der Gefühlsbeteiligung, des Engagements der Menschen an allen Ereignissen, die nach ihrer Ansicht ihr Leben beeinflussen konnten, ließ wenig Raum für die Beschäftigung mit Problemen, die für ein höheres Niveau der Distanzierung, der emotionalen Zurückhaltung charakteristisch sind – also mit Fragen wie: „Was ist es, und warum ist es so?" oder: „Was ist es für sich genommen, unabhängig von seiner Bedeutung für mich oder für uns?"(Elias, 1987; 2003; S. 194-195).

„Einen solchen Akt der Distanzierung, der Selbstdistanzierung auszuführen erfordert ganz bestimmte Bedingungen und eine gesellschaftliche Einstellung in den Individuen, zu der ein relativ hohes Niveau stabiler, umfassender Selbstkontrolle gehört. Ohne es fehlt eine der wichtigsten Bedingungen der Wahrnehmung und Erkenntnis auf einem relativ hohen Niveau der Distanzierung." (Elias, 1987; 2003; S. 53).

Kapitel 8 beschäftigt sich mit den Verhaltensweisen von Lehrenden, die gegenwärtig nach dem aktuellen Stand der Bildungsforschung als unterstützend für die Entwicklung Heranwachsender angesehen werden. Kapitel 9 wirft eine umweltpsychologische Perspektive auf die Gestaltung des Klassenzimmers.

Wichtig ist zu verstehen, dass mit diesem Teil die drei Teile des Bandes starten, in denen es um die *Prävention von unerwünschten Ereignissen* in der Schule geht. Alle Kapitel beschäftigen sich von Kapitel 6 bis zu Kapitel 16 mit diesem zentralen sozialen Aspekt der schulischen Lehre, der untrennbar verwoben ist mit dem fachlichen und didaktischen Aspekt von Lehrarbeit.

III

6. Selbsttechnologien

In diesem Kapitel wird nun ein System eingeführt, welches als Instrument der Erkenntnisgewinnung eine sinnhafte Grundlage für das Handeln in der Schule darstellen kann. Das Instrument ist im Lehr-Lernkontext primär als Selbsttechnologie einsetzbar, wiewohl es auch Techniken der Gesprächsführung enthält, die in Teil VI relevant werden.

6.1 Relevanz der Kenntnis eines Instruments zur Objektivierung eigener Perspektiven im schulischen Alltag

Warum könnte es sinnvoll sein, sich an einem theoretischen System zu orientieren, welches eine Lehrkraft in den Interaktionen im Schulalltag stützt? Da die Schule ein Ort unzähliger Interaktionen unterschiedlichster Personengruppen ist (Steins, 2014), fällt es, insbesondere Referendar/innen oder neuen Lehrer/innen, nicht immer leicht, ihre vielen Aufgaben gleichzeitig umzusetzen. Auch bereits seit mehreren Jahren tätige Lehrer/innen geraten trotz aller Erfahrungen in der Interaktion mit manchen Schüler/innengruppen in Situationen, die sie noch nicht kennengelernt haben.

Dies kann unter Umständen dazu führen, dass in anstrengenden Unterrichtssituationen besonders genervt oder gereizt reagiert wird. Auch geschieht es immer wieder, dass das positive wie negative Sanktionieren vergessen beziehungsweise vertagt wird oder nicht mehr entlang der, mit den Schüler/innen vereinbarten, Richtlinien und Regeln erfolgt. Die Folge sind sowohl negative Konsequenzen für die Lehrkraft, wie auch für die Schüler/innen: Lehrer/innen, die ihre Impulse nicht kontrollieren können, werden von ihren Schüler/innen schnell als ungerecht und unfair erlebt. Die Schüler/innen gewinnen unter Umständen den Eindruck, dass die Lehrer/innen die ihnen zur Verfügung stehende Macht missbrauchen. Auch könnten die Schüler/innen eine/n Lehrer/in als derart inkonsistent erleben, dass sie diesen nicht mehr ernst nehmen. Dies hat zur Folge, dass auch Sanktionen häufig boykottiert werden. Des Weiteren werden sich auch Schüler/innen nur dann an Regeln halten, wenn sie merken, dass diese auch für ihre Lehrer/innen gelten und diese auch bereit sind, ihr Verhalten entsprechend der gemeinsam aufgestellten Regeln zu gestalten (Steins & Welling, 2010).

Da Lehrer/innen Modelle für ihre Schüler/innen sind (Bandura, 1965, 1979; Jonas & Brömer, 2002; Steins, 2014), werden sie ungewollt und unbewusst durch ein Verhalten, welches von dem gewünschten Verhalten der Schüler/innen abweicht, diese irritieren und dazu auffordern, sich ebenfalls nicht an die Klassen- und Schulregeln zu halten.

Ein Beispiel soll an dieser Stelle verdeutlichen, wie wichtig es sein kann, sich innerhalb seines (schulischen) Handelns von einem theoretischen System zur Selbstreflexion leiten zu lassen.

Eine angehende Lehrkraft betritt zum ersten Mal die Klasse, in der sie ab diesem Tag für etwa ein Jahr den bedarfsdeckenden Unterricht leiten wird. Sie ist nervös, aber gut vorbereitet. Die Klasse begrüßt sie zunächst mit Aufmerksamkeit. Da einige organisatorische Abläufe etwas länger dauern als geplant, wird die Klasse immer unruhiger. Zunächst fährt die angehende Lehrkraft fort, wie in ihren Überlegungen angedacht, da sie alle Ziele der Unterrichtsstunde erreichen will. Irgendwann ist die Lautstärke so stark, dass Unterricht kaum mehr möglich ist. Frustriert beginnt die Lehrkraft immer lauter zu sprechen, bis sie irgendwann schreit. Die Klasse reagiert kaum noch und beim Schellen greifen sich die Schüler/innen ihre Jacken und rennen aus der Klasse, ohne dass die Stunde von der Lehrkraft beendet wurde. Nach der ersten Stunde ist diese zunächst wütend, jedoch mischen sich in ihre Gefühle bald auch Angst und Frustration hinein.

> „Diese Klasse scheint völlig unmöglich zu sein. Sie können sich einfach nicht benehmen. Was, wenn das das ganze Schuljahr so geht? Das werde ich unmöglich überstehen können. Ich glaube nicht, dass es möglich ist, in dieser Klasse sinnvoll Unterricht zu gestalten. Was soll ich jetzt bloß tun?"

Unterrichtssituationen können wie oben beschrieben ablaufen. Häufig fehlt Lehrer/innen dann das Wissen um gelingende Interaktionen in Unterrichtssituationen (Steins & Welling, 2010) und/oder sie handeln ziellos und situativ.

Im Folgenden werden Komponenten einer *Emotionstheorie* vorgestellt, welche sich besonders dafür eignet, als *systematisches Instrument zur Objektivierung der eigenen Perspektive sowie zur Selbstreflexion* eingesetzt zu werden.

Häufig kann die Reflexion eigener Emotionen und Handlungen dazu führen, einerseits die eigene Person und ihre Überzeugungen und Bewertungen besser zu verstehen, welche zu diesen Handlungen geführt haben. Und andererseits kann die Vergegenwärtigung von Gefühlen und Handlungen, die nicht besonders hilfreich für einen selbst sind, dabei unterstützen, Handlungsalternativen zu erdenken und umzusetzen, welche unter Umständen mehr Erfolg bringen.

Dann könnte das oben genannte Beispiel möglicherweise damit enden, dass die angehende Lehrkraft nach der ersten Unterrichtsstunde denkt:

„Meine Klasse scheint sehr lebhaft zu sein. Schade, dass ich es heute nicht geschafft habe, alle für meine Stunde zu interessieren. Aber das ist schon in Ordnung, es musste viel organisiert werden und das ist für die meisten Schüler/innen langweilig. Das Verhalten der Schüler/innen zeigt mir, dass es wichtig ist, den Unterricht spannend und herausfordernd zu gestalten. Leider habe ich auch geschrien, um die Schüler/innen zu übertönen und mir Gehör zu verschaffen, was aber gar nichts gebracht hat. Vielleicht finde ich andere Wege und Möglichkeiten, mit den Schüler/innen zu kommunizieren, auch wenn es einmal lauter wird."

Beiden Denk- und Reflexionsweisen liegt dieselbe Unterrichtsstunde zu Grunde. Doch in der ersten, beispielhaften Reflexion schwingen Wut, Zorn, Angst und Frustration mit. In der zweiten werden Verhaltensweisen selbstkritisch reflektiert, Situationen relativiert und über die Reflexion der eigenen Verhaltensweisen finden Lernprozesse und weiterführende Denkprozesse statt, welche den Raum für Verhaltensalternativen eröffnen.

Doch ist das erste Beispiel nicht viel realistischer und kann eine Reflexion wie im zweiten Beispiel überhaupt erreicht werden? Ja, es kann erreicht werden. Strategien und Techniken zur Annäherung an das zweite Beispiel werden im Folgenden dargestellt.

6.2   Ein Erkenntnismodell zur Strukturierung des Erlebens: Das ABC-Modell

In diesem Abschnitt wird das *ABC-Modell* von Albert Ellis (z.B. 2004, 2008) dargestellt. Das ABC-Modell ist Teil eines emotionstheoretischen Konzepts, welches Albert Ellis in den 1950er Jahren als rational-emotive Verhaltenstherapie begründete. Die rational-emotive Verhaltenstherapie (REVT) gehört zu den kognitiven Emotionsansätzen und besagt, dass Kognitionen Einfluss auf unsere Emotionen haben. Diese theoretische Richtung vertreten auch beispielsweise Schachter und Singer (1962) oder Lazarus (1966).

Kognitive Verhaltenstherapien, zu denen auch die REVT gehört, basieren auf der Grundlage, dass selbstschädigende Verhaltensweisen und Emotionen durch irrationale, das bedeutet nicht hilfreiche, Kognitionen und Gedanken besonders unterstützt werden.

Es werden an dieser Stelle grundlegende Konzepte der REVT dargestellt, um das ABC-Modell zu verdeutlichen. Für einen ergänzenden Einblick in die REVT sei auf das Kapitel 12. Emotionstheorien in Steins (2014) verwiesen.

Ellis widmete sich der Frage, wie Menschen ein zufriedenes Leben führen können. Auch interessierte ihn, warum dieses anzustrebende Ziel der Erlangung von Glück und Zufriedenheit nicht allen Menschen gelingt. Einige Grundannahmen setzt Ellis dabei voraus. Er geht davon aus, dass Emotionen sozial konstruiert sind. Auch nimmt er an, dass unsere Emotionen und unsere Kognitionen untrennbar sind und dementsprechend miteinander interagieren. Bei Emotionen, welche von Individuen als besonders intensiv erlebt werden, nimmt Ellis an, dass diese auf Grund besonders übertriebener und unrealistischer Annahmen und Forderungen entstehen (Ellis & Hoellen, 2004).

Das bedeutet jedoch nicht, dass negative Gefühle ausgeblendet oder weggedrängt werden. Jedoch betont die REVT, dass Menschen sowohl hilfreiche als auch nicht hilfreiche Gefühle haben können. Ein Beispiel für ein nicht hilfreiches Gefühl wäre sehr starke Wut oder starker Ärger, der nicht mehr gezügelt werden kann und deshalb dazu führt, dass ein Individuum sich und seine Affekte nicht mehr kontrollieren kann und daraufhin jemanden beschimpft oder sogar schlägt. Ein Beispiel für ein hilfreiches Gefühl hingegen wäre Irritation nach einer ärgerlichen Situation. Die Irritation führt nicht dazu, dass Individuen jemanden schlagen oder beschimpfen, sondern dazu, dass sie sich selbst und ihren Gedanken zunächst einmal Raum schaffen, um zu überlegen, wie sie eine Lösung herbeiführen könnten. Ob ein Gefühl oder ein Gedanke hilfreich ist, bemisst sich an der Realität: Eine Spinnenphobie ist zum Beispiel ein nicht hilfreiches Gefühl, da die meisten Spinnen nicht giftig sind und in Deutschland zum Beispiel Spinnen überhaupt nicht giftig sind.

6.2.1 Absolute Forderungen

Eines der besonders wichtigen Konzepte der REVT besteht also in der Unterscheidung von *hilfreichen* und *nicht hilfreichen* Gefühlen, Beurteilungen oder Einstellungen.

Als nicht hilfreich gelten in der REVT besonders rigide und absolute Forderungen (Dryden, 2009). Ellis (2008) unterscheidet hier drei hauptsächliche Kategorien von Forderungen, die Menschen stellen. Die erste Art von Forderungen, die Menschen stellen, betrifft diejenigen sich selbst gegenüber. Ein Beispiel für eine Forderung, die ein/e Lehrer/in sich selbst gegenüber stellen könnte, ist:

> „Ich muss jederzeit einen absolut perfekten Unterricht machen, sonst bin ich kein/e gute/r Lehrer/in."

Die zweite, von Ellis identifizierte Forderung, welche Menschen stellen, ist die *Forderung* anderen gegenüber. Auch hier kann ein Beispiel aus dem schulischen Bereich zu einem besseren Verständnis dieser Forderung führen. Beispielsweise könnte der/die oben dargestellte Lehrer/in fordern:

> „Meine Schüler/innen müssen anerkennen, wieviel Mühe und Gedanken ich in meinen Unterricht investiere und dies mit Interesse und Aufmerksamkeit honorieren. Wenn sie dies nicht tun, sind sie frech und undankbar."

Ellis identifiziert eine dritte Forderung, zu der Menschen häufig tendieren und nennt sie Forderungen, die Menschen *der Welt gegenüber* erheben. Ein Beispiel für die dritte Art der Forderungen aus dem schulischen Bereich könnte sein:

> „Das Schulsystem ist so ungerecht, denn die Arbeiten sind absolut nicht gleich verteilt.
> Außerdem sind Lehrer/innen grundsätzlich überlastet und werden trotz ihres schwierigen
> Berufes nicht wert geschätzt. Damit kann ich absolut nicht leben."

Etwas abstrakter formuliert, beschäftigen sich *die drei absoluten Forderungen* also mit der eigenen Perfektion, der Behandlung durch die Mitmenschen und der Gestaltung der gesamten
Welt, die sich um uns herum befindet.

(1)   „Ich muß perfekt sein und/oder von anderen anerkannt werden. Es ist schrecklich wenn
        das nicht der Fall ist. Dies kann ich nicht ertragen. Wenn ich in dieser Hinsicht versage,
        bin ich ein wertloser Mensch.

(2)   Andere müssen mich fair und zuvorkommend behandeln. Es ist entsetzlich, wenn sie das
        nicht tun. Wenn andere mich nicht wie gewünscht behandeln, sind sie schlechte Men-
        schen, die es verdienen verdammt zu werden.

(3)   Die Dinge um mich müssen so sein, wie ich das will, es ist fürchterlich, wenn sie das nicht
        sind. Ich kann das Leben in einer solch schlechten Welt nicht ertragen." (Keßler & Ho-
        ellen 1982, S. 15)

6.2.2   Menschenbild der REVT

Um eine Grundlage zu schaffen und darzustellen, auf welche Basis die REVT ihre Theoriebildung
stützt, werden an dieser Stelle in Kürze grundsätzliche Aspekte ihres Menschenbildes dargestellt.

Die REVT ist einerseits stark philosophisch ausgerichtet (hierzu Still & Dryden, 1998). Ellis benennt eine Reihe von alten wie modernen Philosophen als einflussreich für die Theorie der REVT
(Ellis, 2008). Obenstehend ist bereits deutlich geworden, dass die REVT davon ausgeht, dass
Menschen sich selbst Leid zufügen, beispielsweise durch rigide Forderungen. Die REVT geht auch
davon aus, dass es Menschen nicht allein durch die Ereignisse, welche sie erleben, schlecht geht.
Diese Haltung spiegelt sich ebenfalls in einer philosophischen Richtung aus der Antike, der *Stoa*,
wieder.

> „Nicht die Dinge selbst beunruhigen die Menschen, sondern ihre Meinungen und Urteile
> über die Dinge. (...) Wenn wir also auf Hindernisse stoßen, beunruhigt oder gekränkt
> werden, wollen wir die Schuld nie einem anderen, sondern nur uns selbst geben, das
> heißt unseren Meinungen und Urteilen." (Epiktet 2008, S. 11-12)

Ein weiterer Einfluss beruht auf der Philosophie des *Hedonismus*. Auch die Hedonisten beschäftigten sich bereits in der Antike mit Techniken der Emotionsregulation. Des Weiteren propagiert der Hedonismus, dass ein entscheidendes Ziel im Leben darin bestünde, dieses glücklich zu gestalten. Allerdings basiert die REVT nicht auf Handlungen und Strategien, welche kurzfristig dafür sorgen, dass Menschen glücklich sind und sich wohlfühlen. Im Gegenteil plädiert die REVT für das hedonistische Kalkül, welches impliziert, dass Individuen kurzfristig positiv erscheinende Optionen auf der Handlungsebene nicht ausführen, um langfristig negative Effekte zu vermeiden und langfristig positive Effekte herbeizuführen (Keßler & Hoellen, 1982; Steins, 2014).

Ein/e Lehrer/in könnte sich beispielsweise denken:

> „Es ist sehr mühselig und dauert zu lange, mit meiner neuen fünften Klasse Klassenregeln aufzustellen, diese dann zu etablieren und einzuüben. Ich werde einfach mal schauen, ob ich in der Klasse auch ohne Regeln arbeiten kann und lege direkt mit den Unterrichtsinhalten los."

In diesem Falle zieht der/die Lehrer/in eine kurzfristige Erleichterung, nämlich sich über Gruppenprozesse, Sanktionskonzepte und das Aufstellen von Regeln keine Gedanken zu machen, der langfristigen Erleichterung durch eine angenehme Arbeitsatmosphäre in der Klasse vor. Eine am hedonistischen Kalkül orientierte Einstellung beim Übernehmen der neuen fünften Klasse könnte lauten:

> „Es erfordert Mühe sowie Geduld und dauert schon lange, mit meiner neuen fünften Klasse Klassenregeln aufzustellen, diese dann zu etablieren und einzuüben. Aber wenn ich diese Zeit jetzt investiere, kann ich in den kommenden Jahren besser und zufriedenstellender für alle mit meiner Klasse arbeiten. Es ist langfristig für alle Beteiligten lohnenswerter, diese Zeit zu investieren."

Ein drittes, für die REVT sehr einflussreiches Konzept, ist das der *General Semantics* aus dem Bereich der Linguistik (Ellis, 2008; Ellis & Hoellen, 2004; Korzybski, 1994). Dabei geht Ellis (2004, 2008) in Anlehnung an Korzybski (1994) davon aus, dass Menschen durch die ungenaue Verwendung der Sprache dahin gelangen, dass sie nicht hilfreiche Denkmuster noch weiter verstärken. So führt die Sprache dazu, dass Menschen befähigt werden, jedes psychische Bedürfnis als absolut und als „Muss" zu formulieren, was letztlich auch zu absoluten Forderungen führt.

6.2.3   Hilfreiches und nicht hilfreiches Handeln in der REVT

Hilfreiches Handeln bedeutet im Sinne der REVT sich effektiv selbst zu helfen (Ellis, 2008) und sich dabei an der Realität zu orientieren. Die Realität, auch wenn es schwierig ist sich ihr anzunähern, ist das Prüfkriterium für die Funktionalität von Denken, Fühlen und Handeln. Sie ist ein zentraler Aspekt dieser Theorie, die die Vorteile wissenschaftlichen Denkens im Sinne von Logik und Vernunft, stark betont. Ellis stellt dabei die Behauptung auf, dass Individuen sich mit selbst konstruierten Bedeutungen und Bewertungen selbst irritieren und dadurch wenig hilfreiche Situationen schaffen. Ellis geht auch davon aus, dass Individuen sich immer wieder mit bestimmten Glaubensgrundsätzen, unter anderem erworben während der primären Sozialisation, beunruhigen. Auch werden die einmal erworbenen Glaubensgrundsätze von jedem Individuum erweitert und verändert, so dass jedes Individuum sich eigene Regeln, Glaubensgrundsätze und Bewertungen schafft (Ellis, 2008). Individuen wiederholen ihre individuellen, nicht hilfreichen Überzeugungen und die absoluten, rigiden Forderungen nun so lange, bis diese sich zu grundsätzlich verankerten Philosophien in unserem Leben entwickelt haben.

Menschen nehmen ihre erworbenen Philosophien, Überzeugungen und Bewertungen (Beliefs) jedoch nicht bewusst wahr und reflektieren diese daher häufig nicht. Dementsprechend werden Ereignisse (A), welche in unserem Leben auftreten, dazu genutzt, um unsere Gefühle und Verhaltensweisen (C) zu erklären. Dies stellt für viele Menschen eine weniger große Herausforderung dar als den eigenen Anteil der eigenen Emotionen und Verhaltensweisen zu ergründen, da auftretende Ereignisse greifbar und häufig sogar beobachtbar sind. Philosophien und Bewertungen (B), die Menschen bereits ein Leben lang etablieren und verfestigen, sind teilweise kaum bewusst und daher wesentlich weniger gut als Ursprung bestimmter Gefühle und Verhaltensweisen identifizierbar (Ellis 2008).

6.2.4   Ziele der REVT

Die Ziele der REVT bestehen einerseits darin, dass Menschen eine grundsätzliche *Veränderung* ihres Denkens durchlaufen, in welcher sie erkennen, dass sie nicht hilfreichen, dysfunktionalen Bewertungen und damit auch ihren Konsequenzen nicht hilflos ausgeliefert sind. Im Gegenteil können sie lernen, diese umzuwandeln und in hilfreiche, funktionale Bewertungen und Überzeugungen zu verwandeln.

Andererseits besteht ein weiteres Ziel darin, dass Individuen lernen, sich selbst zu akzeptieren. In diesem Kontext führt Ellis den Begriff der Selbstakzeptanz auf und arbeitet heraus, dass es nicht hilfreich für die eigene Weiterentwicklung ist, wenn Menschen sich global bewerten. Hilfreich ist eine umfassende Akzeptanz des Selbsts, bei welcher einzelne, differenzierte Verhaltensweisen für gut befunden oder kritisiert werden können, jedoch niemals die gesamte Person auf Grund einer Verhaltensweise abgewertet oder abgelehnt wird (Ellis & Hoellen 2004).

Dieser Aspekt kann auch gut auf die Arbeit mit Schüler/innen bezogen werden und wird im Bereich der Wahrnehmung noch einmal ausführlicher aufgegriffen (hierzu auch Steins, 2014, Kapitel 4: Personenwahrnehmung). Grundsätzlich gilt natürlich auch hier, dass es dysfunktional ist, Schüler/innen global als beispielsweise faul, störend, unsympathisch oder dumm zu bewerten. Funktionaler ist es, einzelne Verhaltensweisen von Schüler/innen zu loben ein, da es als Lehrer/in sehr wichtig ist, zu differenzieren und genauer hinzuschauen.

6.3   Methoden der REVT: Das ABC-Modell

Das ABC-Modell ist ein aus drei Komponenten bestehendes Konstrukt, welches dazu dienen soll, nicht hilfreiche Forderungen, Überzeugungen und Bewertungen von Menschen aufzudecken. Des Weiteren kann das Zusammenspiel von auftretenden Ereignissen, Bewertungen und Überzeugungen sowie emotionalen und verhaltensbezogenen Konsequenzen über die Strukturierung dieser Komponenten innerhalb eines ABC-Modells aufgeschlüsselt werden. Die drei Komponenten sind zum einen das *aktivierende Ereignis* (A), zum anderen die *Überzeugungen oder Bewertungen* (B) und drittens die *Konsequenzen* (C). Die Konsequenzen werden dabei in Verhaltenskonsequenzen und emotionale Konsequenzen differenziert. Der wichtigste Aspekt ist das Bewertungssystem. Ellis geht davon aus, dass sich Bewertungen im Laufe der Sozialisation bei jedem Individuum herausbilden und dementsprechend individuelle Annahmen auf der Grundlage der drei obenstehend thematisierten Ebenen herausgebildet werden. Diese Annahmen beziehen sich auf einen selbst, auf die anderen Menschen und die Welt, in der man lebt (Ellis & Hoellen, 2004; Steins, 2014).

6.3.1   Aktivierende Ereignisse: Das A

Aktivierende Ereignisse, die bestimmte Bewertungen und Überzeugungen bei Individuen auslösen, sind vielfältig. So kann ein Todesfall oder eine Trennung ein aktivierendes Ereignis darstellen. Auch ein Streit könnte für ein Individuum ein aktivierendes Ereignis darstellen. Aber auch das Erlebnis, bei einem Spaziergang durch die Innenstadt von einer Person angerempelt, angelächelt oder unfreundlich angeschaut zu werden, ist eine aktivierende Situation für alle möglichen Bewertungen und Überzeugungen, die wir uns im Laufe unseres Lebens angeeignet haben.

Bezogen auf den schulischen Bereich lassen sich ebenfalls vielfältige Beispiele für aktivierende Ereignisse nennen. So mag der Kollege, der einen morgens vor dem Vertretungsplan stehend nicht grüßt, ein aktivierendes Ereignis darstellen. Ebenso wie die Schüler/innen, die ihre Hausaufgaben nicht erledigen. Oder die gesamte Klasse 6, die immer laut und unkonzentriert ist. Die Verteilung der Kurse und der Stundenplan können aktivierende Ereignisse darstellen, die bestimmte Bewertungen und Überzeugungen auslösen. Und auch das leise Gespräch zweier Kollegen im Lehrerzimmer, welches als Lästern interpretiert wird.

Es lässt sich feststellen, dass fast jegliche Handlung einer Person beziehungsweise jegliches Ereignis, mit dem Personen konfrontiert werden, ein aktivierendes Ereignis darstellen kann. Jedoch ist beobachtbar, dass nicht jede Person gleich dysfunktional beziehungsweise funktional mit ein und demselben Ereignis umgeht. Beispielsweise gibt es immer wieder Lehrer/innen, die an einer schwierigen Klasse verzweifeln und ihre Eignung für den Beruf in Frage stellen, wohingegen andere noch nach Jahren voller Elan weitere Möglichkeiten erproben, um konstruktiv mit den Schüler/innen zu arbeiten und zu interagieren.

6.3.2 Bewertungen und Überzeugungen: Das B

Einen Schlüssel zu den unterschiedlichen Reaktionen auf die gleichen aktivierenden Ereignisse stellen die Bewertungen und Überzeugungen eines Individuums (im Englischen: Beliefs, B) dar. Vorangehend wurde bereits festgestellt, dass Individuen teilweise ganz unterschiedliche Reaktionen auf die gleichen Ereignisse zeigen. Welche Erklärungen und Begründungen existieren nun für diese Tatsache?

In der REVT werden die Bewertungen als entscheidende Komponente für den Umgang mit aktivierenden Ereignissen und für das Herbeiführen bestimmter Konsequenzen betrachtet. Ellis (2004) unterscheidet grundsätzlich hilfreiche und nicht hilfreiche Bewertungen. *Hilfreiche Bewertungen* sind angemessen, funktional und an der Realität orientiert. Bewertungen, welche hilfreich und angemessen sind, führen in Konsequenz auch zu Gefühlen und einem Verhalten, welches an der *Realität* orientiert und angemessen ist. Die Bewertung der ersten Stunde in einer lauten Klasse (siehe obenstehendes Beispiel) als aufschlussreich für die nächsten Stunden, kann dabei als hilfreich betrachtet werden.

Nicht hilfreiche Bewertungen sind für das Individuum „dysfunktional" oder „selbstschädigend" (Ellis & Hoellen, 2004, S. 14) und darüber hinaus *nicht an der Realität* orientiert. Bewertungen wiederum, welche selbstschädigend oder dysfunktional sind, wirken sich in Konsequenz auch auf die Gefühle und das Verhalten eines Individuums aus. Eine Bewertung der ersten Stunde in einer lauten Klasse, welche die Klasse als faul und uninteressiert oder die eigene als Person als schlechte/n Lehrer/in bewertet, würde im Rahmen der Theorie der REVT als nicht hilfreich bezeichnet werden.

6.3.3 Konsequenzen: Verhaltens- und Emotionsebene

Es ist bislang deutlich geworden, dass das ABC-Modell aufzeigt, dass unser Verhalten und unsere Gefühle Konsequenzen (*Consequences*, C) unserer Bewertungen und Überzeugungen sind. Die Gefühle und das Verhalten von Individuen sind nicht, wie viele Menschen aus einer alltagspsychologischen Sicht vermuten würden, direkt an Ereignisse gekoppelt und unvermittelte Reaktionen darauf. Laut der REVT entstehen auf Grund der Bewertungen (B), die wir in Reaktion auf ein bestimmtes Ereignis vornehmen (A), entsprechende Konsequenzen (C). Diese Konsequenzen lassen

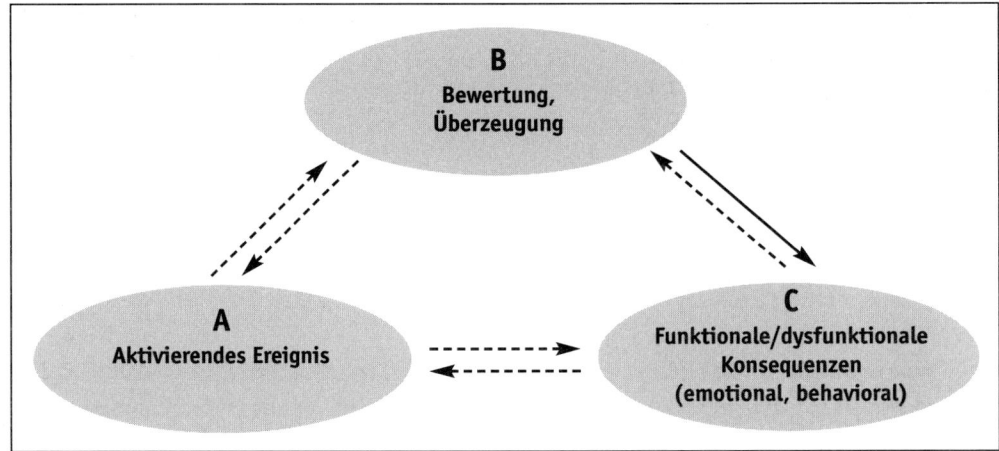

*Abbildung 3: Das **A**ctivating event **B**elief **C**onsequences Modell der REVT – ein Explorationsinstrument*

sich in hilfreiche und nicht hilfreiche *emotionale* Konsequenzen und hilfreiche und nicht hilf-reiche *behaviorale* Konsequenzen differenzieren. Abbildung 3 präsentiert das gesamte Modell im Überblick.

Nachdem zunächst nun das ABC-Modell im theoretischen Aufbau dargestellt wurde, zeigt die nachfolgende Abbildung 4 das bereits in der Einleitung des Kapitels aufgeführte Beispiel, ein-geordnet in ein ABC-Modell.

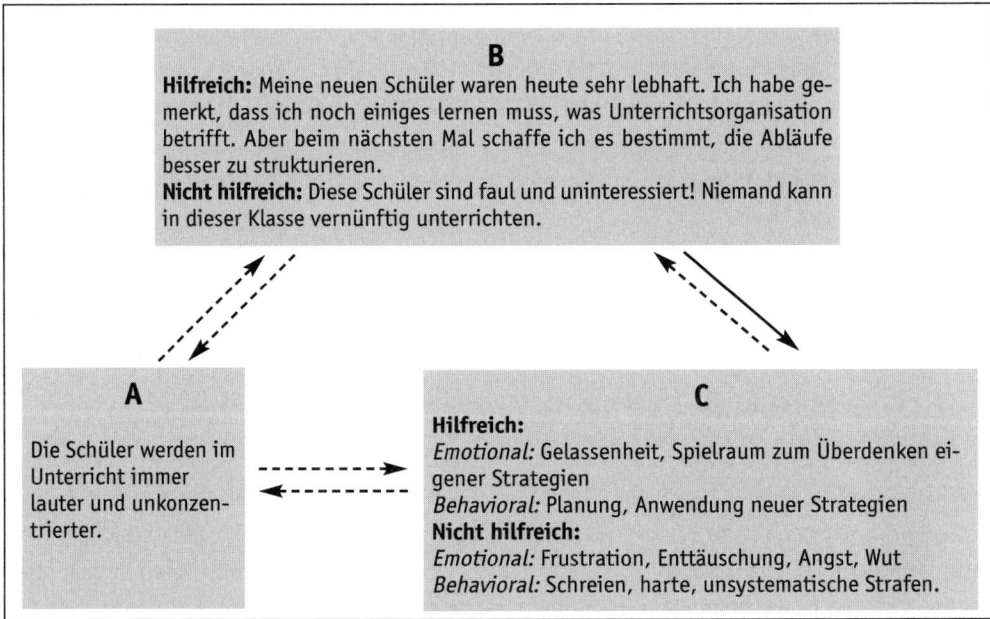

Abbildung 4: Beispiel einer mit dem ABC-Modell aufgeschlüsselten Situation

Anhand des in Abbildung 4 aufgeführten Beispiels werden im Folgenden die Verbindungen zwischen den einzelnen Elementen weiter ausdifferenziert. Das ABC-Modell ist ein *systemisches Konstrukt*, in welchem sich die Komponenten wechselseitig beeinflussen.

6.3.4   Die Verbindung zwischen A und B

Aktivierende Ereignisse (A) führen laut der REVT zu Bewertungen und Überzeugungen (B) hinsichtlich des aufgetretenen Ereignisses. Das in Abbildung 4 aufgezeigte Beispiel macht deutlich, dass die Bewertungen und Überzeugungen, welche ein/e Lehrer/in als Reaktion auf eine sehr unruhige Klasse vornimmt, sowohl hilfreich als auch nicht hilfreich ausfallen können. Umgekehrt führen jedoch nicht nur aktivierende Ereignisse zu Bewertungen, sondern auch die Bewertungen können sich wiederum auf die Ereignisse auswirken.

6.3.5   Die Verbindung zwischen B und C

Innerhalb des dargestellten Modells ist die relevanteste Verbindung diejenige zwischen den Bewertungen und Überzeugungen (B) und den Konsequenzen (C). Die Bewertungen eines Individuums wirken sich, wie in den Abbildungen 3 und 4 dargestellt, direkt auf die entstehenden Konsequenzen aus, sie bestimmen deren Qualität und Intensität. Dabei hängt eine hilfreiche Bewertung des Ereignisses in der Regel auch mit hilfreichen Konsequenzen auf der Ebene der Emotionen und des Verhaltens zusammen. Eine hilfreiche Bewertung könnte dabei folgendermaßen lauten:

> „Meine neuen Schüler waren heute sehr lebhaft. Ich habe gemerkt, dass ich noch einiges lernen muss, was Unterrichtsorganisation betrifft. Aber beim nächsten Mal schaffe ich es bestimmt, die Abläufe besser zu strukturieren."

Diese Bewertung hängt damit zusammen, dass auf der emotionalen Ebene hilfreiche Konsequenzen wie beispielsweise Gelassenheit oder ein größerer Spielraum zum Erdenken von Lösungsmöglichkeiten und zum Überdenken eigener Strategien auftritt. Auf der Verhaltensebene kann eine hilfreiche Bewertung in diesem Fall damit zusammen hängen, dass neue Strategien offen und engagiert geplant und auch angewendet werden. Auch könnte eine größere Offenheit und Bereitschaft, neue Methoden der Strukturierung und Interaktion anzuwenden, damit zusammenhängen, dass ein stärkerer Austausch mit erfahrenen wie unerfahrenen Kolleg/innen stattfindet und neue Perspektiven und Ideen in das Verhaltensrepertoire integriert werden. Hilfreiche Bewertungen eines Ereignisses, welche wiederum hilfreiche Konsequenzen zur Folge haben, hängen dementsprechend damit zusammen, die, in diesem Beispiel noch unerfahrene, Lehrperson zu unterstützen und führen darüber hinaus auch für die Schüler/innen zu einem interessanteren Unterricht und einer gelungeneren Interaktion.

In der Regel hängt eine nicht hilfreiche Bewertung andererseits auch mit einer nicht hilfreichen Konsequenz sowohl auf der behavioralen als auch auf der emotionalen Ebene zusammen. Eine nicht hilfreiche Bewertung könnte dabei wie folgt lauten:

„Diese Schüler sind faul und uninteressiert! Niemand kann in dieser Klasse vernünftig unterrichten. Wie ungerecht, dass ausgerechnet ich diese Klasse übernehmen musste."

Die oben angeführte, nicht hilfreiche Bewertung hängt wahrscheinlich damit zusammen, dass auf der emotionalen Ebene nicht hilfreiche Konsequenzen wie Frustration oder Enttäuschung über das eigene Verhalten oder das der Schüler/innen auftreten. Eine weitere nicht hilfreiche, emotionale Konsequenz könnte eine sich stetig steigernde Angst vor der nächsten Unterrichtsstunde beziehungsweise dem gesamten Halbjahr sein. Auch Wut über die Zuteilung der Klasse oder das eigene beziehungsweise das Verhalten der Schüler/innen sind weitere denkbare Konsequenzen. Auf der Verhaltensebene wiederum kann eine nicht hilfreiche Konsequenz sein, dass die Lehrperson die Schüler/innen in stetig steigendem Tonfall anspricht und letztlich auch anschreit. Damit gibt sie selbst kein gutes Modell ab und wird es auch aller Voraussicht nach kaum schaffen, eine angenehme und aufmerksame Unterrichtsatmosphäre herzustellen. Weitere Konsequenzen könnten darin bestehen, dass die Lehrkraft beginnt, die Schüler/innen kollektiv, unsystematisch und abhängig von der eigenen Wut oder Frustration zu bestrafen.

Da, wie oben erwähnt, das ABC-Modell ein *systemisches Modell* ist, in welchem die einzelnen Komponenten wechselseitig miteinander verbunden sind, können sich die Konsequenzen jedoch auch auf die Bewertungen auswirken.

Die B-C-Verbindung beeinflusst dementsprechend entscheidend, wie intensiv und funktional beziehungsweise dysfunktional unser Erleben und Verhalten ist. Individuen, denen es gelingt, die eigenen Verbindungen zwischen B und C aufzudecken, sind besser dazu in der Lage, verantwortlich mit ihrem Verhalten sowie ihren Gefühlen umzugehen (Haep, Steins & Wilde, 2012; Wilton & Steins, 2012).

6.3.6   Die Verbindung zwischen C und A

Eine weitere Verbindung besteht zwischen der Komponente A und der Komponente C. Einerseits kann aus einer Konsequenz wiederum ein aktivierendes Ereignis entstehen. In der Theorie der REVT wird dieses Phänomen als *Metaebene* oder auch als *sekundäre Störung* beziehungsweise Symptomstress bezeichnet (Ellis & Hoellen, 2004).

Beispielhaft soll hier die nicht hilfreiche, emotionale Konsequenz Angst aus dem Beispiel aufgegriffen werden. Angenommen die/der angehende Lehrer/in reagiert wie oben dargestellt auf die immer lauter und unkonzentrierter agierenden Schüler/innen, bewertet ihr Verhalten als faul und uninteressiert und schlussfolgert, in der Klasse könne kein vernünftiger Unterricht stattfinden. Daraus könnte die nicht hilfreiche, emotionale Konsequenz Angst entspringen. Diese Angst wiederum, die ursprünglich die Konsequenz der ersten nicht hilfreichen Bewertung war, kann sich nun zu einem erneuten aktivierenden Ereignis entwickeln, der sogenannten Meta-ebene. Der/ die Lehrer/in würde dementsprechend beispielsweise bereits am Vorabend des Unterrichts in der Klasse starke Versagensängste empfinden (A). Daraufhin könnte eine erneute nicht hilfreiche Bewertung (B) lauten:

> „Jetzt habe ich schon Angst in diese Klasse zu gehen. Ich fühle mich wie gelähmt, wenn ich nur an den Unterricht dort denke. Ich glaube nicht, dass aus mir ein/e gute/r Lehrer/in werden kann. Ich schaffe das einfach nicht!"

Nicht hilfreiche emotionale Konsequenzen aus der erneuten, nicht hilfreichen Bewertung könnten in diesem Falle beispielsweise Scham, Unsicherheit oder auftretende Depressionen sein. Nicht hilfreiche behaviorale Konsequenzen könnten sich darin ausdrücken, dass insbesondere die Unterrichtsplanung für diese Klasse vernachlässigt wird, Unsicherheit durch besondere Härte der Klasse gegenüber kompensiert oder auch das Unterrichten dort, beispielsweise durch Krankmeldungen an bestimmten Tagen, gänzlich vermieden wird.

Hinsichtlich der Verbindung zwischen A und C wird deutlich, dass Personen, welche dieser Verbindung die Verantwortung für ihre Gefühle und ihr Verhalten zuschreiben, unter Umständen nicht zu hilfreichen Bewertungen sowie darüber hinaus hilfreichen Verhaltensweisen und Gefühlen gelangen können. Der/ die Lehrer/in aus dem Beispiel würde beim Herstellen einer A-C-Verbindung folgende Schlussfolgerung ziehen:

> „Die Schüler/innen sind immer lauter und unruhiger geworden, deshalb sind sie verantwortlich dafür, dass ich sehr wütend geworden bin und sie angeschrien und bestraft habe. Es geschieht ihnen ganz recht, dass sie nun alle eine Strafaufgabe bekommen haben."

Durch die primäre Verknüpfung von A mit C ohne den Einbezug der Ebene B, wird die Verantwortung allein den Ereignissen und den anderen agierenden Personen zugeschrieben. Die Person im Beispiel gibt so die Verantwortung für die Regulation ihrer eigenen Verhaltensweisen und Emotionen ab und liefert sich den auftretenden Ereignissen aus, ohne diese kontrollieren zu können. Dies führt dementsprechend auch nicht dazu, dass das eigene Verhalten überprüft, reflektiert und gegebenenfalls verändert wird. Das Lösungsspektrum bleibt dementsprechend sehr beschränkt und engt sich unter Umständen durch weitere Situationen immer stärker ein.

6.4   Chancen der Anwendung des ABC-Modells in der Schule

Vorangehend wurde das ABC-Modell als eine Möglichkeit präsentiert, komplexe Situationen durch eine Aufschlüsselung in Ereignis (A), Bewertung (B) und Konsequenz (C; im Englischen: consequences) zu analysieren. Dabei bietet sich der Einsatz des Modells explizit an, um die komplexen beruflichen Interaktionen in der Schule besser zu verstehen und konstruktiver zu gestalten (Steins 2014; Haep & Steins, 2011). Das ABC-Modell bietet sowohl angehenden als auch bereits lange tätigen Lehrern/innen die Möglichkeit, ihre individuellen Bewertungsmuster zu identifizieren, zu reflektieren sowie an ihnen zu arbeiten. Dementsprechend besteht für Individuen die Chance, die eigenen Gefühle und Verhaltensweisen einerseits besser als Folge eigener Bewertungen verstehen zu lernen. Andererseits kann daraufhin über die Arbeit an der eigenen Bewertungsebene und der Umwandlung dysfunktionaler in funktionale Bewertungen eine Veränderung eigener Gefühle und Verhaltensweisen angestoßen werden. Die Arbeit mit dem ABC-Modell ermöglicht die Einnahme einer Metaebene, mit Hilfe derer die eigenen Emotionen reflektiert, kontrolliert, reguliert und verändert werden können.

Jedes Individuum neigt laut Ellis zu dysfunktionalen Bewertungen und Überzeugungen, weshalb es auch jedem Menschen immer wieder geschehen wird, dass unreflektiert eine A-C-Verbindung gezogen oder eine dysfunktionale Bewertung vorgenommen wird. Lehrer/innen tragen durch ihre entscheidende Funktion bei der Ausbildung junger Menschen eine große Verantwortung, der sie noch besser gerecht werden können, wenn sie nicht hilfreiche Verhaltensweisen in hilfreiche umwandeln lernen. Diese Umwandlung kann dabei sowohl dazu beitragen, das eigene Erleben und Agieren in der Schule wie auch im Unterricht zu verbessern als auch zu einer positiveren Interaktion zwischen Lehrer/innen und Schüler/innen führen.

6.5   Zusammenfassung

Ein Analyseinstrument als Selbsttechnologie wurde vorgestellt, das A-B-C Modell, das aus der Forschung und Praxis der rational-emotiven kognitiven Verhaltentherapie hervorgegangen ist. Dieses Modell stellt eine hilfreiche Systematik zur Strukturierung problematischer Situationen dar, in denen die verschiedenen Anteile situativer und personaler Komponenten realitätsorientiert und realitätsorientierend analysiert werden können. Außerdem stellt es eine Reihe erprobter Selbsttechnologien zur Verfügung, mit Hilfe derer viele Aspekte bereits kurz nach der Analyse verändert werden können, wenn eine Änderung hilfreich ist.

Der Einsatz von Selbsttechnologien ist eine notwendige Kompetenz in Berufen wie dem Lehrberuf, in denen ein sehr hohes Reflexionsniveau erforderlich ist, um zumindest eigene problematische Anteile schnell zu identifizieren und zu verändern; sie helfen aber auch zur

Identifizierung von Problemen anderer Menschen und in Probleme involvierter Personen und helfen, Stress zu reduzieren, Konflikte zu deeskalieren und Problemlösungsräume zu erweitern (siehe Teil VI).

6.6   Fragen, Übungen, Lektüre

6.6.1   Fragen

- Welche absoluten Forderungen benennt Ellis in der REVT?
- Welche Ziele verfolgt die REVT?
- Was ist hilfreiches, was ist weniger hilfreiches Handeln orientiert an der Theorie der REVT?
- Welche theoretischen Einflüsse spielten bei der Entwicklung der REVT eine Rolle?
- Was ist das ABC-Modell, aus welchen Komponenten besteht es und wie hängen diese miteinander zusammen?
- Welche Möglichkeiten bietet der Einsatz des ABC-Modells in der Schule? Diskutieren Sie.

6.6.2   Übungen

- Versetzen Sie sich einmal in folgende Situation: Sie tragen einen großen Stapel Bücher unter dem Arm. Plötzlich werden Sie stark angerempelt und die Hälfte ihrer Bücher fällt herunter. Erstellen Sie ein ABC-Modell ihrer Bewertungen und der darauf folgenden Konsequenzen.

  a Versetzen Sie sich noch einmal in obenstehende Situation: Nachdem Sie die Bücher aufgehoben haben, schauen Sie auf und bemerken, dass die Person, welche Sie angerempelt hat, einen Blindenstock mit sich führt. Wie sieht Ihr ABC-Modell nun aus?

  b Diskutieren und reflektieren Sie nun die Aussage, dass nicht die Ereignisse uns beispielsweise wütend machen können, sondern dass diese Emotionen und die daran geknüpften Verhaltensweisen durch unsere Bewertungen und Überzeugungen entstehen.

- Ist Ihnen schon einmal eine Situation begegnet, nach welcher Sie daran gezweifelt haben, dass Sie eine gute Lehrerin/ ein guter Lehrer werden? Erstellen Sie ein ABC-Modell zu dieser Situation und überprüfen Sie, welche Glaubenssätze dahinter steckten.

6.6.3   Weiterführende Lektüre

- Haep, A., Steins, G. & Wilde, J. (2012). *Soziales Lernen Sekundarstufe I.* Donauwörth: Auer, S. 6-17 (Theoretische Grundlagen und Relevanz der Anwendung in der Schule).
- Ellis, A. & Hoellen, B. (2004): *Die rational-emotive Verhaltenstherapie – Reflexionen und Neubestimmungen.* 2. Auflage. Stuttgart: Klett-Cotta (Leben lernen), S. 25-29.
- Steins, G. (2014). *Sozialpsychologie des Schulalltags. Grundlagen und Anwendungen. Band I,* 2. substanziell überarbeitete Auflage (Kapitel 12). Lengerich: Pabst Publishers.

III

7. Wahrnehmen, Bewerten und die Folgen

Die meisten Individuen werden bei der Reflexion des Themas Wahrnehmung zunächst davon ausgehen, dass der eigenen Wahrnehmung in vielerlei Aspekten zu trauen ist. Es existieren jedoch sehr viele Hinweise darauf, dass die menschliche Wahrnehmung beeinflusst, getrübt oder durch unterschiedliche andere Dinge verändert werden kann. Zwei Beispiele sollen an dieser Stelle herangezogen werden, um diesen Sachverhalt näher zu erläutern.

Aus der *Gestaltpsychologie* sind sogenannte Kippbilder oder Kippfiguren bekannt, welche, je nach Betrachtungsweise, für die Betrachtenden verschiedene Bilder zu Tage fördern. Besonders bekannt ist das Bild, welches einerseits eine alte Frau, andererseits jedoch eine sehr junge und attraktive Frau abbildet. Diese Kippfiguren verdeutlichen den Betrachtenden, dass es möglich ist, Dinge aus unterschiedlichen Perspektiven wahrzunehmen. Manchmal kommen die Betrachtenden jedoch selbst gar nicht darauf, dass ein Aspekt oder ein Sachverhalt aus zwei oder mehr Perspektiven betrachtet werden könnte. Dann werden sie, wie beispielsweise bei den Kippbildern, unter Umständen die Unterstützung einer weiteren Person benötigen, die sie darauf hinweist. So verhält es sich nicht nur bei den sogenannten Kippfiguren, sondern nahezu bei jedem Aspekt im Leben und dies gilt auch für die Wahrnehmung von Personen. Insbesondere in der Schule besteht dementsprechend eine große Notwendigkeit für angehende Lehrer/innen, Personen differenziert und reflektiert wahrnehmen zu können beziehungsweise die eigene Wahrnehmung einer stetigen Reflexion zu unterziehen, da sie irrig oder einseitig sein könnte.

Auch zeigen einige Experimente des Sozialpsychologen Asch (1940, 1955), dass die Wahrnehmung durch *soziale Prozesse* beeinflusst werden kann. Asch (1955) führte ein Experiment durch, in welchem die Versuchspersonen drei verschieden lange Linien zu sehen bekamen. Anschließend mussten diese angeben, welche der Linien sich einer, hinsichtlich ihrer Länge vergleichbaren, Vergleichslinie zuordnen ließe. Interessanterweise war bei den Linien deutlich erkennbar, welche Linie der Vergleichslinie zugeordnet werden konnte. Allerdings ließen sich die Versuchspersonen von eingeweihten Personen, sogenannten Konföderierten, in ihrer Wahrnehmung beeinflussen. Sie wichen von ihrer eigentlichen, korrekten Wahrnehmung ab und nahmen auf Grund der Beeinflussung die Haltung der sie beeinflussenden Personen an (Asch, 1955; siehe auch Kapitel 4, Band I).

Das Experiment von Asch (1955) sowie weitere Untersuchungen zur Beeinflussung von Wahrnehmungsprozessen bei Individuen und Gruppen (Forsyth, 2010) zeigen ebenfalls deutlich, dass die menschliche Wahrnehmung durch vielerlei Einflüsse verändert beziehungsweise auch manipuliert werden kann. Dementsprechend ist es für die Arbeit in der Schule wichtig, Kenntnisse über Abläufe von Wahrnehmungsprozessen zu besitzen, um diese auch reflektieren zu können.

Ein Beispiel aus dem schulischen Alltag kann verdeutlichen, wie die Wahrnehmung durch zusätzliche oder frühzeitig erhaltene Informationen verzerrt oder verändert werden kann.

Eine Lehrkraft übernimmt eine Klasse, mit der sie vorher kaum Berührungspunkte hatte. Um sich besser auf die Klasse vorbereiten zu können, setzt sie sich mit dem vorherigen Lehrer der Klasse zusammen. Dieser wird pensioniert und gibt die Lerngruppe zum Ende der 8. Klasse ab. Der bald pensionierte Kollege berichtet der neuen Lehrkraft ausführlich von den Schüler/innen, ihren Verhaltensweisen, besonderen Merkmalen und den Leistungen im erteilten Unterrichtsfach. Als die neue Lehrkraft nun nach den Ferien den Klassenraum der neuen Lerngruppe betritt, hat sie sich bereits viele Vorstellungen zu möglichen Begabungen und Verhaltensweisen ihrer neuen Schüler/innen gebildet. Auch hat sie einen Sitzplan basierend auf den Berichten des Kollegen erstellt und sich vorgenommen, bestimmte Schüler/innen mit ihren Verhaltensweisen nicht durchkommen zu lassen.

Das Beispiel zeigt, dass Informationen, welche man über Personen erhält, verhaltenswirksam sein können. Je nachdem, welche Aspekte berichtet wurden und wie bedeutsam diese für uns sind, werden sie das Verhalten von Lehrkräften ihren Schüler/innen gegenüber prägen und beeinflussen. Jeder/m Schüler/in wird jedoch tunlichst die Chance gegeben als Individuum wahrgenommen zu werden. Dies ermöglicht eine differenziertere Sichtweise auf die spezifischen Begabungen und Problemfelder jedes/r einzelnen Schülers/in und kann Lehrkräften dabei helfen, sowohl soziale als auch fachspezifische Überlegungen hinsichtlich der individuellen Förderung effektiver zu gestalten.

7.1 Implizite Persönlichkeitstheorien

Eng mit der Wahrnehmung von anderen Personen hängen implizite Persönlichkeitstheorien zusammen. Alle Menschen haben, meist unbewusst, implizite Persönlichkeitstheorien verinnerlicht. Diese helfen ihnen, dem Bedürfnis nachzugehen, andere Personen greifbarer und schneller einzuordnen. Implizite Persönlichkeitstheorien dienen dazu, Menschen Orientierung zu verschaffen. Als implizite Persönlichkeitstheorien werden dabei die Vorstellungen bezeichnet, die man von bestimmten Merkmalen und deren Beziehung zu weiteren Eigenschaften oder Merkmalen hat.

Asch (1946) hat beispielsweise herausgefunden, dass nur wenige Nuancen in der Persönlichkeitsbeschreibung ausreichen, um eine Person völlig unterschiedlich dastehen zu lassen. So gab er seinen Versuchspersonen eine Liste von Eigenschaften, welche sich lediglich in einer Komponente unterschied. Gruppe 1 erhielt eine Liste von Eigenschaften inklusive der Eigenschaft warmherzig. Gruppe 2 erhielt eine Liste von Eigenschaften inklusive der Eigenschaft kalt. Alle weiteren Eigenschaften der fiktiven Person waren völlig identisch. Die Versuchspersonen bekamen nun die Aufgabe, der fiktiven Person auf Grund der vorgegebenen Eigenschaften noch weitere, zu vermutende Eigenschaften hinzuzufügen. Die Eigenschaften auf der Dimension warmherzig – kalt spielten dabei eine zentrale Rolle für die Frage, ob der fiktiven Person positive oder negative Eigenschaften zugeordnet wurden.

Implizite Persönlichkeitstheorien sind auch immer wieder mit der Komponente Geschlecht verknüpft. Hofstadter (1988; S. 145) zeigt, dass implizite Persönlichkeitstheorien einen großen Einfluss auf das Denken und dementsprechend auch auf das Handeln ausüben können (für ein ausführliches Beispiel Hofstadter, 1988, S. 145 bspw. in: Steins, 2014).

Auch in der Schule können implizite Persönlichkeitstheorien verhaltenswirksam werden. Wenn Lehrer/innen beispielsweise Vorstellungen davon entwickelt haben, wie gut die Leistungen von Mädchen oder Jungen auf Grund ihres Geschlechts in bestimmten Fächern sein werden, dann werden sie diese, basierend auf ihren eigenen Erwartungen, wahrscheinlich auch dementsprechend fördern. Studien zeigen, dass Lehrer/innen tatsächlich zu geschlechtsstereotypen Einschätzungen der Fähigkeiten von Mädchen und Jungen neigen (Ziegler, 1998). Geschlechtsstereotype Einschätzungen von Fähigkeiten und Begabungen wiederum bleiben nicht ohne Effekt. Hirnstein und Hausmann (2010) konnten beispielsweise nachweisen, dass kaum Unterschiede zwischen den Geschlechtern hinsichtlich sprachlicher Fähigkeiten (mit einem marginalen Vorteil für Frauen) und mathematischer Fähigkeiten (mit einem marginalen Vorteil für Männer) bestehen.

> „Interessanterweise sind Geschlechtsunterschiede in stark stereotypbehafteten Domänen wie verbalen oder mathematischen Fähigkeiten – wenn überhaupt – relativ gering ausgeprägt und bleiben zumeist beschränkt auf einzelne Teilfunktionen. Generell gibt es einen großen Überschneidungsbereich in den Leistungen von Männern und Frauen, so dass markante Geschlechtsunterschiede in kognitiven Fähigkeiten eher die Ausnahme als die Regel sind." (Hirnstein & Hausmann, 2010, S. 76)

Welche Erklärungen führen nun die Autoren für das Zustande kommen dieser Unterschiede an? Angenommen wird ein komplexes Zusammenspiel verschiedenster Faktoren aus dem Bereich der Biologie, der Psychologie sowie aus sozialen Faktoren (Hirnstein & Hausmann, 2010). Besonders interessant und relevant ist der Befund zum Stereotype Threat (Steele & Aronson, 1995). Die Forscher führten Untersuchungen mit farbigen Studierenden durch und stellten fest, dass Menschen, wenn ein Stereotyp aktiviert wird, durchschnittlich schlechter in relevanten Kategorien abschneiden, weil sie sich unter Druck setzen, nicht dem Stereotyp zu entsprechen.

Diese Forschungsergebnisse lassen sich ebenfalls auf die Schule und Leistungen der Geschlechter in bestimmten Fächern übertragen. So ist es durchaus möglich, dass eine Lehrkraft, welche das Stereotyp verinnerlicht hat, dass Mädchen besser in Deutsch sind, dies den unterrichteten Jungen implizit und explizit verdeutlicht und dementsprechend dazu beiträgt, das Stereotyp „Jungen sind schlechter in Deutsch beziehungsweise sprachlichen Fächern als Mädchen" zu aktivieren. Laut Steele und Aronson (1995) führt dies dazu, dass Jungen besonders in diesem Kontext schlechter im Fach Deutsch abschneiden werden, da sie durch die Angst blockiert werden, einem bestimmten Stereotyp zu entsprechen. Dementsprechend ist es für Lehrer/innen besonders wichtig, die Schüler/innen als Individuum wahrzunehmen und die eigene Wahrnehmung gezielt zu überprüfen, um nicht in stereotype Denkweisen zu verfallen, implizite Persönlichkeitstheorien zu entwickeln und Schüler/innen zu kategorisieren. Wie nun laufen Kategorisierungsprozesse und die menschliche Wahrnehmung ab und existieren Möglichkeiten, diese zu reflektieren?

7.2   Kategorisierungsprozesse

Kategorisierungsprozesse laufen bei jedem Individuum gleich ab. Zunächst ist es wichtig, zu verstehen, dass Menschen nicht alle auf Reize, die auf sie einströmen, gleichzeitig wahrnehmen und verarbeiten können. Dementsprechend findet ein Prozess statt, welcher als *Selektion* bezeichnet wird. Dies bedeutet, dass von allen uns zugänglichen Reizen einige wenige ausgewählt, das heißt selegiert, werden. Diese Selektion kann beispielsweise anhand zentraler Merkmale stattfinden. Zentrale Merkmale wurden dabei oben bereits genannt, Warmherzigkeit und das Geschlecht einer Person, Aspekte wie das Alter, die Nationalität, die Sympathie, die Leistung oder die Attraktivität einer Person stellen weitere zentrale Merkmale dar.

Auch bestimmen verschiedene Wahrnehmungsprozesse, welchen Eindruck Menschen von einer Person bekommen und welcher Eindruck auch über längere Zeit erhalten bleibt. So fand der Forscher Thorndike (1920) heraus, dass Individuen sich bei der Wahrnehmung von bestimmten Effekten wie beispielsweise dem *Halo-Effekt* leiten lassen. Der Halo-Effekt beschreibt die fehlerhafte Beurteilung anderer Individuen und ihrer Eigenschaften (Riemann, 2006). Auch der erste oder letzte Eindruck (*Primacy-/ Recency-Effekt*) haben laut Asch (1946) einen großen Einfluss darauf, wie Menschen wahrgenommen und auf Grund Wahrnehmung eines Individuums beurteilt werden.

Um zu verdeutlichen, wie weitreichend sich die Wahrnehmung von Personen auf das Verhalten von Lehrkräften, Schüler/innen und weiteren Personengruppen auswirken kann und wie relevant dementsprechend Kenntnisse über diese Prozesse sind, soll das Beispiel des Halo-Effektes (Halo = Heiligenschein) verdeutlichen.

Eine Lehrkraft beginnt nach den Sommerferien damit, eine neue Klasse zu unterrichten. Nach der ersten Stunde geht sie in Gedanken ihre neuen Schülerinnen und Schüler noch einmal durch. Bei einigen hat sie schon erste Eindrücke der Kenntnisse und Fähigkeiten in ihrem Fach erhalten, bei einigen fehlen noch entscheidende Informationen. Zwei Mädchen in der ersten Reihe sind der Lehrkraft besonders im Gedächtnis geblieben. Beide wirkten sehr gepflegt und hatten ihre Unterlagen und Materialien ebenfalls sehr ordentlich vor sich auf dem Tisch organisiert. Obwohl beide Schülerinnen sich nicht in der ersten Stunde beteiligt haben, geht die Lehrkraft in ihren Überlegungen auf Grund der beobachteten Merkmale und Aspekte davon aus, dass beide Schülerinnen ein besonderes Interesse für das Fach hegen und in Zukunft mindestens gute Leistungen erbringen werden.

Was ist hier geschehen? Zunächst einmal erfolgte eine Selektion aller wahrnehmbaren Reize, welche die Lehrkraft wahrgenommen hat. Anschließend erfolgte der als *Inferenz* bekannte Prozess der Schlussfolgerung aus diesen Merkmalen. Während des Prozesses der Inferenz werden nicht nur die Merkmale zur Schlussfolgerung herangezogen, welche beobachtet wurden, sondern es werden im Verlauf des Inferenzprozesses automatisch und unbewusst Schlüsse auf noch nicht beobachtete oder überhaupt nicht beobachtbare Eigenschaften von Personen gezogen. Nun besagt der Halo-Effekt, dass Individuen in ihrer Wahrnehmung von Personen dazu tendieren, diese anhand eines, alle anderen Merkmale überstrahlenden, Merkmals zu beurteilen und geleitet davon weitere Schlüsse zu ziehen.

Ähnliche Effekte haben sich auch für den ersten oder den letzten Eindruck bestätigt (Asch, 1946). So kann der erste Eindruck, welcher von einem Menschen gewonnen wird, dazu beitragen, dass unbewusst Schlüsse auf das weitere Verhalten, die Leistungsfähigkeit, die Intelligenz oder ähnliche Merkmale dieser Person gezogen werden. Auch der letzte Eindruck wiederum, welcher besonders lange haften bleibt, kann die Schlussfolgerungen hinsichtlich anderer Menschen beeinflussen (Asch, 1946).

Aus den Prozessen der Selektion und der Inferenz entwickeln sich bei Menschen implizite Persönlichkeitstheorien (Bruner & Tagiuri, 1954; Greenwald & Banaji, 1995). Dabei beruhen diese Theorien, die sich Individuen über bestimmte zentrale Merkmale und ihre weiteren, zugehörigen Merkmale gebildet haben, auf vergangenen Erfahrungen, welche Menschen jedoch in der Regel nicht bewusst reflektieren (Greenwald & Banaji, 1995).

7.3 Wie kann hilfreich mit Kategorisierung im privaten und schulischen Alltag umgegangen werden?

Hinsichtlich einer gelungenen Klassenführung stellt sich die Frage, inwiefern es Individuen überhaupt möglich ist, hilfreich und reflektiert mit Kategorisierungen und impliziten Persönlichkeitstheorien umzugehen und diese angemessen zu reflektieren.

Es ist besonders wichtig, dass jedes Individuum für sich identifiziert, welche zentralen Merkmale bei ihm besonders zu unbewussten impliziten Persönlichkeitstheorien führen (Steins, 2014; Band I, Kapitel 4). Diese *zentralen Merkmale* in Kombination mit den eigenen Ideen und Vorstellungen darüber, werden deutlich reflektiert und an der Realität überprüft. Welche Vorstellungen habe ich, als zukünftige beziehungsweise bereits tätige Lehrkraft, hinsichtlich der fachspezifischen Begabungen meiner Schüler/innen? Wie reagiere ich auf besonders attraktive beziehungsweise besonders unattraktive oder ungepflegte Schüler/innen? Welche impliziten Persönlichkeitstheorien habe ich hinsichtlich des zentralen Merkmales Nationalität gebildet?

Sind diese Bereiche identifiziert, erfolgt eine grundlegende Überprüfung: Stimmt es, dass den Geschlechtern bestimmte fachspezifische Begabungen zugeordnet werden können? Ist es wahr, dass Mädchen aufgrund ihrer Geschlechtszugehörigkeit bessere Leistungen in Deutsch und Kunst zeigen, aber Jungen dafür besser in Mathe und den weiteren Naturwissenschaften sind? Sind attraktive Schüler/innen automatisch sozial und fachlich kompetenter als unattraktive Schüler/innen? Benehmen sich Schüler/innen mit Migrationshintergrund tatsächlich anders, als ihre Mitschüler/innen ohne Migrationshintergrund?

Eine objektive Überprüfung der eigenen Wahrnehmung im schulischen Alltag kann helfen, eigene Wahrnehmungsfehler aufzudecken. Die Überprüfung eigener, zentraler impliziter Persönlichkeitstheorien unter Zuhilfenahme von Fachliteratur und empirischen Untersuchungen ist hierbei unerlässlich. Aus eigener Kraft können Wahrnehmungsfehler weder vollständig erkannt, noch korrigiert werden.

Zur Identifizierung und Überprüfung sowie Objektivierung der eigenen impliziten Persönlichkeitstheorien gehört auch die Bereitschaft, eigene Theorien, welche sich nicht beweisen beziehungsweise sogar widerlegen lassen, zu revidieren. Das bedeutet, sich von unter Umständen lange erprobten Denkmustern zunächst Schritt für Schritt zu befreien (Steins, 2014).

Für eine Lehrkraft ist es relevant, diesen Prozess zu vollziehen, um allen Schüler/innen möglichst gleiche Chancen auf einen befriedigenden sozialen, emotionalen sowie fachlichen Lernerfolg einzuräumen. Auch dient diese Reflexion dazu, sich als Lehrperson zu professionalisieren und die Handlungen im Klassenraum nicht auf bloßen subjektiven Meinungen sowie Vorlieben beziehungsweise Aversionen fußen zu lassen.

7.4   Schema der irrationalen Bewertungen

Die menschliche Wahrnehmung sowie die Schlüsse, welche Individuen daraus ziehen, können gut auf das anschauliche und bereits in Kapitel 3 präsentierte ABC-Modell der rational-emotiven Verhaltenstherapie bezogen werden. So fokussiert das systemische Model auf die Komponente der Bewertungen, Forderungen und Überzeugungen (B, beliefs), die mit der Wahrnehmung von Ereignissen zusammenhängen.

Es wurde bereits thematisiert, dass Ellis, der Begründer der REVT, drei absolute Forderungen identifizierte, welche Individuen an sich selbst, die anderen Menschen um sie herum oder an die Welt richten. Diese Forderungen können zu verschiedenen weiteren Ableitungen oder sekundären irrationalen Prozessen führen (Ellis & Hoellen, 2004), zum Beispiel zu Katastrophendenken, globalen Bewertungen von sich selbst und anderen, einer geringen Frustrationstoleranz oder einer negativen Zukunftsperspektive. Diese Derivate der absoluten Forderungen an sich selbst, die anderen Menschen oder die Welt, können wiederum zu weiteren emotionalen Störungen wie der Ich-Angst oder der Angst vor Unbehagen führen. *Ich-Angst* (im Englischen ego anxiety) wird dabei von Ellis (2003) folgendermaßen definiert:

> "... as emotional tension that results when people feel (1) that their self or personal worth is threatened, (2) that they should or must perform well and/or be approved by others, and (3) that it is awful or catastrophic when they don't perform well and/or are not approved by others as they supposedly should or must be." (Ellis, 2003, S. 183)

Die *Angst vor Unbehagen* (im Englischen discomfort anxiety) wird von Ellis (2003) als teilweise weniger dramatisch, dafür jedoch als verbreiteter beschrieben.

> „Discomfort anxiety I define as emotional tension that results when people feel (1) that their comfort (or life) is threatened, (2) that they should or must get what they want (and should not or must not get what they don't want), and (3) that it is awful or catastrophic (rather than merely inconvenient or disadvantageous) when they don't get what they supposedly must." (Ellis, 2003, S. 183)

Die Ich-Angst von Individuen spiegelt Problematiken wider, welche häufig als *Selbstwertproblematiken* bezeichnet werden. Das oben stehende Zitat weist deutlich darauf hin, dass Personen mit Ich-Angst das Gefühl haben, dass ihr Selbstwert in Gefahr sei und sich unter Druck setzen, unter allen Umständen perfekt sein zu müssen oder von anderen Personen anerkannt werden zu müssen. Des Weiteren sind sie überzeugt davon, dass es absolut unerträglich und eine große Katastrophe wäre, wenn sie keine perfekten Leistungen bringen und die anderen Personen ihre Leistungen nicht anerkennen würden (Ellis, 2003).

Die Angst vor Unbehagen hingegen, wie auch im oben stehenden Zitat deutlich wird, spiegelt solche Problematiken wider, welche mit einer niedrigen Frustrationstoleranz zusammenhängen. Ellis (2003) geht davon aus, dass Individuen Angst vor Unbehagen erleben, wenn sie eine emotionale Spannung erfahren, welche daher stammt, dass sie sich in ihrer Bequemlichkeit gestört fühlen und davon ausgehen, dass sie absolut das bekommen sollten, was ihnen zusteht und es nicht auszuhalten wäre, wenn sie dies nicht bekämen.

Im Folgenden verdeutlichen ein Beispiel zu einer Selbstwertproblematik sowie ein weiteres Beispiel zur geringen Frustrationstoleranz aus dem schulischen Bereich diese beiden emotionalen Störungen, welche sich laut der rational-emotiven Verhaltenstherapie aus den Derivaten der absoluten Forderungen entwickeln.

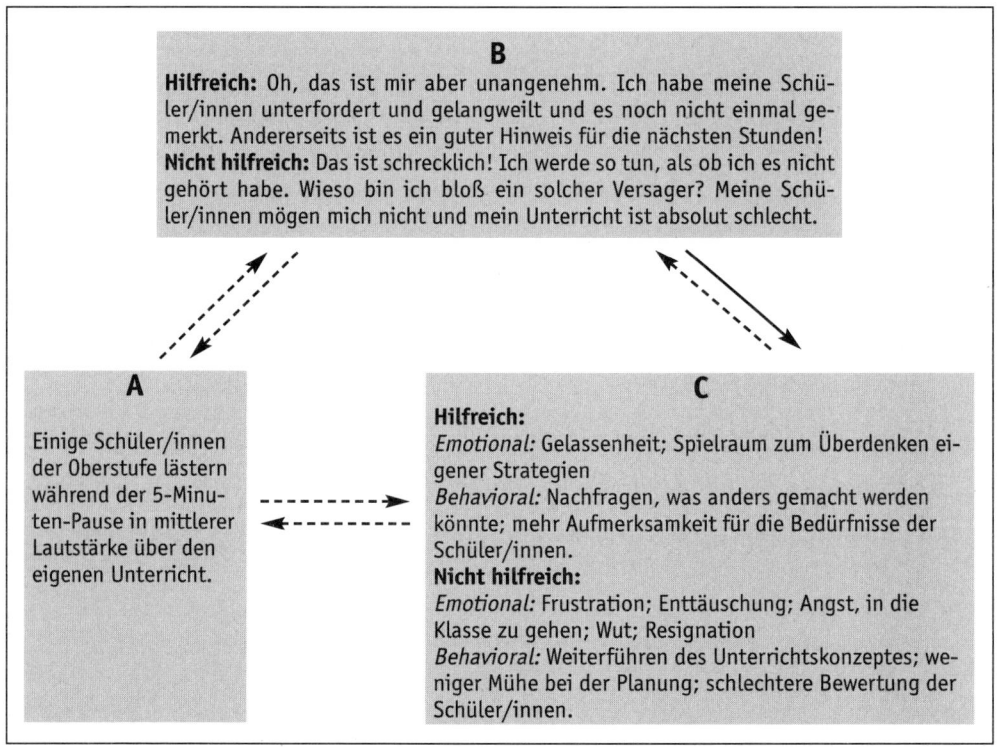

Abbildung 5: Eine Analyse einer Selbstwertproblematik mit Hilfe des ABC Modells

Das ABC-Modell in Abbildung 5 verdeutlicht eine ausgewählte Selbstwertproblematik. Eine Situation, wie sie oben stehend geschildert wurde, kann in der Schule auftreten. Oberstufenschüler/innen zum Beispiel sind häufig gut in der Lage, die eigenen Ansprüche und Bedürfnisse an den Unterricht zu formulieren. Lehrkräfte rufen sich hilfreicherweise in Erinnerung, dass selbst eine besonders gut geplante und innovative Stunde nicht immer auch den Schüler/innen gefallen beziehungsweise besonders zuträglich für deren Lernerfolg sein muss. In einer derartigen Situation ist es wichtig, die Anliegen sowie die Meinung der Schüler/innen ernst zu nehmen.

Beispielsweise könnte eine Lehrkraft die Schüler/innen, von denen sie die Kritik gehört hat, direkt anzusprechen und nachfragen, was in Zukunft besser gemacht werden könnte. Auch könnte dieses Ereignis zum Anlass genommen werden, dass die Lehrkraft sich von den Schüler/innen ein anonymes, schriftliches Feedback geben lässt, um die Selbstwahrnehmung ihres Unterrichts einmal genauer mit der Fremdwahrnehmung durch die Schüler/innen abzustimmen. Eine weniger hilfreiche Haltung einer Lehrkraft hingegen ist es, von den Schüler/innen, wie in Abbildung 5 dargestellt, zu verlangen, den Unterricht jederzeit wertzuschätzen und auch der Lehrkraft mit einer kontinuierlichen Sympathie sowie einem hohen Grad von Interesse und Zuneigung zu begegnen. Diese Forderungen sind wenig realistisch. Eine Lehrperson, welche ihre beruflichen Kompetenzen von dieser Einschätzung abhängig macht und die oben genannten Forderungen stellt, wird unter Umständen Gefahr laufen, mit großer Frustration und Enttäuschung sowie deutlich reduzierten Bemühungen in der Klasse zu agieren, um den eigenen Selbstwert zu schützen, anstatt die Situation positiv als Lerngelegenheit zu betrachten.

Ein weiteres Beispiel wird in Abbildung 6 dargestellt, welches sich auf die *Angst vor Unbehagen* bezieht.

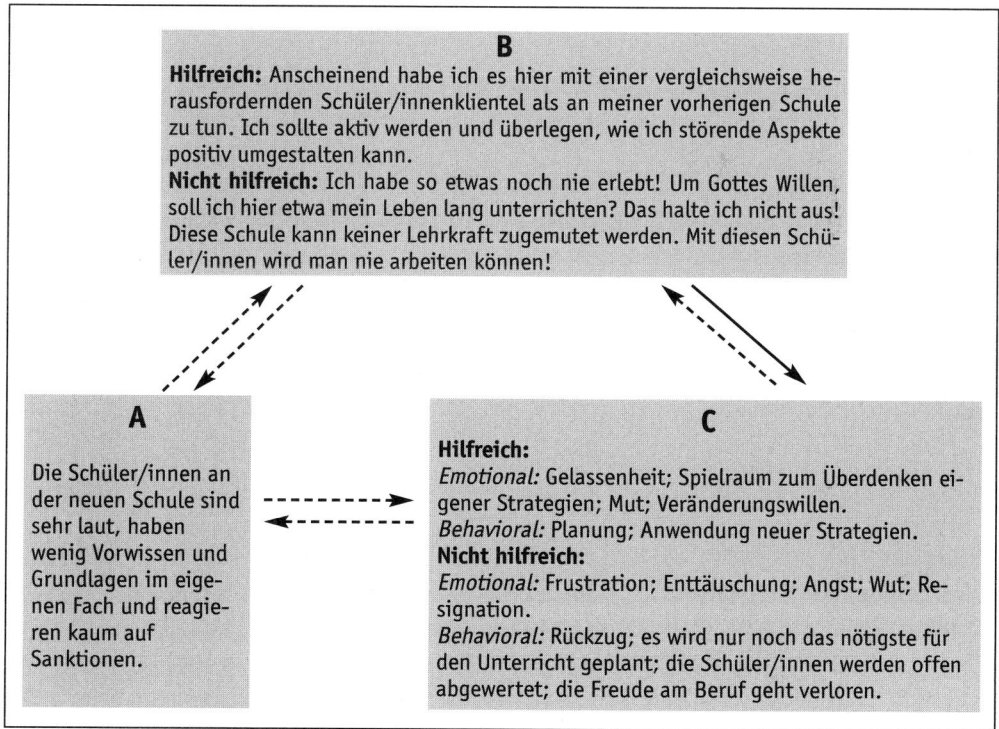

Abbildung 6: Eine Analyse einer geringen Frustrationstoleranz mit Hilfe des ABC-Modells

Das zweite dargestellte ABC-Modell verdeutlicht eine Situation, in welcher die Lehrkraft eine *geringe Frustrationstoleranz* aufweist. An die Schüler/innen der neuen Schule werden absolute Forderungen hinsichtlich ihres Verhaltens und ihres Könnens gestellt. Es wird davon ausgegangen, dass es einer Lehrkraft zusteht, sowohl auf Lebenszeit verbeamtet zu werden als auch gleichzeitig mit sehr angenehmen Schüler/innen zusammenzuarbeiten. Starke Frustrationen und nicht hilfreiches Verhalten sind vorprogrammiert.

7.4.1 Weitere schulische Beispiele zu Formen irrationaler Gedanken

Einige weitere Beispiele verdeutlichen an dieser Stelle noch einmal konkret, welche Auswirkungen die Formen irrationaler Gedanken, wie beispielsweise absolute Forderungen, Katastrophendenken, Frustrationstoleranz oder pauschales Abwerten (Ellis & Hoellen, 2004) auf Prozesse in der Schule haben können.

Weitere absolute Forderungen von Lehrkräften könnten beispielsweise sein:

> „Die Eltern der Schüler/innen müssen mich akzeptieren und dürfen meine Entscheidungen nicht in Frage stellen."

> Auch auf der Ebene der Lehrer/innen-Schüler/innen-Interaktion existieren absolute Forderungen. So könnte eine Forderung einer Lehrkraft lauten:

> „Meine Schüler/innen müssen mir jederzeit höchsten Respekt entgegen bringen. Was ich sage gilt und darf nicht hinterfragt werden!"

Beide Beispiele verdeutlichen, dass *absolute Forderungen* Teil der von Ellis (2004) benannten irrationalen Gedanken sind. Es ist sehr unwahrscheinlich, dass diese Forderungen einer Lehrkraft im Laufe eines Berufslebens an einer Schule in Erfüllung gehen werden und es ist auch nicht die Aufgabe der Schüler/innen, diese Forderungen zu erfüllen. Absolute Forderungen sind nicht an der Realität orientiert, sondern nur an eigenen unrealistischen Vorstellungen. Dementsprechend würde Ellis (2004) diese irrationalen Forderungen auch als nicht hilfreich und dysfunktional bezeichnen.

Eine weitere Form irrationaler Gedanken ist laut Ellis und Hoellen (2004) das Katastrophisieren. Beispiele für diese Form sind ebenfalls vielfältig. Beispielsweise könnte eine Lehrkraft denken:

> „Es ist einfach schrecklich, dass ich so viel korrigieren muss. Meine Schüler/innen schauen sich die Korrekturen sowieso nicht an und ich vergeude meine Lebenszeit mit dieser Aufgabe!"

Ein weiteres Beispiel für das Katastrophendenken ist Folgendes:

„Es ist nicht erträglich, wie meine Schule ausgestattet ist. Die Toiletten stinken, wir haben kaum Materialien und selbst die Kreide ist knapp. Ich kann unter diesen Umständen keinen vernünftigen Unterricht gestalten!"

Beide Beispiele beziehen sich auf wichtige Felder der Institution Schule. Zum einen auf die Thematik des Korrigierens von Arbeiten und die teilweise nicht gleichmäßig verteilte Arbeitszeit von Lehrkräften. In dieser Hinsicht ist es wichtig, dass die Belastung von Lehrkräften ernst genommen und neue Modelle zur Anrechnung von Arbeitszeit gewonnen werden. Auch sind viele Schulen, insbesondere hinsichtlich ihrer Räumlichkeiten, weit entfernt von einer idealen Lernausstattung und Lernumgebung. Die in beiden Beispielen dargestellten irrationalen Gedanken führen jedoch letztlich dahin, dass an die Stelle der Freude für den Beruf und des Engagements für die Veränderung negativer Zustände Frustration und Resignation treten. Die Leidtragenden von frustrierten und resignierten Lehrer/innen sind jedoch Kinder und Jugendliche, welche weder etwas für die Arbeitszeitverteilung von Lehrkräften noch für die mangelnde Ausstattung staatlicher Bildungsinstitutionen können.

Eine weitere Form der irrationalen Gedanken auf der Bewertungsebene (B) ist die geringe Frustrationstoleranz. Diese wurde bereits innerhalb eines Beispiels betrachtet (Abbildung 6), lässt sich jedoch noch auf verschiedene weitere Ebenen anwenden. An dieser Stelle wird zunächst das Beispiel eines/r Schüler/in herangezogen, welcher sich auf Grund der veränderten Anforderungen durch das verkürzte Abitur überfordert fühlt:

„Ich muss von Anfang an gut in der Schule sein, selbst in Fächern, die mir nicht so sehr liegen. Wenn ich nicht einen absolut perfekten Durchschnitt im Abitur erhalte, dann werde ich das nicht aushalten können."

Ein weiteres Beispiel ist mittlerweile in vielen Klassenräumen zu beobachten:

„Ich halte es nicht aus, mich an Regeln halten zu müssen. Wenn ich das Bedürfnis habe aufzustehen, dann muss ich das auch tun. Keiner darf mir sagen, was ich zu tun habe und die Interessen der Gruppe sind mir egal. Ich könnte es nicht ertragen, meine Bedürfnisse und Impulse kontrollieren zu müssen!"

Beide Beispiele zeigen bei Schüler/innen verbreitete irrationale Gedanken auf.

Eine letzte Form irrationaler Gedanken, welche Ellis (2004) identifiziert hat, ist das pauschale Abwerten. So könnte beispielsweise eine Lehrkraft denken:

„Meine viele Arbeit wird überhaupt nicht gesehen und wertgeschätzt. Wahrscheinlich kann ich all das gar nicht besonders gut und bin auch eine schlechte Lehrkraft, sonst würden mich meine Kolleg/innen und die Schüler/innen ja auch mehr für meine Arbeit würdigen!"

Auch könnten Schüler/innen in Zeiten, in denen viele Studienfächer einen guten Numerus Clausus erfordern, denken, dass sie unbedingt gute Noten erzielen müssen. In diesem Fall könnte ein/e Schüler/in denken:

> „Ich muss unbedingt sehr gute Noten schreiben, sonst bin ich absolut nichts wert. Ich werde niemals einen guten Beruf ergreifen können, wenn ich bereits in der Schule derart versage!"

Die Beispiele der vier unterschiedlichen Formen irrationaler Gedanken zeigen nur eine Auswahl der vielen Gelegenheiten für nicht hilfreiche und dysfunktionale Bewertungen in der Schule und im Klassenraum. Ein fundiertes Wissen hinsichtlich der menschlichen Bewertungen und der Möglichkeiten, sie konstruktiv in hilfreiche Bewertungen zu verändern, kann helfen, diesen Gelegenheiten gelassener gegenüber zu stehen.

7.5 Folgen der Bewertung auf emotionaler und verhaltensbezogener Ebene

Wie bereits obenstehend dargestellt, haben nicht die Ereignisse, welche Menschen widerfahren, einen primären Einfluss darauf, wie es ihnen auf emotionaler Ebene geht und wie sie sich verhalten. Beispiele dafür sind zahlreich vorhanden, sowohl im alltäglichen Umfeld eines jeden Menschen, als auch im schulischen Bereich.

So gehen Individuen nach einer Phase der Trauer sehr unterschiedlich mit dem Tod eines nahe stehenden Menschen oder mit einer Trennung um. Einige Menschen ziehen sich sehr lange zurück, vernachlässigen unter Umständen ihre Pflichten und entwickeln Züge einer depressiven Episode. Andere Menschen spornen derartige Erlebnisse stark an und sie lassen sich gerade auf Grund der Tatsache, dass diese aufgetreten sind, nicht von ihren vorherigen Plänen und Zielen abbringen und entwickeln neue Perspektiven. Auch im schulischen Bereich lässt sich nachweisen, dass die auftretenden Ereignisse allein nicht dafür verantwortlich sein können, dass Individuen mit emotionalen und verhaltensbezogenen Konsequenzen reagieren.

So reagieren verschiedene Lehrkräfte auf ein und dieselbe Klasse sehr unterschiedlich.

Als Beispiel dient in diesem Fall eine Klasse, die als problematischste Klasse der gesamten Schule gilt. Einige Lehrkräfte werden es trotzdem schaffen, in dieser Klasse ansprechende Unterrichtsstunden zu gestalten und positiv mit den Schüler/innen zu interagieren. Andere Lehrkräfte werden möglicherweise schon vor Beginn ihres Unterrichts die Zeit in dieser Klasse fürchten und sich auch im Verlauf des Unterrichts immer stärker von der Klasse distanzieren. Dies könnte so weit führen, dass die Stunden seitens der Lehrkräfte nur noch abgesessen werden und die Schüler/innen nichts dazu lernen.

Individuen reagieren also sehr unterschiedlich auf die Ereignisse, mit denen sie in ihrem privaten und beruflichen Leben konfrontiert werden. Dementsprechend ist deutlich geworden, dass zwischen Ereignis und Konsequenz eine vermittelnde Variable steht, welche beeinflusst, wie sich ein Ereignis emotional und verhaltensbezogen bei jedem Individuum auswirkt.

Wie bereits erwähnt, werden in der REVT die *Bewertungen* (B) für diese Vermittlung verantwortlich gemacht. Je nachdem, ob nun hilfreiche oder nicht hilfreiche Bewertungen eines Ereignisses auftreten, wird sich dies auch unmittelbar auf die darauf folgenden Konsequenzen auswirken. Die REVT und ihr Begründer Ellis differenzieren die emotionalen und verhaltensbezogenen Folgen von Bewertungen in hilfreiche und nicht hilfreiche Folgen.

7.5.1 Beispiele für die Verbindung von Wahrnehmung und Bewertung sowie deren Folgen

Im Folgenden wird für jede direkt in der Schule agierende Personengruppe ein weiteres Beispiel angeführt, um die Verbindung zwischen Wahrnehmung, Bewertung und den darauf folgenden Konsequenzen zu verdeutlichen.

Schüler/innen

Es geschieht immer wieder, dass einzelne Schüler/innen von ihren gleichaltrigen Klassenkamerad/innen ausgegrenzt werden. Schüler/innen können auf die Ausgrenzung unterschiedlich reagieren, je nachdem, welche Bewertung auf die Wahrnehmung der Ausgrenzung folgt. Eine hilfreiche Bewertung könnte in diesem Falle lauten:

> „Die anderen Kinder ärgern mich häufig, hänseln mich und lachen mich aus. Das macht mich traurig! Woran könnte das liegen? Vielleicht vertraue ich mich meinen Eltern oder einem/r Vertrauenslehrer/in an, eventuell können sie mir helfen. Es sollte doch irgendwie möglich sein, ein anderes Kind als Freund zu gewinnen."

Eine nicht hilfreiche Bewertung könnte andererseits folgendermaßen lauten:

> „Die anderen Kinder haben nicht das Recht dazu, mich zu ärgern und auszulachen. Wenn sie so weitermachen, ärgere und beleidige ich zurück. Und zwar richtig! Die sollen mal sehen, dass man so etwas mit mir nicht ungestraft machen kann."

Anhand dieses Beispiels wird deutlich, dass eine hilfreiche Bewertung Spielräume eröffnet, das Gefühl der Traurigkeit realitätsangemessen ist. Eine emotionale Konsequenz der hilfreichen Bewertung könnte beispielsweise Traurigkeit aber gleichzeitig auch Zuversicht sein. Eine verhaltensbezogene Konsequenz könnte das Einholen von Feedback bei Eltern oder Lehrer/innen sein, die unter Umständen gemeinsam mit dem Kind erarbeiten können, ob es zu der unangenehmen Situation beiträgt und wie diese produktiv verändert werden könnte.

Lehrer/innen

Die Ausbildung von angehenden Lehrer/innen im Referendariat wird innerhalb des Forschungsstandes häufig als herausfordernd dargestellt (Meyerhöfer & Rienits, 2006; Schubarth, Speck, Große, Seidel & Gemsa, 2006; Terhart, 2007; Ulich, 1996). An dieser Stelle wird daher das Beispiel einer Person herangezogen, welche sich in der Position des Referendars befindet. Dieser Referendar erhält bislang mittelmäßige Rückmeldungen von seinen Fachleiter/innen und Ausbildungslehrer/innen, mit denen er nicht immer ganz einverstanden ist, da er sich selbst und seine Leistungen für besser hält. Eine hilfreiche Bewertung könnte folgendermaßen lauten:

> „Diese Rückmeldungen ärgern und frustrieren mich und ich halte sie auch nicht immer für ganz zutreffend. Allerdings sagen mir viele verschiedene Menschen ähnliche Dinge. Vielleicht sollte ich versuchen, mich auf die Rückmeldungen einzulassen und diese systematisch umzusetzen. Mal sehen, wie meine Ausbilder/innen dann reagieren?"

Eine nicht hilfreiche Bewertung könnte unter Umständen folgendermaßen lauten:

> „Diese Rückmeldungen sind eine Unverschämtheit! Diese Personen haben alle keine Ahnung, ich habe bereits so viele Erfahrungen in Lehrkontexten gesammelt und nie hat mir jemand so etwas gesagt. Diese Rückmeldungen müssen auf persönlicher Abneigung beruhen, anders kann ich mir das nicht erklären!"

Die unterschiedlichen Bewertungen ein und desselben Ereignisses führen zu verschiedenen Konsequenzen: Im Falle der hilfreichen Bewertung eröffnet der Referendar sich die Möglichkeit, die Rückmeldungen anzunehmen, zu systematisieren und gegebenenfalls umzusetzen. Dies könnte nicht nur dazu führen, dass er ein besserer Lehrer wird, sondern auch dazu, dass er zufriedenstellendere Rückmeldungen und Noten innerhalb seiner Ausbildung erhält. Im Falle der nicht hilfreichen Bewertung werden die Konsequenzen wahrscheinlich so aussehen, dass die Ausbilder/innen auf Grund ihres Feedbacks abgewertet werden, die Lehrpraxis und das Verhalten in Unterrichtssettings nicht umgestellt wird und dementsprechend kein bedeutender Lernzuwachs erfolgen kann.

Kolleg/innen

Ein Kollegium an einem vierzügigen Gymnasium könnte durchaus aus etwa fünfzig bis sechzig Lehrkräften bestehen. Innerhalb eines derart großen Kollegiums, von dem es anzunehmen ist, dass dieses häufig Absprachen unter Zeit- und Platzmangel treffen muss, ist es sehr unwahrscheinlich, dass sich alle Beteiligten gleichermaßen sympathisch sind. Auf der Grundlage dieser Situation kann es sich ergeben, dass eine Lehrkraft einige ihrer Kollegen dabei hört, wie sie gemeinsam über sie lästern. Eine hilfreiche Bewertung dieses Ereignisses könnte folgendermaßen lauten:

„Es trifft und verletzt mich, dass die Kolleg/innen über mich lästern. Wie gemein! Aber vielleicht habe ich jemanden von ihnen übergangen? Vielleicht könnte ich das Problem ansprechen und dadurch lösen, bevor sich die Fronten noch verhärten."

Entgegengesetzt könnte eine nicht hilfreiche Bewertung klingen:

„Wie bitte?! Die Kolleg/innen lästern über mich, das kann doch echt nicht wahr sein! Ich werde sofort in der nächsten Pause weitererzählen, was Kollege X immer in der Pausenaufsicht macht. Das was die können, kann ich auch! Die werden schon sehen, was sie davon haben!"

Die hilfreiche Bewertung eröffnet einen Lösungsspielraum, aus welchem sich ein konstruktiver Dialog bezüglich eventuell aufgetretener Missverständnisse ergeben kann. Die nicht hilfreiche Bewertung verhärtet die Fronten und trägt dazu bei, dass sich verschiedene Gruppen von Lehrer/innen bilden, welche sich sehr wahrscheinlich mehrheitlich in dieser Atmosphäre nicht wohlfühlen werden.

Schulleitung

Schulleitungen sind heutzutage die Führungspersonen von immer selbstständiger agierenden Institutionen. Häufig haben sie die gewachsenen Ansprüche zwischen den Richtlinien, Gesetzen, Erlässen und den Anforderungen der Schulaufsicht und des Ministeriums einerseits und den Erwartungen der Lehrer/innen, Schüler/innen und Eltern andererseits zu kommunizieren (Brauckmann, 2012, Busch & Steinmetz, 2002; Schmidt, 2000; Thomson & Blackmore, 2006; Warwas, Seifried & Meier, 2008). Angenommen, eine Schulleitung erhält in einer arbeitsintensiven Phase die Ankündigung, dass zeitnah eine Schulinspektion an ihrer Schule durchgeführt wird und zur Vorbereitung der Inspektor/innen diesen bereits Unterlagen zur Verfügung gestellt werden sollen. Eine hilfreiche Bewertung könnte in diesem Falle beispielsweise folgendermaßen lauten:

„Das passt mir terminlich zwar nicht besonders gut, denn die Vorbereitung ist aufwendig und unübersichtlich. Ich werde mich zunächst hinsichtlich meines Vorgehens organisieren und dann schauen, ob mein Kollegium mich unterstützt. Die Zeit wird dann bestimmt anstrengend, andererseits haben wir anschließend viele Konzepte und Dokumente endlich digitalisiert und können besser arbeiten."

Andererseits könnte die Ankündigung von der Schulleitung auch mit einer nicht hilfreichen Bewertung aufgefasst werden. Diese könnte wie folgt lauten:

„Oh nein, nicht auch das noch! Ich schaffe das jetzt wirklich nicht, auch noch diese unnötigen Dokumente zu erstellen. Diese Anforderungen sind eine Frechheit! Ich werde meinem Ärger direkt heute Nachmittag in der Lehrerkonferenz Luft machen."

Eine hilfreiche Bewertung führt zu einem konstruktiven Herangehen an das Ereignis der Schulinspektion. Die dargestellte nicht hilfreiche Bewertung könnte dazu führen, dass nicht nur die Schulleitung, sondern ebenfalls das gesamte Kollegium die Schulinspektion ablehnen und sich dementsprechend auch keine Möglichkeit ergibt, aus diesem Ereignis wertvolle Schlüsse abzuleiten und etwas daraus zu lernen.

Eltern

Es ist für Eltern mitunter ein belastender Prozess, ihre Kinder in der Schule sich selbst und der Erziehung sowie Bildung durch die Lehrpersonen zu überlassen. Dementsprechend könnte die Situation auftreten, dass Eltern einer Lehrkraft vorwerfen, ihr Kind nicht genügend zu fördern und häufig die Stärken des Kindes zu übersehen, was sich auch in der Notengebung auswirken würde. Hilfreich könnte die Lehrkraft nun bewerten:

„Dieser Hinweis erstaunt und ärgert mich ein bisschen. Gleichzeitig ist er mir auch unangenehm, denn ich habe selbst häufig das Gefühl, nicht jedem Kind gleich gerecht werden zu können. Vielleicht treffe ich mit den Eltern eine Vereinbarung, damit sich das Kind mehr hervorhebt und ich achte andererseits mehr auf seine Leistungen?"

Eine nicht hilfreiche Bewertung dieser Situation könnte lauten:

„Wie unverschämt, diese Eltern haben mit Lehr-Lernprozessen nichts am Hut und meinen trotzdem, sie könnten mich, eine ausgebildete Lehrkraft, kritisieren? Das lasse ich mir nicht bieten. Ich werde keinen Zentimeter auf sie zugehen!"

Wie sich bereits in den anderen Beispielen gezeigt hat, eröffnet die hilfreiche Bewertung einen großen Lösungs- und (Ver-)Handlungsspielraum für alle Beteiligten. Die dargestellte nicht hilfreiche Bewertung bezieht die Tatsache, dass die Lehrkraft sich angegriffen und verletzt fühlt mit ein. Durch die Verteidigung der eigenen Position ergeben sich jedoch keine Möglichkeiten, eine für das Kind positive Lösung herbeizuführen.

7.6   Zusammenfassung

Dieses Kapitel hat wichtige Prozesse der Wahrnehmung und Bewertung sowie ihrer Folgen auf-gegriffen und dargestellt, wie Bewertungen Einfluss auf den Verlauf von Ereignissen neh-men können, je nachdem, ob diese funktional oder dysfunktional ausfallen.

7.7   Fragen, Übungen, Lektüre

7.7.1   Fragen

- Was sind implizite Persönlichkeitstheorien?
- Nennen Sie verschiedene zentrale Merkmale. Über welche Merkmale haben Sie selbst impli-zite Persönlichkeitstheorien gebildet? Reflektieren Sie.
- Beschreiben Sie die Prozesse der Selektion und der Inferenz anhand Ihrer ausgewählten im-pliziten Persönlichkeitstheorien.
- Reflektieren Sie vergangene Lehr- und Lernprozesse in der Schule. Wie haben Sie sich Schü-ler/innen gegenüber verhalten, die ihnen sympathisch beziehungsweise unsympathisch waren?
- Wie stehen Wahrnehmung und Bewertung in Verbindung? Illustrieren Sie die Verbindung an einem Beispiel aus Ihrer Alltagserfahrung.
- Skizzieren Sie die Verbindung von Bewertungen und Konsequenzen. Illustrieren Sie die Ver-bindung an einem Beispiel aus Ihrer Alltagserfahrung.

7.7.2   Übungen

- Identifizieren Sie zentrale Merkmale, anhand derer Sie selbst andere Personen kategorisie-ren. Welche empirische Evidenz existiert für Ihre Annahmen?
- Identifizieren Sie die Formen irrationaler Gedanken, welche bei Ihnen besonders häufig auf-treten (z.B. Katastrophendenken, pauschale Bewertungen, geringe Frustrationstoleranz, etc).
- Erstellen Sie ein ABC-Modell, in welchem Sie ein schulisches Problem aus Schüler/innensicht bearbeiten, an das Sie sich aus ihrer eigenen Schulzeit erinnern können.
- Erstellen Sie ein ABC-Modell und bearbeiten Sie in diesem eine relevante schulische Unter-richtserfahrung aus Lehrer/innenperspektive.

7.7.3 Weiterführende Lektüre

- Forsyth, D. R. (2010). *Group Dynamics*. Belmont, CA: Wadworth, Cengage Learning, Kapitel 7 "Influence", S. 177-212 und Kapitel 11 "Decision Making", S. 313-349.
- Steins, G. (2014; Hrsg.) *Handbuch Psychologie und Geschlechterforschung*. Wiesbaden: VS Verlag für Sozialwissenschaften, Kapitel 5: Neuropsychologie. Kognitive Geschlechterunterschiede, S. 69-85.

III

8. Eine lernförderliche Umgebung schaffen

Eine lernförderliche Umgebung zu schaffen, bedeutet, dass man sich um seine Klasse in vielerlei Hinsicht *kümmert*. In diesem Kapitel geht es nicht nur um die Rolle von Klassenlehrer/innen, die meistens in der Verantwortung gesehen werden, sich um ihre Klasse zu kümmern. Alle Lehrer/innen, die eine Klasse unterrichten, stehen in diesem Kapitel im Fokus. Es ist besonders wichtig, dass der/die Klassenlehrer/in nicht als Einzelkämpfer/in arbeitet, sondern sich alle Lehrer/innen für die Entwicklung ihrer Schüler/innen verantwortlich fühlen und dies im schulischen Alltag durch ihr Handeln zeigen. Wenn sich ein/e Lehrer/in um eine Klasse kümmert, spielt die im vorherigen Kapitel erläuterte Lehrer/innen-Schüler/innen-Interaktion eine wichtige Rolle.

In diesem Kapitel werden verschiedene Facetten von „sich um eine Klasse kümmern" dargestellt: Zunächst werden die Bedürfnisse von Schüler/innen hinsichtlich benötigter Unterstützung in Bezug auf die Entwicklung von sozialen, emotionalen und kognitiven Kompetenzen erörtert. Im Anschluss daran werden die Herausforderungen an Lehrer/innen dargestellt, mit Hilfe des Einbezugs verschiedener Kompetenzen, entwicklungsförderliche Bedingungen für Schüler/innen zu schaffen.

8.1 Soziale, emotionale und kognitive Kompetenzen bei Schüler/innen fördern

Die kognitive, soziale und emotionale Entwicklung von Schüler/innen kann durch die Schule positiv beeinflusst werden, wenn Lehrkräfte, Eltern und die Schüler/innen zusammenarbeiten. Aufgabe von Lehrkräften innerhalb des schulischen Kontextes ist es, die Schüler/innen in der Entwicklung ihrer sozialen, emotionalen und kognitiven Kompetenzen zu fördern und entwicklungsförderliche Bedingungen zu schaffen. Kognitive Kompetenzen von Schüler/innen können nicht isoliert von sozialen und emotionalen Kompetenzen gefördert werden (Limbourg & Steins, 2011).

Schulische Sozialerziehung gehört mit zum Auftrag der Schule, wie auch die KMK (2004) in ihren Richtlinien festgelegt hat. Dort steht nicht nur der Bildungsauftrag im Fokus der Aufgaben einer Lehrkraft, sondern gleichberechtigt auch der Erziehungsauftrag. Auch in der Bereinigten Amtlichen Sammlung der Schulvorschriften (BASS) des Bundeslandes Nordrhein-Westfalen (NRW), werden im ersten Teil, bezeichnet als Allgemeine Grundlagen, in §2 (Abschnitt 5) Hinweise zum Bildungs- und Erziehungsauftrag der Schule gegeben:

„Die Schülerinnen und Schüler sollen insbesondere lernen,

1. selbstständig und eigenverantwortlich zu handeln,

2. für sich und gemeinsam mit anderen zu lernen und Leistung zu bringen,

3. die eigene Meinung zu vertreten und die Meinung anderer zu achten,

4. in religiösen und weltanschaulichen Fragen persönliche Entscheidungen zu treffen und Verständnis und Toleranz gegenüber den Entscheidungen anderer zu entwickeln,

5. die grundlegenden Normen des Grundgesetzes und der Landesverfassung zu verstehen und für die Demokratie einzutreten,

6. die eigene Wahrnehmungs-, Empfindungs-, und Ausdrucksfähigkeit sowie musisch künstlerische Fähigkeit zu entfalten (...)" (BASS, 2008, S. 1/2)

Die Vermittlung von Sozialerziehung im schulischen Kontext bekommt mit dieser Grundlage aus dem Schulgesetz einen wichtigen Stellenwert. Somit ist sie nicht nur aus bildungswissenschaftlicher Sicht, sondern auch aus gesetzlicher und politischer Sicht wichtig.

Die Relevanz von Sozialerziehung basiert aber auch auf den alltäglichen Erfahrungen von Lehrern/innen. Sie sind mit sozialen Defiziten von Schüler/innen in Form von Unterrichtsstörungen, Disziplinproblemen und vielen anderen sozial inakzeptablen Verhaltensweisen konfrontiert und werden mit deren Lösung oft allein gelassen.

Ein Beispiel verdeutlicht, warum die Förderung der sozialen, emotionalen und kognitiven Kompetenzen der Schüler/innen wichtig ist: In einer 7. Klasse sind 28 Schüler/innen und gerade findet Mathematikunterricht statt. Für den Unterricht wurden keine expliziten Regeln durch den Mathematiklehrer festgelegt, da er annimmt, dass die üblichen Regeln durch den Klassenlehrer festgelegt wurden. Mit der Klasse wurden aber keine Regeln abgesprochen und die Schüler/innen haben in der Klasse eine eigene Kultur des Umgangs miteinander entwickelt, die durch einen rauen Umgangston untereinander gekennzeichnet ist. Diese Kultur passt nicht zu den Vorstellungen des Mathematiklehrers. In jeder Unterrichtsstunde kommt es zu Situationen, in denen der Mathematiklehrer lauter wird und Schüler/innen mit Strafaufgaben sanktioniert. Er ist frustriert von der Situation und hält die Schüler/innen für unerzogen.

Die Schüler/innen dieser Klasse werden durch den Lehrer nicht in ihrer Kompetenzentwicklung unterstützt. Man kann bei Heranwachsenden nicht davon ausgehen, dass sie die üblichen Regeln für den Umgang miteinander kennen. Es ist außerdem unklar, was man unter „ den üblichen Regeln" verstehen kann. Durch ständiges negative Sanktionieren erweitern die Schüler/innen nicht ihre sozialen und emotionalen Kompetenzen und auch das Lernen von mathematischen Inhalten wird erschwert, da besonders viel Zeit auf negative Sanktionen, weitere Handlungen zur Reglementierung der Schüler/innen oder ein globales Schimpfen über das Verhalten der gesamten Klasse verwendet wird.

Im Gegensatz zum oben dargestellten Beispiel, trägt Sozialerziehung also dazu bei, Heranwachsende in ihrer Entwicklung zu unterstützen, sich selber und anderen gegenüber verantwortlich zu verhalten. Aufgabe von Lehrer/innen ist folglich nicht die reine Vermittlung von Fachinhalten. Es gehört zu ihren Aufgaben, die Schüler/innen darauf vorzubereiten, zu selbstständigen und mündigen Bürger/innen zu werden, welche die Gesellschaft sowie ihr eigenes Leben produktiv gestalten.

Sozial kompetentes Verhalten ist sehr komplex. Um sich im Alltag sozial kompetent verhalten zu können, ist es notwendig, dass Individuen einen langen Lern- und Sozialisationsprozess durchlaufen, in dem sie Unterstützung benötigen. Ziel ist es, Situationen in Bezug auf sich selber und andere realitätsangemessen wahrzunehmen und zu bewerten (Haep, Steins & Wilde, 2012; Petermann, 2002).

Soziale Kompetenzen werden benötigt, um soziale Bedürfnisse und Ziele erfüllen zu können. Stabile Beziehungen können erst durch ein Minimum sozialer Kompetenzen entstehen und aufrechterhalten werden. Der Erwerb sozialer Kompetenzen erfolgt während der Kindheit, entwickelt sich aber im weiteren Lebensverlauf durch Interaktionen und positive Unterstützung weiter. Durch unterstützende Bedingungen wird die Entwicklung sozialer Kompetenzen gefördert (Laireiter & Lager, 2006). Petermann (2002) stellt ein Konzept zur affektiven sozialen Kompetenz dar und beschreibt, dass diese „aus drei Komponenten, nämlich dem Senden emotionaler Botschaften, dem Empfangen emotionaler Botschaften und dem Erleben von Gefühlen" (Petermann, 2002) besteht. Diese grundlegenden Fähigkeiten erlernen Kinder unter guten Heranwachsensbedingungen und können diese in der Interaktion mit anderen einsetzen. Dazu kommt die Fähigkeit, eigene Bedürfnisse und Rechte erfolgreich durchzusetzen ohne die Grenzen anderer Personen zu verletzen. Es steht hierbei das Interaktionsverhalten einer Person im Fokus und nicht die Entwicklung (Kanning, 2002).

Was können Lehrkräfte nun für die Förderung kognitiver, sozialer und emotionaler Kompetenzen tun? Und wie können sie dies umsetzen?

8.2   Was macht eine Lehrkraft aus, die sich um eine Klasse kümmert?

Die Entwicklungsziele innerhalb einer interaktionistischen Definition von Classroom Manage-ment sind klar (Kapitel 1; Evertson & Weinstein, 2008). Es ist nicht nur wichtig, was Lehrer/innen tun, sondern auch *wie* sie es machen. In Abbildung 7 sieht man, welche entwicklungsförderliche Bedingungen Lehrer/innen für die Heranwachsenden herstellen können.

Abbildung 7: Herstellbare entwicklungsför-derliche Bedingungen für Schüler/innen.

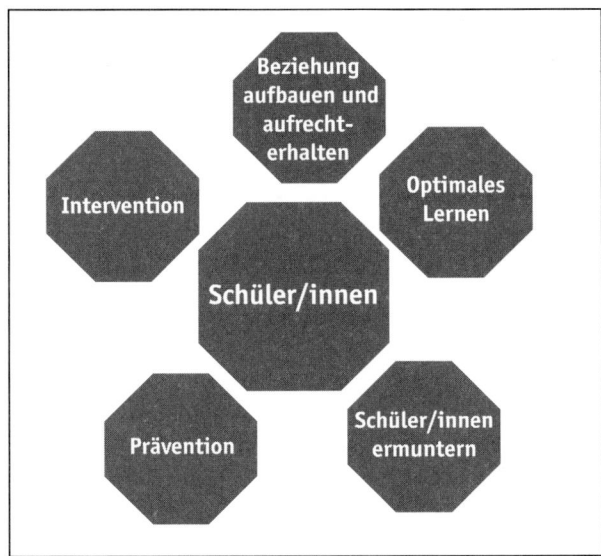

Die nun folgend beschriebenen Tätigkeiten stellen eine wichtige Herausforderung an Lehrkräfte dar.

8.2.1   Lehrer/innen entwickeln eine Beziehung mit den Schüler/innen, die diese als unterstützend und kümmernd (caring) empfinden

Zunächst wird durch das bereits dargestellte Beispiel aus dem Unterricht des Mathematiklehrers die Bedeutung dieser Tätigkeit verdeutlicht. Die Schüler/innen dieser Klasse haben keine Bezie-hung zum Mathematiklehrer aufgebaut, die sie als unterstützend und kümmernd empfinden. Dies zeigt sich zum einen durch das Verhalten des Lehrers im Unterricht, indem er die Schü-ler/innen mit Strafaufgaben sanktioniert und durch seine Meinung über die Schüler/innen (er hält sie für unerzogen), und zum anderen durch die Interaktion der Schüler/innen untereinan-der.

Die Interaktion zwischen Lehrer/innen und Schüler/innen hat einen statistisch sichtbaren Ein-fluss auf die schulische Leistung der Schüler/innen (Hattie, 2009). Hierbei ist es wichtig, dass die Lehrkraft zuhören kann, empathisch und fürsorglich ist und eine positive Einstellung gegenüber den Schüler/innen hat.

8.2.2 Beziehungen aufbauen und als unterstützend aufrechterhalten

Wie kann der Beziehungsaufbau im Schulalltag gelingen? Respektvolles und freundliches Verhalten ist eine Grundvoraussetzung für eine positive Beziehung. Lehrer/innen sind mit ihrem Verhalten ein Modell für ihre Schüler/innen, da diese beobachten, wie sich die Lehrkräfte im schulischen Alltag verhalten (Steins & Haep, 2013, Bandura, 1979, Steins, 2011). Um auch in schwierigen Situationen respektvoll bleiben zu können, ist eine sehr gute Selbstreflexion notwendig (Kapitel 6,8,9,10).

Welling (2008) berichtet, dass aus der Sicht von Schüler/innen und Lehrern/innen persönliche Gespräche mit Lehrer/innen als wichtig und effektiv empfunden werden, aber nur selten stattfinden. Dabei sind Einzelgespräche unter anderem eine wirkungsvolle Sanktionsmethode (Steins & Welling, 2010).

Was ist unter einem persönlichen Gespräch zu verstehen? In einem persönlichen Gespräch werden emotionale, soziale oder/und schulische Probleme mit Schüler/innen besprochen. Die Aufgabe der Lehrkraft in diesem Gespräch ist es, strukturiert und lösungsorientiert zu agieren und dabei dem/der Schüler/in vorurteilsfrei und respektvoll gegenüber zu treten (Steins & Haep, 2013). Durch diese Gespräche kann man außerdem Schüler/innen den Raum geben, ihre Verhaltensweisen zu erklären und Missverständnisse aufzulösen. Außerdem können Einzelgespräche, beispielsweise mit Hilfe gezielter Fragen (Kapitel 17), dazu führen, dysfunktionales Verhalten zu erkennen, zu thematisieren und individuelle Lösungen zu finden (bspw. bei schüchternen Schüler/innen: „Meinst Du, Du schaffst es denn in der nächsten Stunde, Dich mindestens ein Mal zu melden? Wäre es dann für Dich in Ordnung, wenn ich Dich außerdem bei den Hausaufgaben häufiger dran nehme?") Des Weiteren können Einzelgespräche dazu führen, Vorannahmen der Lehrkraft über ihre Schüler/innen zu revidieren oder Situationen aus verschiedenen Blickwinkeln und damit realitätsangemessener zu bewerten. Einzelgespräche können bei den Schüler/innen auch zu einem erweiterten Blick auf den/die Lehrer/in führen, und die Verpflichtung zu einer Verhaltensänderung bzw. abgesprochenen Problemlösung erhöhen.

8.2.3 Rahmenbedingungen für eine unterstützende Umgebung schaffen

Um eine unterstützende Situation im Unterricht zu schaffen und aufrechtzuerhalten, ist ein gemeinsames Sanktionssystem wichtig. Das oben angeführte Beispiel des Mathematiklehrers zeigt deutlich, dass in diesem Unterricht keine gemeinsame Arbeitsbasis existiert. Gemeinsam mit den Schüler/innen aufgestellte Regeln und natürliche Konsequenzen für deren Befolgung bzw. Übertretung stellen eine grundlegende Rahmenbedingung für den Unterricht dar, weil sie für alle Beteiligten, inklusive der Lehrer/innen, eine Verhaltensorientierung zugänglich und sichtbar machen (Haep, Steins & Wilde, 2012). Die Schüler/innen können einschätzen, was geschieht und mit welchen Konsequenzen sie rechnen können, wenn sie sich (nicht) an eine bestimmte Regel halten. Umgekehrt erleichtern klare Regeln mit festgelegten Konsequenzen auch der Lehrkraft die Interaktion, da diese im komplexen Geschehen des Unterrichts nicht situativ überlegen muss, welche Sanktionen auf welche Regelverletzungen erfolgen. Dadurch werden die Schüler/innen eine so agierende Lehrkraft als fairer und berechenbarer wahrnehmen als jemanden, der sich täglich für neue Sanktionen entscheidet. Die Akzeptanz des Sanktionssystems wird erhöht, wenn die Regeln nicht nur für die Schüler/innen gelten, sondern auch von der Lehrkraft eingehalten werden und sie so Glaubwürdigkeit erhält (Dollase, 2012).

8.2.4 Lehrer/innen organisieren und implementieren Instruktionen so, dass die Schüler/innen einen bestmöglichen Zugang zum Lernen finden

Beispiel: Eine Lehrerin unterrichtet Französisch in einer 6. Klasse. Sie hat hohe Erwartungen an ihre Schüler/innen und ist der Meinung, dass die Schüler/innen lernen sollten, ihre Lernprozesse selber zu kontrollieren und zu überwachen. Die Lehrerin sieht es als ihre Aufgabe an, die Schüler/innen in diesem Prozess zu fördern und zu unterstützen. Sie setzt unterschiedliche Unterrichtsmethoden ein, durch die die Schüler/innen gefordert werden, sich ausgewählte Lerneinheiten selbst zu erarbeiten. Gleichzeitig steht die Lehrerin als Ansprechpartnerin für die Schüler/innen zu Verfügung.

Das Konzept der Lehrerin ermöglicht es, dass ihre Schüler/innen einen eigenen Zugang zum Lernen finden, aber dabei begleitet werden. Um einen solchen Zugang ermöglichen zu können, ist es wichtig, dass der Ablauf und die Ziele des Unterrichts klar und transparent sind (Meyer, 2003). Für das Unterrichtsfach Französisch kann dies beispielsweise bedeuten, dass die Schüler/innen wissen, dass eine bestimmte Grammatikeinheit ansteht und warum diese für ihren weiteren Lernfortschritt wichtig ist. Des Weiteren sind sie darüber informiert, welche Anforderungen an sie in dieser Einheit gestellt werden und nach welchen Kriterien ihre Leistung bewertet wird.

Klare Strukturierung bedeutet, dass alle am Unterricht beteiligten Personen wissen, was ihre Aufgabe ist und auf welches Ziel sie hinarbeiten. Für Lehrer/innen bedeutet das, dass sie ihre Unterrichtsreihenplanung den Schüler/innen transparent vorstellen und mit erwarteten Anforderungen an diese verknüpfen. Hattie (2009) stellt Ergebnisse von Untersuchungen vor, die zeigen, dass hohe Erwartungen einen starken Einfluss auf das Schüler/innenverhalten haben, und dass es förderlich ist, wenn sie lernen eigene Lernprozesse zu kontrollieren und zu überwachen. In Unterrichtsphasen, in denen die Schüler/innen ermuntert werden Probleme selber zu durchdenken, können sie durch Instruktionen der Lehrkraft in der Entwicklung von Strategien zur

Steuerung und Überwachung des eigenen Lernprozesses unterstützt und gefördert werden. Dies kann beispielsweise direkt durch Gespräche mit der Lehrkraft geschehen oder durch die Bereitstellung von Materialien zur Selbstkontrolle.

Das Ausmaß der Unterstützung durch die Lehrkraft orientiert sich an den Bedürfnissen der Schüler/innen. Einige Schüler/innen können beispielsweise durch die bereitgestellten Materialien ihre Aufgaben bearbeiten, andere Schüler/innen benötigen Unterstützung durch Gespräche mit der Lehrkraft. Um den Schüler/innen einen bestmöglichen Zugang zum Lernen zu ermöglichen ist es wichtig, dass eine Lehrkraft Unterschiede zwischen Schüler/innen differenziert wahrnimmt und auf diese eingeht (Hattie, 2009). Hilfreich sind hierbei Kenntnisse zum Thema Personenwahrnehmung (Steins, 2014, Kapitel 4) und zur Selbstreflexion (Kapitel 6). Durch eine differenzierte und genaue Beobachtung der Schüler/innen erhalten die Lehrer/innen hilfreiche Informationen. Eine weitere Informationsquelle zur individuellen Wahrnehmung und Förderung der Schüler/innen, können Selbsteinschätzungen dieser sein. Durch kurze Abfragen zur Selbsteinschätzung des Lernfortschrittes oder durch Arbeitsblätter auf denen die Schüler/innen ihre Fortschritte in eigenverantwortlichen Arbeitsphasen dokumentieren, erhalten die Lehrer/innen weitere Informationen für die zukünftige Förderung der Schüler/innen. Hier handelt es sich aber immer um Selbsteinschätzungen, die oft mehr über die Zuversicht der Schüler/innen in Bezug auf eine fachliche Kompetenz aussagen als über deren tatsächliche Kompetenzen. Für eine gute individuelle Förderung ist das aber eine sehr relevante Information.

8.2.5 Lehrer/innen ermuntern die Schüler/innen dazu sich für schulische Aufgaben zu engagieren.

Die Lehrqualität und die Erwartungen an die Schüler/innen bestimmen die Qualität der Entwicklungsförderung. Eine wichtige Rolle in Interaktionsprozessen spielen selbsterfüllende Prophezeiungen: Wenn Lehrer/innen vorab Informationen über bestimmte Schüler/innen bekommen haben und sie diese Informationen nicht reflektieren, kann dies Einfluss auf die Erwartungen an diese Schüler/innen haben (Band I, Kapitel 4). Sie verhalten sich diesen Schüler/innen gemäß ihrer vorab erhaltenen Informationen und haben dementsprechend geringere oder höhere Erwartungen an sie (Hattie, 2009). Besonders die Etikettierung „Lernschwierigkeiten" hat negative Effekte für die betroffenen Schüler/innen.

Für die Entwicklung von Heranwachsenden ist Ermunterung wichtig. Schüler/innen zu ermuntern, sich für schulische Aufgaben zu engagieren, hängt zum einem mit der Lehrqualität des Unterrichts einer Lehrkraft zusammen und wie diese es schafft, die Schüler/innen für den Unterricht zu motivieren. Wie ist der Unterricht strukturiert? Ist er an der Lebenswelt der Schüler/innen orientiert? Um Schüler/innen für den Unterricht erfolgreich zu motivieren, kann eine Vielzahl von Motivierungstechniken und -strategien eingesetzt werden (Helmke, 2004; Dollase, 2012).

Des Weiteren ist es Aufgabe der Lehrkräfte eine Balance zwischen den Voraussetzungen der Schüler/innen und den Anforderungen an sie zu schaffen. Die Herausforderung an die Lehrkräfte ist es, die Schüler/innen durch eine erhöhte Schwierigkeitsstufe zu fordern und sie gleichzeitig nicht zu überfordern. Wenn die Erwartungen an die Schüler/innen zu niedrig sind, entsteht keine Anstrengungsmotivation. Um Schüler/innen zum Lernen zu ermuntern ist es wichtig, dass Lehrer/innen sich mit Grundlagen der Macht auskennen (Band I, Kapitel 5). Durch den Einsatz von Informationsmacht, kann eine Lehrkraft Schüler/innen dazu bringen etwas zu tun, was sie eigentlich nicht tun möchten (z.B. Vokabeln zu lernen). Voraussetzung dafür ist es, dass die Schüler/innen bereit sind, sich beeinflussen zu lassen. Dies kann eine Lehrkraft durch respektvolles Verhalten und interessante Vermittlung der Inhalte ihres Unterrichtsfaches erreichen. Macht kann im schulischen Alltag als Belohnungs- Experten- und Informationsmacht positiv eingesetzt werden, aber sie kann auch als Macht zu zwingen missbraucht werden. Setzt eine Lehrkraft Macht verantwortungsvoll im Unterricht ein, kann sie Schüler/innen ermuntern, sich für schulische Aufgaben zu interessieren und zu engagieren.

Neben der Ermunterung zum Engagement bei schulischen Aufgaben ist es von Bedeutung, dass Schüler/innen lernen zu reflektieren, wie ihre bisherige Leistung im Unterricht war. Durch die Rückmeldung kann eine Basis für die weitere Entwicklung geschaffen werden. Daher ist ein weiterer Aspekt das Thema Feedback. Es spielt eine Rolle, wie die Lehrkräfte ihre Schüler/innen motivieren und dabei Lob und Kritik einsetzen. Informatives Feedback für die Schüler/innen und Hinweise für angemessenes zukünftiges Verhalten unterstützen die Schüler/innen positiv (Hattie, 2009): Durch strukturierte und sachliche Hinweise können Schüler/innen motiviert werden, sich mit den Inhalten eines Unterrichtsfaches auseinander zusetzen.

Wie kann eine Rückmeldung an die Schüler/innen zu ihrer bisherigen Leistung ablaufen und wie wird ihnen eine Perspektive für die Bearbeitung von zukünftigen schulischen Aufgaben gegeben? Eine Rückmeldung an Schüler/innen ist hilfreich, wenn sie differenziert und persönlich gegeben wird und die Kriterien für die Rückmeldung klar und transparent sind. Durch Rückmeldungen zur persönlichen Entwicklung und zum aktuellen Stand der Schüler/innen, können Lehrerkräfte und Schüler/innen gemeinsam Perspektiven und Absprachen für das weitere Quartal und/oder Schulhalbjahr treffen.

Es gibt verschiedene Aspekte, die sachliches und hilfreiches Feedback geben unterstützen:

- Wie findet das Feedback statt?
  Gibt es ein persönliches Gespräch oder bekommt der Schüler/ die Schüler/in eine schriftliche Rückmeldung?
- Zu welchem Zeitpunkt wird das Feedback gegeben?
  Gibt es vorher vereinbarte Zeitpunkte im Verlauf des Halbjahres, an denen die Schüler/innen Feedback erhalten (z.B. zur Mitte des Halbjahres oder nach einer Unterrichtseinheit)?

- Hinsichtlich welcher Aspekte wird Feedback gegeben?
  Erhalten die Schüler/innen Feedback zu ihrer inhaltlichen Mitarbeit im Unterricht, zur Entwicklung ihrer sozialen und emotionalen Kompetenzen?

Strukturiertes und geplantes Feedback unterstützt die Entwicklung der Schüler/innen. Das Individuum und seine Entwicklung stehen hierbei im Fokus. Es ist nicht hilfreich für die Schüler/innen, wenn sie eine unstrukturierte und allgemeine Rückmeldung als Klasse erhalten.

Schüler/innen in ihrer individuellen Entwicklung zu unterstützen, besteht im Erteilen von direktem Feedback. Hierfür eignen sich beispielsweise individuelle Feedback- und Selbstbewertungsbögen, auf denen die Schüler/innen ihr eigenes Verhalten im Unterricht reflektieren und die Lehrkraft ihre Bewertung einträgt (Steins & Haep, 2013). Es ist sinnvoll diese Bögen regelmäßig einzusetzen, zum Beispiel zum Ende von Unterrichtsreihen oder jeweils zum Quartalsende. Dies hat zum einen den Vorteil, dass jede/r Schüler/in ein individuelles Feedback bekommt und andererseits ein realistisches Selbstkonzept der Schüler/innen gefördert wird, da sie sich selber bewerten und Feedback erhalten.

8.2.6   Die Rolle von Feedback für das Lernen der Schüler/innen

Bei der Beschäftigung mit der Frage, wie ein/e Lehrer/in sich wirkungsvoll um eine Klasse kümmern kann, spielt auch die Thematik des Erteilens von Feedback eine wesentliche Rolle. Die nachfolgenden Ausführungen dienen dazu, das Bewusstsein dafür zu schärfen, welchen Stellenwert Feedback für fachliche sowie soziale Lernprozesse von Schüler/innen einnimmt. Des Weiteren wird auf die wesentliche Frage eingegangen, wie Feedback erteilt werden kann, das besonders gut wirksam ist und von den Schüler/innen akzeptiert wird.

Der Stellenwert von Feedback in der Schule

Lehrer/innen erteilen täglich und ständig Feedback, ob es ihnen bewusst ist oder nicht. Doch kaum ein/e Lehrer/in wird speziell darin angeleitet oder darüber aufgeklärt, wie Feedback erteilt wird, um besonders wirkungsvoll zu sein. Auch spielen beim Senden und Empfangen von Feedback eine Reihe von psychologischen Faktoren eine Rolle, deren Beachtung dazu beitragen kann, dass Feedback nicht abgelehnt, sondern im Gegenteil besonders gut akzeptiert wird. Es wird nahezu von allen in der Schule tätigen Personen erwartet, dass diese Feedback automatisch richtig, gut und wirkungsvoll erteilen können, ohne dass diese jemals viel über dieses Rückmeldungsinstrument reflektiert oder anwendbare Kriterien kennengelernt und eingeübt hätten.

Dabei sind die Situationen, in welchen Lehrer/innen Feedback erteilen zahlreich und vielfältig und die Situationen nicht immer stressfrei. Lehrer/innen geben sowohl durch ihre Benotung in Klassenarbeiten und Klausuren Feedback als auch bei der Rückmeldung der mündlichen Noten, sie geben Feedback zur Korrektheit einer Antwort im Unterricht, sie leiten Schüler/innen an, ihren Klassenkamerad/innen Rückmeldungen zu Präsentationen, Referaten, Plakaten und ähnlichem zu geben. Sie weisen ihre Schüler/innen außerdem nicht nur im Unterricht darauf hin, was sie besser machen könnten, sondern erteilen innerhalb der Schule auch Hinweise und Rückmeldungen zu angemessenem Verhalten, zur Einhaltung von Regeln auf dem Schulhof oder auf dem Flur und zur Einhaltung von Regeln im Klassenraum. Lehrer/innen geben außerdem den Eltern ihrer Schüler/innen ein Feedback hinsichtlich der Leistungen und des Verhaltens ihrer Kinder, sie berichten ihren Kolleg/innen von den positiven und negativen Verhaltensweisen verschiedener Klassen und sie melden zahlreiche Dinge auch an die Leitung der Schulen oder andere außerschulische Kooperationspartner/innen, wie beispielsweise Sozialpädagog/innen oder gegebenenfalls auch Schulpsycholog/innen zurück (Bitan, 2014).

Es ist mittlerweile gut belegt, dass Feedback notwendig dafür ist, um viele ganz unterschiedliche Bereiche des menschlichen Verhaltens und Handelns zu lenken und zu unterstützen, so auch das Lernen von Schüler/innen in der Schule. Jedoch bezieht sich Feedback nicht nur auf rein fachliche Lernprozesse, sondern kann auch dazu beitragen, dass Schüler/innen lernen, sich auf einer sozialen Ebene angemessen und konstruktiv in die schulische Gemeinschaft einzubringen (Bamberg, 2010). Unumstritten ist ebenfalls, dass Feedback Schüler/innen die Möglichkeit eröffnet, das Bild, welches sie von sich selbst, ihrem Verhalten und ihren Leistungen haben mit dem Bild zu vergleichen, welches Klassenkamerad/innen oder Lehrer/innen hinsichtlich ihres Verhaltens und ihrer Leistungen haben. Dieser Abgleich zwischen Selbst- und Fremdwahrnehmung trägt dazu bei, dass Individuen Entwicklungsmöglichkeiten wie -notwendigkeiten erst bewusst werden und unterstützt somit aktiv den Lernprozess (Fengler, 2010; Hattie & Timperley, 2007).

Dabei ist jedoch auch bekannt, dass beim Senden und Empfangen von Feedback viele *„Stolperfallen"* verborgen liegen, die dazu beitragen können, dass das Feedback ungenutzt bleibt, abgewehrt wird oder auf Grund verschiedener Prozesse nicht verwertet werden kann (Bitan, 2014). Insbesondere dann, wenn ein/e Lehrer/in negatives Feedback erteilt, ist ein Bewusstsein dafür relevant, dass viele Schüler/innen sehr unterschiedlich damit umgehen und darauf reagieren könnten und dass sich negatives Feedback häufig nicht nur unproblematisch auswirken kann (Semmer & Jacobshagen, 2010). Hattie und Timperley (2007) weisen außerdem deutlich darauf hin, dass kein Individuum aus sich selbst heraus und ohne grundlegendes Wissen sowie sorgfältige Vorbereitung in der Lage dazu ist, automatisch gutes Feedback zu erteilen (Hattie & Timperley, 2007).

Auf der Grundlage der Forschung wird also einerseits deutlich, dass das Senden wie das Empfangen von Feedback komplexe Prozesse sind, auf die andererseits jedoch kaum hingewiesen und welche kaum institutionalisiert in der Lehrer/innenausbildung gelehrt werden. Dementsprechend lohnt sich ein Blick darauf, wie wirksames Feedback in der Schule erteilt werden kann.

Schüler/innen wirksames Feedback erteilen

Es lohnt sich durchaus, als Lehrer/in die Frage danach zu stellen, wie Schüler/innen wirksames Feedback erteilt werden kann. Der Grund dafür ist, dass positiv aufgenommenes Feedback einerseits dazu beitragen kann, sowohl soziale als auch fachliche Lernerfolge zu initiieren und zu verstärken, wohingegen Feedback, welches abgelehnt wird, unter Umständen zu einer Verschärfung einer bestehenden Problematik beitragen kann.

Einerseits ist ein bereits gut erforschtes Phänomen, dass hohe Erwartungen an Schüler/innen förderlich sind, ohne gleichzeitig so hoch zu sein, dass sich die Schüler/innen überfordert fühlen (Shute, 2008; Steins, 2014, Band I; Kapitel 2). Es ist im Zuge der Erwartungen an Schüler/innen entsprechend notwendig, individualisierend vorzugehen und die Erwartungen sowie das darauf basierende Feedback an die jeweiligen Leistungsstände der Schüler/innen anzupassen, dies gilt insbesondere vor dem Hintergrund von Klassen mit inklusiv beschulten Kindern und Jugendlichen. Auch kann es durchaus möglich und notwendig sein, dass bei einigen Schüler/innen dabei individuelle Bezugsnormen sowohl auf einer sozialen und verhaltensbezogenen Ebene als auch auf einer fachlichen, leistungsbezogenen Ebene angelegt werden (Shute, 2008).

Das Erteilen von Feedback wird dabei nicht nur auf der fachlichen Ebene gedacht. Lehrer/innen können hier überprüfen, auf welchem Gebiet Schüler/innen jeweils einen hohen und aktuellen Förder- und Weiterentwicklungsbedarf aufweisen. Beispielsweise kann bei Schüler A ein großer Fokus auf der Aussprache englischer Worte liegen, während bei Schülerin B der Fokus der Rückmeldung besonders auf ihren Selbstregulationskompetenzen hinsichtlich von Unterrichtsstörungen liegt. Auch können sich bei Schülerin C diese Ebenen überschneiden und Feedback zu sowohl fachlichen als auch sozialen Kompetenzen erteilt werden.

Nach DeVilliers (2013) existieren sieben Kriterien für gelungenes Feedback, welches Lernende dabei unterstützen kann, ihre Kompetenzen bestmöglich zu entwickeln. Dementsprechend ist Feedback situational, vom Umfang her begrenzt, spezifisch und für die Lernenden bedeutungsvoll sein. Der Zeitpunkt des Erhalts des Feedbacks ist bekannt, das Feedback steht in konkretem Bezug zur Lernaufgabe und ist dementsprechend relevant und erfolgt verlässlich (DeVilliers, 2013).

Auch lohnt es sich, als Lehrkraft verbindliche Kriterien gemeinsam mit den Schüler/innen festzulegen, damit diese sich untereinander gelungenes und konstruktives Feedback erteilen (Nilson, 2003), denn auch Schüler/innen sind nicht automatisch in der Lage, ihren Klassenkamerad/innen Feedback für erbrachte Leistungen zu erteilen. Durch klare Regeln hinsichtlich des

Erteilens von Feedback kann das Miteinander in der Klasse positiv und gewinnbringend gestaltet werden, wohingegen die bloße Aufforderung an Schüler/innen, ihren Mitschüler/innen ein Feedback zu geben, häufig unproduktiv, da unspezifisch und möglicherweise primär negativ ausgerichtet, verläuft.

Besonders interessant sind außerdem beim Erteilen von Feedback häufig unbeachtet ablaufende sozialpsychologische Prozesse, wie beispielsweise der Versuch, den eigenen Selbstwert insbesondere bei negativem Selbstwert zu schützen oder Widerstände, die auf Grund von Feedback gegenüber diesem, der Lehrkraft und unter Umständen auch dem Fach entstehen können. Auch kann Feedback auf der Seite des Empfängers dazu führen, dass dieser beginnt den Feedbacksender abzulehnen oder bei negativem Feedback dazu tendiert, externale Attributionen, beispielsweise auf die mangelnde Kompetenz des Feedbacksenders, vorzunehmen (Steins, 2014, Band I, Kapitel zu Selbstwerttheorien, Sozialer Vergleich, Attributionstheorien und Kontrolltheorien).

Für ein positives Klassenklima ist es relevant, Feedback nicht nur als Rückmeldung zu betrachten und zu definieren, die sich auf das fachliche Lernen bezieht. Soziale Lerngelegenheiten wahrzunehmen und diese konstruktiv zu begleiten ist eine komplexe, jedoch umso lohnenswertere Aufgabe für sowohl Lehrer/innen als auch Schüler/innen und kann in hohem Maße zur Etablierung eines positiven Klassenklimas führen.

8.2.7 Lehrer/innen unterstützen und fördern die Entwicklung der sozialen Kompetenzen und Selbstregulationskompetenzen der Schüler/innen (Prävention).

Durch ihr Handeln und ihr Verhalten in konkreten Situationen des Schulalltags dienen Lehrer/innen ihren Schüler/innen als soziales Modell. Lehrer/innen, die die bisher genannten Kompetenzen in den schulischen Alltag integrieren, unterstützen so ihre Schüler/innen in ihrer Entwicklung.

Um Schüler/innen in der Entwicklung von sozialen Kompetenzen und Selbstregulationskompetenzen zu fördern, bietet sich der alltägliche Unterricht an. In allen Unterrichtsfächern lassen sich Elemente zur Kompetenzentwicklung/ -erweiterung durch verschiedene Methoden und Sozialformen einbauen (Limbourg & Steins, 2011; Steins & Haep, 2013).

Insgesamt schaffen Lehrer/innen eine förderliche Basis für den Unterricht, wenn sie sich den Schüler/innen gegenüber konsequent (klar, transparent, vorhersehbar) und liebevoll (zugewandt, kümmernd, einbeziehend) verhalten. Sie schaffen eine gute Grundlage für das Lernen und sind so ein hilfreiches Modell für die Schüler/innen (Haep, Steins & Wilde, 2012).

8.2.8 Lehrer/innen wenden angemessene Interventionen an, um Schüler/innen mit Verhaltensproblemen beizustehen.

Warum ist es hilfreich ein Sanktionssystem einzuführen, wenn man sich um eine Klasse kümmert? Wenn eine Lehrkraft, die sich um ihre Klasse kümmert, indem sie die Schüler/innen in ihrer Entwicklung unterstützt und fördert, ein Sanktionssystem für diese Klasse einführt, schafft sie dadurch einen Rahmen für innerhalb der Gruppe erwünschte und nicht erwünschte Verhaltensweisen. Wie bereits verdeutlicht wurde, ist ein konsequentes Verhalten der Lehrkraft, charakterisiert durch Klarheit und Transparenz für die Schüler/innen, in Kombination mit liebevollem Verhalten wichtig, da dies für die Schüler/innen eine Orientierung bietet (Haep, Steins & Wilde, 2012).

Folgendes Beispiel verdeutlicht die Thematik:

Der Englischlehrer einer 10. Klasse verhält sich gegenüber seinen Schüler/innen liebevoll, das heißt, er ist ihnen zugewandt, für sie da und kümmert sich um sie. Er verhält sich gleichzeitig inkonsequent. Er lässt Regelverstöße durchgehen und ist insgesamt sehr nachgiebig.

Was bedeutet dieses Verhalten für die Schüler/innen? Der Lehrer erfüllt die Anforderung, sich gegenüber seinen Schüler/innen liebevoll zu verhalten, aber sein Verhalten führt auch dazu, dass die Schüler/innen keine hohe Frustrationstoleranz entwickeln können und Schüler/innen mit Verhaltensproblemen nicht lernen, sich an vorher festgelegte Regeln zu halten. Besonders für Schüler/innen mit Verhaltensproblemen ist es wichtig, dass sie durch ein Sanktionskonzept unterstützt werden, in dem angemessene Interventionen verankert sind.

Nicht alle Schüler/innen können durch Präventionskonzepte, wie z.B. das Aufstellen gemeinsamer Regeln und natürlichen Folgen, ausreichend unterstützt und gefördert werden. In ein Sanktionssystem werden daher Interventionsangebote integriert. Für Lehrer/innen bedeutet das, dass sie sich über Interventionsangebote für bestimmte Verhaltensprobleme informieren. Bevor Lehrkräfte ihre Schüler/innen durch Interventionen fördern, ist es hilfreich, wenn sie mit den Schüler/innen ein persönliches Gespräch führen, in dem sachlich die Situation und das weitere Vorgehen besprochen werden.

8.3 Zusammenfassung

Schüler/innen benötigen für die Entwicklung ihrer sozialen, emotionalen und kognitiven Kompetenzen Unterstützung und Förderung durch ihre Lehrer/innen. Es ist in den Vorgaben der KMK und der Schulgesetze der Länder als wichtiger Aspekt neben der fachlichen Vermittlung verankert. Anhand dieser Vorgaben und wissenschaftlicher Erkenntnisse zur Kompetenzentwicklung wird deutlich, dass es ein langer Entwicklungsprozess ist, der sich über die gesamte Schulzeit erstreckt.

Kontinuität spielt daher eine wichtige Rolle. Lehrer/innen schaffen für den Unterricht entwicklungsförderliche Bedingungen und sorgen dafür, dass diese aufrechterhalten werden. Schüler/innen können gut unterstützt werden, wenn Lehrkräfte eine Beziehung zu ihnen aufbauen, die die Schüler/innen als kümmernd und unterstützend empfinden. Dabei ist nicht nur wichtig, was gemacht wird, sondern auch wie etwas gemacht wird.

Wenn Schüler/innen von Lehrer/innen unterrichtet werden, die sich selbst reflektieren können und ihrer Rolle als Modell für die Schüler/innen bewusst sind, können sie davon profitieren.

8.4 Fragen, Übungen, Lektüre

8.4.1 Fragen

- Warum ist es wichtig, dass Lehrkräfte die soziale, emotionale und kognitive Entwicklung ihrer Schüler/innen unterstützen?
- Nennen Sie die konkreten Tätigkeiten von Lehrern/innen, welche die Entwicklung von Schüler/innen unterstützen können.
- Wie kann man eine unterstützende Beziehung zu Schüler/innen aufbauen?
- Wozu dient das Erteilen von Feedback?
- Welche Perspektiven und Faktoren werden beim Erteilen von Feedback idealerweise beachtet?
- Welche Prozesse löst das Empfangen von Feedback im Empfänger aus?
- Wie können Sie den Umgang Ihrer Schüler/innen mit Feedback fördern und verbessern?

8.4.2 Übungen

- Erste Unterrichtsstunde in einer neuen Klasse: Überlegen Sie sich, was Ihnen für die erste Unterrichtstunde in einer neuen Klasse wichtig ist. Was wird in dieser Stunde besprochen? Erstellen Sie einen Plan.
- Motivation von Schüler/innen: Überlegen Sie sich für Ihre Unterrichtsfächer, wie Sie Schüler/innen ermuntern können, sich zu engagieren. Was können Sie zur Motivation der Schüler/innen beitragen?
- Freundlichkeitsexperiment: Suchen Sie sich eine Person aus, die zu Ihnen eher abweisend, unfreundlich und ignorant ist und überlegen Sie sich, wie Sie freundlich auf sie reagieren können. Beachten Sie, dass es eine Weile dauern kann, bis diese Person das freundliche Verhalten

bemerkt. Halten Sie das Experiment mindestens 21 Tag durch. Notieren Sie jedes Mal Ihr Ergebnis. Geben Sie sich und der anderen Person immer eine Note auf der Freundlichkeitsskala von 1-5 und beobachten Sie was passiert. Fassen Sie Ihre Befunde zusammen.

- Beobachten Sie das Feedbackverhalten von Lehrer/innen im Unterricht. Was fällt auf? Erkennen Sie Kriterien für gelungenes Feedback wieder?
- Befragen Sie Lehrer/innen beziehungsweise Kolleg/innen hinsichtlich ihrer Vorüberlegungen und Vorerfahrungen zum Thema Feedback.

8.4.3   Weiterführende Lektüre

- Bitan, K. (2014, in Druck). *Sozialpsychologische Betrachtungen des Umgangs mit Feedback und Evaluationen im Schulkontext.* Wiesbaden: VS Verlag für Sozialwissenschaften | Springer Fachmedien.
- Steins, G. & Haep, A. (2013). *99 Tipps Soziales Lernen.* Berlin: Cornelsen (Tipps: 1. Ein Sanktionssystem entwickeln; 17. Feedback geben; 33. Wahrnehmung reflektieren; 35. Modell sein; 38. Freundlich miteinander umgehen; 41. Das persönliche Gespräch suchen)
- Haep, A., Steins, G. & Wilde, J. (2012). *Soziales Lernen Sekundarstufe I.* Donauwörth: Auer (Relevanz der Sozialerziehung in der Schule. S.7-10).
- Steins, G. und Welling, V. (2010). *Sanktionen in der Schule.* Wiesbaden: Verlag für Sozialwissenschaften. (Die beiden Aufträge der Schule. S.21-55; Warum Sanktionieren wir? S.121-130)
- Steins, G. (2014). *Sozialpsychologie des Schulalltags* (Kapitel 4, 5). Lengerich: Pabst Science Publishers.
- Limbourg, M., & Steins, G.(2011). *Sozialerziehung in der Schule.* Wiesbaden: Verlag für Sozialwissenschaften (Beispiele für Sozialerziehung in unterschiedlichen Fächern).

III

9. Physikalische Dimension im Klassenzimmer

In diesem Kapitel wird dargestellt, wie die *Umwelt* mit den Bewertungen, Emotionen und Verhaltensweisen einer Person zusammenhängen kann. Die faktische Umwelt steht mit der Psyche des Menschen in engem Zusammenhang. Das ist für den Kontext Schule also ebenfalls bedeutsam, zumal Heranwachsende Umweltreize häufig unbewusst wahrnehmen und deswegen mit ihnen leichter mitschwingen als Erwachsene. Umweltpsychologisches Wissen ist für Lehrer/innen wichtig, da es zum einen zu ihren Aufgaben zählt, eine lernförderliche Umgebung herzustellen (Kapitel 8) und zum anderen für sie hilfreich ist, wenn sie die Verbindung von umweltpsychologischen Reizen und den Verhaltensweisen und Emotionen von ihren Schüler/innen und auch sich selber verstehen.

9.1 Die Bedeutung umweltpsychologischer Erkenntnisse im Kontext Schule

Im Schulalltag steht häufig die soziale Umwelt, das heißt die Beziehungen der beteiligten Personen untereinander im Fokus und die Bedeutung der physischen Umwelt wird eher vernachlässigt. Der Einfluss der *physischen* Umwelt ist jedoch nicht zu unterschätzen. In verschiedenen Artikeln führen Autoren den Begriff des „dritten Erziehers" (Kemnitz, 2007; Flade, 2011) ein und verdeutlichen hiermit die Bedeutung des Einflusses der Umwelt auf den Schulalltag. In der Arbeitswelt hat man den Einfluss der physischen Umwelt auf die Arbeitsleistung und –zufriedenheit schon lange erkannt und beachtet diese Erkenntnisse stärker bei der Gestaltung von Arbeitsplätzen (Flade, 2011). Für das Feld Schule können diese Erkenntnisse übertragen und genutzt werden. Das Wissen von vielen Lehrer/innen zur Bedeutung der physischen Umwelt ist mitunter bruchstückhaft. In der Ausbildung von Lehrer/innen ist dieses Thema kein fester Bestandteil (Schorr, 2003). Auch wird in der Literatur auf die, für eine gute Umweltgestaltung hinderliche, Einstellung hingewiesen, dass Lehrer/innen nicht in der Position seien, Umweltbedingungen zu ändern (Flade, 2011). Im Folgenden soll der weitreichende Einfluss der physischen Umwelt auf den schulischen Alltag anhand der Themen Temperatur, Lärm und Raum, sowie die bestehenden Handlungsmöglichkeiten für Lehrer/innen dargestellt werden.

9.2 Temperatur

Die ideale Temperatur für eine Tätigkeit im Sitzen, welche in der Schule häufig vorkommt, liegt zwischen 18 und 24 Grad Celsius (Martin, 1994). Temperaturen haben einen direkten Einfluss auf das persönliche Wohlbefinden. Wird die Temperatur als behaglich empfunden, sind Personen entspannter und haben mehr Energie, die ihnen gestellten Aufgaben zu erledigen (zsf. Forsyth, 2010). Wenn die Temperaturen zu extrem sind, dann werden aggressive Verhaltensweisen begünstigt. Dies wurde sowohl für zu heiße als auch zu kalte Temperaturen nachgewiesen (Wahl, 2010; Arsonson, Wilson & Akert 2008). Des Weiteren nimmt durch eine extreme Temperaturveränderung die Lernleistung ab (Walden, 2008).

Was bedeuten diese Ergebnisse für die Lernumgebung in der Schule? Es ist wichtig, die individuellen Unterschiede bei der Abweichung des Temperaturempfindens im Unterrichtsalltag zu berücksichtigen und Kompromisse zu bilden. Wenn beispielsweise einigen Schüler/innen sehr schnell warm wird und sie deshalb immer gerne die Fenster offen haben, anderen dadurch aber kalt wird und sie ihre Jacken anziehen, kann ein Kompromiss gefunden werden. Es wäre ein Option, wenn man sich darauf einigt, dass vor dem Unterricht gelüftet wird und die Schüler/innen, denen sehr schnell warm wird Sitzplätze bekommen, die nicht in der Sonne liegen.

Des Weiteren ist es hilfreich, wenn bei allen am Schulalltag beteiligten Personen ein Bewusstsein für das Thema Temperatur geschaffen wird. Hierzu können Themen wie der Umgang mit hohen versus niedrigen Temperaturen, Energiebewusstsein oder Lüften angesprochen werden. Konkret können beispielsweise mit den Schüler/innen Dienstpläne erstellt werden, in denen sie die Verantwortung für regelmäßiges Lüften übernehmen.

9.3 Lärm

Eine weitere umweltpsychologische Komponente ist Lärm. Belastung durch Lärm kommt im Schulalltag häufig vor und hat langfristig negative Auswirkungen auf Menschen (Flade, 2011). Lärm wird definiert als „jedes unerwünschte Geräusch" (Bundesministerium für Umwelt, Naturschutz, Bau und Reaktorsicherheit, 2008). Durch diese Definition werden bereits die Schwierigkeiten deutlich, die beim Zusammensein von verschiedenen Menschen entstehen können. Lärm kann nämlich nicht nur objektiv gemessen, sondern auch subjektiv wahrgenommen werden. Objektiv betrachtet gibt es bestimmte in Dezibel gemessene Lärmgrenzen, die bei den meisten Menschen bestimmte Reaktionen hervorrufen und als eher angenehm bzw. unangenehm empfunden werden. Menschen bezeichnen ein Geräusch umso eindeutiger als Lärm, je lauter es ist. Bei einer normalen Unterhaltung im Abstand von einem Meter beträgt der Wert 60 Dezibel. Schon 10 Dezibel mehr werden subjektiv mehr als doppelt so laut wahrgenommen oder 10 Dezibel weniger als Halbierung der Lautstärke (Bundesministerium für Umwelt, Naturschutz, Bau und Reaktorsicherheit, 2008). Insgesamt unterscheiden sich Menschen sehr stark in dem Empfinden dessen, was sie subjektiv als erträglich oder belästigend wahrnehmen. Interessant ist, dass das subjektive Empfinden von Lärm nicht unbedingt realistisch ist. Lauter Torjubel in einem Fußballstadion kann von den Fans als erträglich und positiv bewertet werden, von den dortigen Anwohnern jedoch als störender Stressor. Es kommt also immer auf die jeweilige Situation und Position an, in der sich Individuen befinden und in welcher sie Lärm wahrnehmen (Neumann & Swoboda, 2010). Dauerhafter Lärm kann zum einen zu Schäden am Gehör führen und zum anderen psychische Auswirkungen haben.

Das gilt auch für den Schulalltag. Lärmbelästigung kann zu Konzentrationsmangel und psychischen Erkrankungen führen. Lärm wird nicht von allen Beteiligten gleich bewertet und so wird Stress durch Lärm manchmal nicht erkannt. Trotzdem stellt Lärm eine hohe Belastung für Lehrer/innen, aber auch für Schüler/innen, dar.

Wie kann Lärm im Schulalltag entstehen? Rivlin und Weinstein (1984) unterscheiden zwischen Lärm, der von außen hereindringt und Lärm, der von Menschen selbst erzeugt wird. Natürlich können, wenn möglich, Klassenzimmer vor Lärmbelästigung von außen geschützt sein. Dies kann beispielsweise Lärm von Straßen, Baustellen oder Lärm aus anderen Bereichen des Schulgebäudes sein. Diese Lärmquellen können Lehrer/innen in der Regel jedoch nur sehr begrenzt beeinflussen.

Anders ist es mit dem Lärm, der von innen erzeugt wird. Eine Untersuchung von Schönwälder, Berndt, Ströver und Tiesler (2004) zu Lärm in Bildungsstätten zeigt folgende Hauptergebnisse zum Lärm im Klassenraum:

- Während des Unterrichts wurden Werte zwischen 60 und 80 Dezibel erhoben, wenn das Unterrichtsgespräch die dominierende Unterrichtsmethode war.
- In Phasen der Stillarbeit wurden 50-60 Dezibel gemessen. Die hauptsächliche Geräuschquelle war die menschliche Stimme.
- Das Alter von Schüler/innen hängt mit der Lautstärke der Unterrichtsgeräusche zusammen. Je jünger die Schüler/innen sind, desto lauter ist es in der Klasse.

Die Ergebnisse zeigen, dass für die schulische Umwelt und die sich darin abspielenden Interaktionen Lärm durchaus eine beachtliche Rolle spielt. Lärm erschwert die Kommunikation untereinander und auch die Koordination von Handlungen. Eine Folge ist, dass Menschen in Lärmsettings gemindertes Sozialverhalten zeigen. Lärmreiche Settings sind für ein konzentriertes Lernen nicht förderlich. Schüler/innen, die einer ständigen Lärmbelästigung ausgesetzt sind, lernen nachweisbar schlechter und haben eine niedrigere Frustrationstoleranz (Schönwälder et al., 2004; Flade, 2011).

Eine ruhige Lernumgebung ist nicht nur eine Voraussetzung für fachliches, sondern auch für soziales Lernen. Schüler/innen, die durch ständigen Lärm gestresst sind, können in diesem Zustand nur schwer neue Kompetenzen für eine positive Interaktion erwerben (Steins & Haep, 2013).

Um unnötigen Lärm zu vermeiden und eine lernförderliche, ruhige Umgebung herzustellen, ist es hilfreich, wenn Lehrer/innen ihre Schüler/innen unterstützen, indem sie grundlegende Regeln einführen und umsetzen. Dies kann bei der Erstellung der Klassen-/ Kursregeln beachtet werden (hierzu Kapitel 2). Hierbei ist es nicht das Ziel, dass es in einer Klasse extrem still ist, sondern dass der Geräuschpegel als angemessen bewertet wird.

Der Lärmpegel in Klassen kann durch ein konsequentes Verhaltenstraining deutlich gesenkt werden. Hierbei zeigt sich, dass die größten Effekte erzielt werden können, wenn ein entsprechendes Training direkt zu Beginn des 1. Schuljahres durchgeführt wird. Führen Schulen systematische Verhaltenstrainings ein und setzen diese um, sind diese dann besonders erfolgreich, wenn das Konzept von allen Lehrer/innen angewendet und durchgehalten wird (Schönwälder et al., 2004). Unterstützend kann mit akustischen und visuellen Signalen gearbeitet werden. Hierfür bieten verschiedene Schulmittelverlage Materialien an. Es ist aber auch möglich mit Apps für Smartphones Dezibelwerte zu erfassen. Dies kann besonders hilfreich sein, um das eigene Lärmempfinden einschätzen zu können. Lärm wird *subjektiv* häufig überschätzt. Hierfür eignet sich ein Abgleich mit *objektiv* gemessenen Dezibelwerten (Schönwälder et al., 2004; Bundesministerium für Umwelt, Naturschutz, Bau und Reaktorsicherheit, 2008):

Tätigkeit einer Klasse

- 60 Dezibel: Ruhige Klasse
- 65-80 Dezibel: Normal sprechende Lehrkraft
- 90 Dezibel: Klasse vor dem Eintreffen der Lehrkraft

Vergleichswerte

- 60 Dezibel: Normale Unterhaltungen (1m Abstand)
- 80 Dezibel: Straßenlärm
- Ab 120 Dezibel: unerträglich bis schmerzhaft
- 130 Dezibel: Düsentriebwerk
- ab 140 Dezibel: Schmerzschwelle

Unterscheidet sich die subjektive Einschätzung stark von den objektiven Werten, ist es hilfreich an der Lärmtoleranz zu arbeiten, z.B. dadurch, dass geübt wird, störende und ablenkende Lärmquellen auszublenden (Steins & Haep, 2013).

9.4   Raum

Eine weitere relevante umweltpsychologische Variable, die Emotionen und Verhaltensweisen fär-
ben kann, sind verschiedene Komponenten des Raumes. Folgende Konzepte von Raum werden
thematisiert: Der persönliche Raum, die Gestaltung der konkreten Umwelt und Territorialität.

9.4.1   Der persönliche Raum

Der persönliche Raum ist ein Konstrukt, das von Hall (1966) ausführlich beschrieben und untersucht wurde. Das Konzept ist hilfreich, um sich in die umweltbezogene Perspektive der Schü-
ler/innen im Klassenraum hineinversetzen zu können und diese so angenehm wie möglich zu
gestalten. Wird nämlich der persönliche Raum eines Menschen zu sehr und dauerhaft verletzt,
dann führt das zu aversiven Zuständen der Erregung, welche die Qualität der Lehr-Lernumgebung
mindern.

Was ist genau unter dem Konzept des persönlichen Raumes zu verstehen und was kann die Invasion des persönlichen Raumes bedeuten? Der persönliche Raum ist als der Raum zu verstehen, der zwischen einer Person und anderen als *angenehm* erlebt wird. Menschen empfinden es
als aufdringlich, wenn ihnen jemand zu nahe kommt. Es wird deutlich, dass die *subjektive Wahrnehmung*, die kulturell eingebettet ist, hierbei eine bedeutende Rolle spielt. Hall (1966) hat
durch eine Untersuchung die Abstände ermittelt, die einen Richtwert dafür geben können, wie
sich der persönliche Raum eines Menschen verhält. Er hat hierbei den persönlichen Raum in vier
verschiedene interpersonale Zonen unterteilt (siehe Abbildung 8):

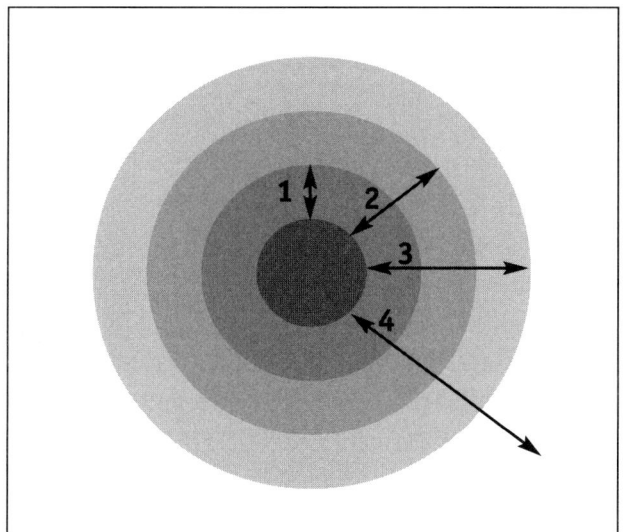

Abbildung 8: Interpersonale Zonen.

1   Intime Zone (bis 45,72 cm)
2   Persönliche Zone (bis 1,22 m)
3   Soziale Zone (bis 3,65 m)
4   Öffentliche Zone
    (größer als 3,65 m)

So werden die intime Zone (0 – 45,72 cm), die persönliche Zone (45,72 cm – 1,22m), die soziale Zone (1,22 m – 3,65 m) und die öffentliche Zone (ab 3,65 m) unterschieden.

Der persönliche Raum variiert systematisch. Je intimer eine Situation ist, desto offener und kleiner sind die Grenzen zu anderen Personen, die als angenehm bewerten werden. Der persönliche Raum ist also eine unsichtbare Grenze, mit der das Ausmaß des physischen Kontaktes zwischen einer Person und anderen Menschen reguliert wird.

Zu beachten ist, dass diese Grenze auch kulturell definiert ist. Hall (1966) beschreibt, dass es hierbei nicht nur Unterschiede zwischen europäischen Kulturen gibt, sondern auch zu anderen Kulturen weltweit. Kulturen können als Kontaktkulturen und Nichtkontaktkulturen klassifiziert werden. In Kontaktkulturen sind die Grenzen tendenziell kleiner gesetzt, d.h. der als angenehm empfundene Abstand ist geringer. Personen stehen häufiger näher zusammen und berühren sich mehr. In Nichtkontaktkulturen ist es umgekehrt (Hall, 1966; Argyle, 2013). Dieses Wissen über kulturelle Unterschiede hat für Lehrer/innen eine Bedeutung für den Umgang mit ihren Schüler/innen. Kommen Schüler/innen aus anderen Kulturen kann ihr persönlicher Raum anders definiert sein.

Eine weitere Facette des persönlichen Raumes ist, dass die Grenze nach vorne ausgedehnter als nach hinten ist. Dies bedeutet, dass eine Annäherung von nicht vertrauten Personen von hinten als besonders unangenehm empfunden wird. Arbeitsplätze werden deshalb häufig so eingerichtet, dass man nicht mit dem Rücken zur Tür sitzt.

Der persönliche Raum ist nicht an einen Ort gebunden, da es ein psychologisches Konstrukt ist. Er wird daher überall hin mitgenommen, wo sich die betreffende Person aufhält. Lehrer/innen und Schüler/innen bringen also in die Schule und in den Unterrichtsraum ihren persönlichen Raum mit. Ein Beispiel soll verdeutlichen, wie der persönliche Raum eines/r Schülers/in verletzt werden kann:

> Die Schüler/innen einer 6.Klasse bearbeiten im Deutschunterricht in Einzelarbeit eine Aufgabe. Eine Schülerin hat eine Frage, meldet sich und bittet die Lehrerin zu ihr zu kommen. Die Lehrerin tritt von hinten an die Schülerin heran und beugt sich über sie um ihr zu helfen. Sie bespricht mit der Schülerin ihre Frage und gibt ihr durch das Zeigen auf bestimmte Stellen auf dem Arbeitsblatt Hinweise auf den Lösungsweg.

Wenn man das Beispiel mit dem Wissen zum persönlichen Raum betrachtet, fällt folgendes auf: Die Lehrerin dringt in die intime Zone der Schülerin ein und zusätzlich tritt sie von hinten an die Schülerin heran, was im Allgemeinen von den meisten Individuen als unangenehmer empfunden wird. Schüler/innen geben ihren Lehrer/innen nur sehr selten Feedback dazu, wenn ihnen der Kontakt zu den Lehrer/innen zu eng ist (Heidemann, 2011). Es ist also wichtig, dass Lehrpersonen den persönlichen Raum ihrer Schüler/innen beachten.

9.4.2   Dichte-Intensitäts-Hypothese

Der persönliche Raum einer Person kann durch eine Invasion verletzt werden. Dies wird nun mit den Konzepten von Dichte und Enge genauer erklärt.

Dichte bedeutet die Anzahl von Personen pro Raumeinheit und kann somit *objektiv* ermittelt werden. *Enge* wird *subjektiv* gemessen. Es ist der psychologische Zustand, der auftritt, wenn Menschen empfinden, dass sie nicht genug Platz haben. Eine Person mit Klaustrophobie kann sich trotz objektiv geringer Dichte beengt fühlen, während andere Menschen sich in objektiv dichten Settings sehr wohl fühlen können. Für die Reaktion einer Person ist es egal, ob sie subjektiv oder objektiv Enge verspürt. Eine deutliche Folge ist eine erhöhte Erregung. Dies ist messbar an folgenden Parametern: Herzrate, Blutdruck, Transpiration – alle diese Maße nehmen zu.

Die Dichte-Intensitäts-Hypothese von Freedman (1975) beschreibt, dass die erhöhte Erregung alle emotionalen Zustände intensiviert, die in der Gruppensituation vor sich gehen und kontextgebunden als angenehm oder unangenehm empfunden werden. Die Forschung hierzu zeigt, dass die subjektiv eingeschätzte Kontrollierbarkeit der Situation eine zentrale Größe für den Grad des angenehmen bzw. unangenehmen Erlebens ist (Walden, 2008).

Das mit dem Konzept des persönlichen Raumes erworbene Wissen ist besonders für die Gestaltung der schulischen Umwelt relevant. Walden (2008) hat auf Basis verschiedener Studien ermittelt, dass die perfekte Klassendichte zwischen 2,8-3,6 qm² pro Schüler/in liegt. Ist die Dichte höher, kommt es zu einer Überstimulation der Schüler/innen auf der sensorischen und sozialen Ebene. Dadurch können Schüler/innen nur verminderte Leistungen und eingeschränkte soziale Kompetenzen zeigen (Flade, 2008). Das bedeutet, dass besonders komplexe Aufgaben, Gruppenarbeit und Arbeiten, die einen gewissen möglichen Bewegungsradius voraussetzen nicht richtig durchgeführt werden können. Den Schüler/innen fällt es in Räumen mit hoher Klassendichte schwerer aufmerksam zu sein und sich zu konzentrieren. Es kann in diesen Klassen zu einem erhöhten Grad von Aggressionen kommen, da die Schüler/innen sozialen Botschaften gegenüber weniger Aufmerksamkeit schenken und die Kommunikation erschwert wird (Walden, 2008).

9.5   Gestaltung der Umwelt

Wie kann eine Schule gestaltet und gebaut sein, damit sich Schüler/innen in ihr wohl fühlen und lernen können? Bislang wurde geschildert, zu welchen Problemen es durch Temperatur, Lärm und Raum kommen kann. Nun sollen Maßnahmen und Konzepte zur aktiven Herstellung lernförderlicher Bedingungen dargestellt werden.

Das *Schulgebäude* hat einen messbaren Einfluss auf die Leistungsfähigkeit und das Wohlbefinden der Schüler/innen (Rittelmeyer, 2007). Es ist hilfreich, wenn ein Schulgebäude durch Wärme und Weichheit gekennzeichnet ist. Dies betrifft beispielsweise die Farbgebung. Durch intensive und verschiedene Farben kann das Gefühl des „Erdrückt werdens" entstehen. Renovierungen und andere Baumaßnahmen müssen daher nicht nur Behörden und beauftragten Unternehmen überlassen werden. Preisgekrönte Architektur ist häufig nicht positiv unterstützend für den Schulalltag (Rittelmeyer, 2007). Die Anforderungen an die Räume in einer Schule sind je nach Schulform und Alter unterschiedlich und fließen idealerweise in die Planung ein (Faust, 2007). Beispiele für eine gelungene Renovierung zeigen die Fotos von einer Gesamtschule. Die Räume der Schule werden sukzessiv Etage für Etage renoviert. Auf den Bildern von vor und nach der Renovierung kann man deutlich die positive Entwicklung erkennen (siehe Abbildungen 9, 10 und 11).

Abbildung 9 (oben): Unrenoviertes Treppenhaus einer Gesamtschule.

Abbildung 10 (rechts): Teilrenoviertes Treppenhaus einer Gesamtschule.

Abbildung 11: Renoviertes Treppenhaus einer Gesamtschule.

Die Gestaltung der Wände, der Flure und Räume hat des Weiteren auch Einfluss auf das Wohlbefinden in der Schule. Durch überladene Wände und voll gestellte Flächen entsteht ein negatives Gefühl, das nicht zum Verweilen einlädt. In überfüllten oder/und lieblos gestalteten Räumen ist das Verantwortungsbewusstsein des einzelnen Individuums niedriger. Ein Raum, der zum Lernen anregt und gleichzeitig Konzentration ermöglicht, erfüllt die Kriterien für eine verantwortungsvolle Gestaltung eines Raumes.

Hierzu zählt, dass in Regalen Bücher und Materialien stehen, die die Schüler/innen benötigen. Diese Regalflächen werden idealerweise regelmäßig aufgeräumt, damit eine sichtbare Ordnung erhalten bleibt.

Die Wände sind mit Collagen und Postern gestaltet, die die Schüler/innen selber erstellt haben und die einen inhaltlichen Bezug zu Unterrichtsinhalten oder Klassenaktivitäten haben. Eine regelmäßige, zum Beispiel demokratische, Überprüfung, ob die Wanddekoration noch passend oder langweilig geworden ist, verhindert eine Verwahrlosung der Wände.

Es ist hilfreich, wenn es ein Rotationssystem zur Übernahme von Diensten zur Instandhaltung des Raumes (Tafel säubern, Tische reinigen, Regale aufräumen, Klasse fegen, etc.) gibt (Steins & Haep, 2013). Die kann mit der Erstellung der Klassen-/ Kursregeln eingeführt werden. Die Verbindlichkeit wird erhöht, wenn die Verteilung der Dienste für alle Beteiligten transparent im Raum visualisiert wird. So ist es nicht nur für Räume wichtig, dass die Verantwortung für die Gestaltung geklärt ist, auch für die Pflege und Gestaltung von Fluren spielt es eine Rolle. Ist eine Fläche (Raum oder Flur) klar gestaltet, führt dies zu erhöhtem Wohlbefinden, einer Steigerung der Zufriedenheit und der Bereitschaft sich für die Umwelt einzusetzen. So nehmen Vandalismus, Verwahrlosung und somit Instandhaltungskosten ab (Walden, 2008). Schulen mit wenig Zerstörung und Verwahrlosung haben häufig ein Konzept zur Instandhaltung und Pflege des Gebäudes, das auch in der Praxis umgesetzt wird (Flade, 2011).

9.5.1   Sitzordnung

Lehrende können durch die Gestaltung der Sitzordnung der Schüler/innen Einfluss auf die schulische Umwelt nehmen. Die Gestaltung der Sitzordnung hat einen deutlichen Einfluss auf die Interaktionen in der Klasse.

Es wird zwischen *soziofugalen* und *soziopetalen* Sitzordnungen unterschieden. Soziofugale Arrangements entmutigen eine Interaktion zwischen den Individuen und führen dazu, dass ein Verweilen in dem jeweiligen Raum nicht besonders attraktiv ist (Forsyth, 2010). Soziofugale Arrangements sind häufig in öffentlichen Räumen wie Flughäfen, Bahnhöfen oder U-Bahn-Stationen zu finden. Soziofugale Sitzordnungen in Klassenzimmern dienen dazu, Lärmbelastung durch zu viele informelle Gespräche zu vermindern und die Konzentration der Schüler/innen

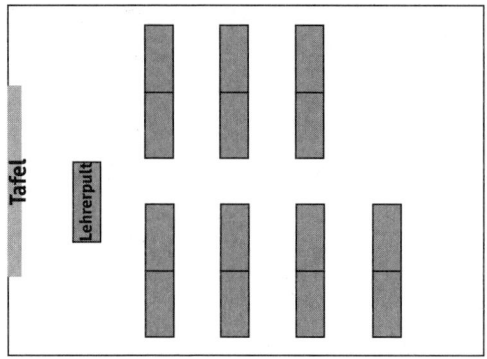 

Abbildung 12: Eine soziofugale Sitzordnung – frontal arrangierte Arbeitsplätze. Schematische Darstellung.

Abbildung 13: Eine soziofugale Sitzordnung – frontal arrangierte Arbeitsplätze. Reale Darstellung.

nach vorne zu begünstigen (Flade, 2011). Ein Beispiel für eine soziofugale Sitzordnung sind frontal arrangierte Tischreihen wie auf Abbildungen 12 und 13 ersichtlich.

Diese Form der Sitzordnung findet man häufig in weiterführenden Schulen, eher seltener in Grundschulen. Häufig wird diese Sitzordnung in Kombination mit Frontalunterricht, Einzelarbeits- und Partnerarbeitsphasen eingesetzt (Schicke, 2007). Alle Schüler/innen können die Tafel und die Lehrkraft, wenn sie vorne steht, sehr gut sehen.

Walden (2008) stellt in einer Übersicht von Forschungsergebnissen die Perspektive von Schüler/innen zu dieser Form der Sitzordnung dar. Die Schüler/innen bemängeln, dass sie bei dieser Sitzordnung ihre Mitschüler/innen nicht sehen können und die Kommunikation erschwert wird.

Wenn man die Ergebnisse von Hall (1966) zum persönlichen Raum auf diese Form der Sitzordnung anwendet, wird deutlich, dass viele Schüler/innen ihre Mitschüler/innen direkt hinter sich sitzen haben und der allgemeine Abstand zwischen allen Mitschüler/innen oft sehr eng ist (siehe Abbildung 12).

Dagegen begünstigen soziopetale Sitzarrangements wie eine Hufeisenform, die Bildung von Gruppentischen oder das Arrangement von Sitzkreisen Interaktionen zwischen den Individuen, da sie leichter Augenkontakt herstellen können und die Kommunikation erleichtert wird (siehe Abbildung 14).

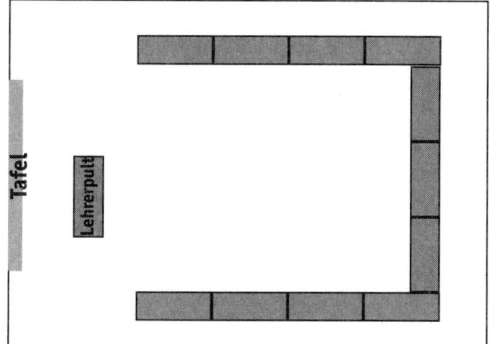

Abbildung 14: Eine soziopetale Sitzordnung – als Hufeisen arrangierte Arbeitsplätze. Schematische Darstellung.

Abbildung 15: Eine soziopetale Sitzordnung – eine varierte Hufeisenform. Reale Darstellung.

Allgemein präferieren Menschen als sozial ausgerichtete Wesen soziopetale Sitzanordnungen (Forsyth, 2010; Flade, 2011). Bei der Sitzform Hufeisen werden die Prinzipien zum persönlichen Raum stärker beachtet als bei Sitzreihen. Die Schüler/innen haben keine Mitschüler/innen hinter sich sitzen und es wird ihnen dementsprechend ein guter Überblick über den Raum ermöglicht. Aufgrund von Platzmangel in Klassenräumen wird das Hufeisen manchmal um weitere Plätze im Innenbereich erweitert (siehe Abbildung 16).

Schüler/innen berichten, dass diese Erweiterung sie stören würde, da sie so Mitschüler/innen im Rücken hätten (Schicke, 2007). Gruppentische begünstigen eine verstärkte Interaktion zwischen den Schüler/innen, die an einem Tisch zusammen sitzen (siehe Abbildung 16). Die Gruppenzusammensetzung spielt hierbei eine wichtige Rolle. Schüler/innen können sich gut austauschen und zusammenarbeiten, jedoch können sie sich bei dieser Sitzordnung leichter gegenseitig ablenken und die Entstehung von Konflikten wird begünstigt (Schicke, 2007).

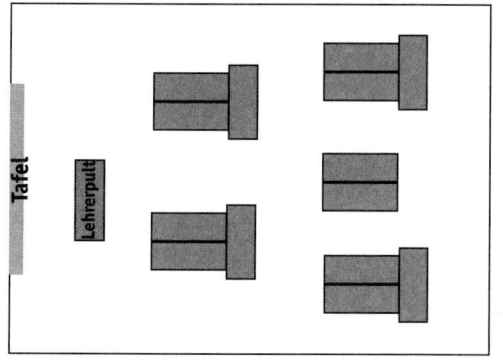

Abbildung 16: Eine soziopetale Sitzordnung – in Gruppen arrangierte Arbeitsplätze. Schematische Darstellung.

Da die Forschung zeigt, dass Sitzordnungen im Klassenzimmer Effekte auf Lautstärke und Leistung haben (Schicke, 2007), kann es hilfreich sein, die Sitzordnungen regelmäßig zu verändern und auf die individuellen Bedürfnisse der Schüler/innen abzustimmen. Hierzu kann auch das Wissen aus soziometrischen Erkenntnissen eingesetzt werden (siehe Kapitel 10). Dazu kommt, dass Sitzordnungen natürlich mit der Unterrichtsform variieren können.

Die Darstellung der verschiedenen Sitzordnungen zeigt, dass bei der Auswahl der Sitzordnung die spezifischen Stärken und Schwächen der Schüler/innen sowie der jeweiligen Lerngruppe zu beachten sind. Schüler/innen favorisieren soziopetale Sitzordnungen.

9.5.2   Territorialität

Ein Territorium ist der physische Raum, den eine Person als ihren Raum ansieht. Nicht alle Räume werden als gleich wichtig betrachtet und daher wird zwischen *primären, sekundären und öffentlichen Territorien* unterschieden (Forsyth, 2010). Ein Beispiel für ein primäres Territorium ist das eigene Zimmer, für ein sekundäres Territorium ein Klassenraum und für ein öffentliches Territorium ein Schulhof oder ein Spielplatz. Primäre Territorien haben für Individuen eine hohe Bedeutung und zeichnen sich durch eine dauerhafte Verfügbarkeit aus. Sekundäre Territorien werden mit anderen geteilt. Hier findet keine individuelle Abgrenzung von anderen statt.

Schüler/innen nehmen ihre Klassenräume während des Unterrichts oder der Pausen häufig als primäres Territorium war, welcher ihnen gehört (Flade, 2011). Wenn Personen Territorien besitzen, dann hat das durchaus Vorteile. Es entstehen effektivere Arbeitsbeziehungen und engere Beziehungen unter den Gruppenmitgliedern.

Allerdings birgt die Existenz von Territorien auch *Konfliktpotenzial*. Es kann ein Streit um die mit dem Territorium verbundenen Ressourcen ausbrechen (Forsyth, 2010). So kann zum Beispiel ein Sitzplatz am Fenster in der Nähe vom Klassenaquarium als besonders attraktiv eingeschätzt werden und Neid bei denjenigen Schüler/innen erregen, die ebenfalls dort sitzen möchten. Auch kann ein Territorium eine symbolische Bedeutung besitzen und deswegen zu besonderen Präferenzen oder Abneigungen führen.

Die für das schulische Miteinander relevante Frage ist nun, wie man Klassenraum als Territorium betrachtet so gestalten kann, dass einerseits die Vorteile maximiert werden, die Territorien aufweisen können und andererseits deren Nachteile minimiert werden. In Kombination mit den beim Thema Sitzordnungen bereits diskutierten Aspekten stellt es einen guten Kompromiss dar, Sitzordnungen, und damit Territorien, systematisch und regelmäßig zu verändern, allerdings ohne dass der persönliche Bezug verloren geht. Es gibt einige Möglichkeiten Territorien für Schüler herzustellen: Individuelle Ablagen in den Klassen, abschließbare Spints auf den Schulfluren, eine gemeinsame Gestaltung des Klassenraums (Steins & Haep, 2013; Walden, 2008).

9.6. Zusammenfassung

Die unterschiedlichen Facetten der physischen Umwelt als Einflussfaktor auf den schulischen Alltag wurden in diesem Kapitel dargestellt. Es wird deutlich, dass die Umwelt mit den Bewertungen, dem Verhalten und den Gefühlen der Schüler/innen und Lehrer/innen zusammenhängt. Allerdings schafft eine schöne Schule, umweltpsychologisch korrekt eingerichtet, zwar eine gute Voraussetzung für Lernen, soziales Verhalten und Wohlbefinden, sie alleine ist aber kein Garant für konstruktive Interaktionen.

9.7 Fragen, Übungen, Lektüre

9.7.1 Fragen

- Wie kann Lärm im Klassenzimmer reduziert werden?
- Stellen Sie das Konzept des persönlichen Raumes dar.
- Was ist die Dichte-Intensitäts-Hypothese?
- Was ist der Unterschied zwischen soziopetalen und soziofugalen Arrangements?
- Welchen Einfluss hat die Gestaltung der Umwelt auf die Schüler/innen?

9.7.2 Übungen

- Sitzordnung: Befragen Sie eine/n Schüler/in zum Thema Klassenraum. (Wie kann ein Raum gestaltet sein, damit man sich wohlfühlt? Welche Sitzordnung magst du?) Fassen Sie Ihre Ergebnisse zusammen.
- Überlegen Sie sich, wie Sie Schüler/innen unter Einbezug des Konzeptes zum persönlichen Raumes Feedback geben können. Wie meinst du das?

9.7.3 Weiterführende Lektüre

- Steins, G. (2008). *Identitätsentwicklung- Die Entwicklung von Mädchen zu Frauen und Jungen zu Männern.* Lengerich: Pabst Science Publishers, Kapitel 4.3 Die kulturelle Konstruktion von Identität, S.75-86.
- Schönwälder, H.-G., Berndt, J., Ströver, F. & Tiesler, G. (2004): *Lärm in Bildungsstätten-Ursachen und Minderung.* Bremerhaven: Wirtschaftsverlag NW, Kapitel 5: Intervention zur Reduzierung von Geräuschpegeln, S. 63-83; Kapitel 7.3: Pädagogische Intervention durch Lärmminderung, S.118-120.

- Steins, G. & Haep, A. (2013). *99 Tipps für Soziales Lernen...Tipps 26 Das Klassenzimmer gestalten, 27 Das Klassenzimmer pflegen, 28 Den persönlichen Raum respektieren, 29 Eine geeignete Sitzordnung finden, 30 Umgang mit Lärm*. Berlin: Cornelsen Scriptor.
- Forsyth, D. R. (2010). *Group Dynamics*. Belmont, CA: Wadworth, Cengage Learning. Kapitel 15: Groups in Context: Spaces- The Ecology of Groups, S. 454-462.

TEIL IV
Die Klasse als Gruppe verstehen

In der Schule interagiert eine Vielzahl von Gruppen. Die sozialpsychologische Forschung bietet eine Reihe von Erkenntnissen und Forschungsergebnissen, die aufzeigen, dass es sich bei bestimmten Verhaltensweisen und -mustern um Prozesse handelt, die üblicherweise in Gruppen ablaufen. Um die Prozesse im Klassenzimer konstruktiv und zielgerichtet steuern und beeinflussen zu können, ist es deshalb für Lehrer/innen relevant, sich auf *gruppenpsychologischen Grundlagen* basierende Kenntnisse anzueignen. In diesem Teil werden deshalb ausgewählte gruppenpsychologische Erkenntnisse präsentiert, die sich insbesondere auf das Klima einer Schulklasse beziehen.

Hinsichtlich der Definition dessen, was eine Gruppe ausmacht, herrscht Uneinigkeit in der sozialpsychologischen Forschung. Allerdings werden zumindest einige *Kriterien* übereinstimmend anerkannt. Dazu gehört beispielsweise, dass eine Gruppe in der Regel aus mindestens zwei Personen besteht, welche in einer sozial bedeutsamen Weise miteinander verbunden sind (Forsyth, 2010). Die Schüler/innen einer Klasse werden zwar häufig zufällig einer Gruppe zugeteilt, jedoch ist es einerseits durchaus möglich, dass einige von ihnen bereits durch private oder vorherige Bekanntschaft freundschaftlich verbunden sind. Des Weiteren entwickelt sich in Schulklassen häufig das Gefühl, als Teilgruppe der Schule eine eigene Einheit bezüglich der anderen Klassen zu bilden. Als relativ große Gruppe ist es außerdem typisch für Klassen, dass sich Untergruppen, bestehend aus einem Minimum von zwei Schüler/innen, bilden. Außerdem ist charakteristisch für die Dynamik in einer Klasse, dass es nicht zwischen allen Gruppenmitgliedern denselben Grad an Intimität und Kontakt gibt und dass es außerdem notwendig sein wird, dass mindestens ein Individuum benötigt wird, welches die Gruppe leitet und ihre Angelegenheiten organisiert (Forsyth, 2010). Hier kommt die Person des/der Lehrers/in ins

Spiel und es wird wiederum der Nutzen deutlich, der sich insbesondere für Lehrpersonen aus der Beschäftigung mit ausgewählten gruppendynamischen Prozessen und Erkenntnissen ergeben kann.

Gruppen zeichnen sich in der Regel durch einige weitere Charakteristika aus. Diese bestehen einerseits in der Tatsache, dass eine Interaktion zwischen den Gruppenmitgliedern stattfindet; diese kann aufgaben- oder/und beziehungsbezogen sein. Auch strukturieren sich Interaktionen in Gruppen anhand der Rollen der Gruppenmitglieder und den in der Gruppe vorherrschenden Normen. Des Weiteren dienen Gruppen immer einem bestimmten Zweck, es besteht eine bestimmte Abhängigkeit zwischen den Gruppenmitgliedern sowie eine gewisse Gruppenstruktur und als Gruppenganzes besteht in jeder Gruppe ein unterschiedlicher Grad an Bindung, genannt Kohäsion, zwischen den Gruppenmitgliedern (Forsyth, 2010). Das trifft auf eine Schulklasse nicht unbedingt zu: Eine Schulklasse hat kein gemeinsames Ziel. Für das am Ende ausgehändigte Zeugnis sind die Schüler/innen individuell verantwortlich, es gibt keine Kollektivnote. Deshalb ist es auch schwierig in Bezug auf eine Schulklasse von einer wirklichen Interdependenz zu sprechen; die gibt es nur in Hinblick auf die Herstellung einer produktiven Lernatmosphäre, was das Thema des Classroom Management, der Führung, der Regierung ist (siehe Kapitel 2). Dollase (2014) kommt deswegen zu dem Schluß, dass Schulklassen eine Form einer Gruppe darstellen, die es so nur in der Schule gibt.

Gruppen verhalten sich häufig anders als ihre individuellen Mitglieder sich einzeln verhalten würden. Gruppennormen sind daher ein zentrales Thema, wenn Gruppen verstanden werden wollen. Durch die Präsenz vieler entsteht, wenn keine herausfordernden Produktivitätsnormen vorliegen, eine Verantwortungsdiffusion. Das Verantwortungsgefühl der einzelnen Individuen wird gesenkt, oder es kommt zu Deiindividuierungsprozessen, insbesondere wenn Situationen anonym verlaufen.

Da es sehr herausfordernd ist, große Gruppen zu einem hohen Verantwortungsgefühl gegenüber den eigenen individuellen und möglicherweise auch kollektiven Produktivitätsprozessen zu bringen, sind Teams im Arbeitsleben in der Regel numerisch überschaubar. Schulklassen indes sind in ihrer Größe in den letzten Jahren nicht wesentlich reduziert worden. Denn:

> „Schulklassen sind ein Finanztrick, keine psychologisch oder pädagogisch sinnvolle Problemlösung, sondern bestenfalls eine problemproduzierende Problemlösung." (Dollase, 2014, S. 49).

> „Pseudogruppen (wie eine Schulklasse)[1], in der alle ein individuelles Ziel verfolgen und in der es nur ausnahmsweise wie in der Schule (z.B. bei Projektwochen, Schulaufführungen und Fußballturnieren) eine echte Gruppe mit positiver Abhängigkeit der Interaktion vom Gruppenziel gibt, sind im Berufsleben äußerst selten." (Dollase, 2014, S. 53)

---

[1] Anmerkung von Gisela Steins

Dass Schüler/innen in der Schule also in großen Gruppen unterrichtet werden, dient nicht der Vorbereitung auf das Leben, sondern ist einer Kostenreduktion geschuldet. Da diese Tatsache aber gegenwärtig den Status Quo beschreibt, ist es gut, sich mit Eigentümlichkeiten von Gruppen auseinanderzusetzen, um zu verstehen, warum sich Schüler/innen in der Schule verhalten wie sie es tun und Instrumente der Einwirkung kennenzulernen.

IV

10. Rollen und Status

Zunächst wird auf die Bedeutung der Tatsache eingegangen, dass sich in Gruppen Rollen herausbilden, denen ein unterschiedlicher Status zuerkannt wird. Angelehnt an Forsyth (2010) können sich *Rollen* von Gruppenmitgliedern mit den Rollen vergleichen lassen, welche Individuen in Theaterstücken spielen.

> „(...) roles in groups structure behavior by dictating the part that members take as they interact. Once cast in a role such as leader, outcast, or questioner, group members perform certain actions and interact with other group members in a particular way - but this consistency reflects the requirements of their role rather than their personal predilections or inclinations." (Forsyth, 2010, S. 149)

Das Verhalten von Schüler/innen in einem Klassenverband kann zwar variieren, allerdings spielen sich diese Veränderungen häufig alle in einem bestimmten Radius ab, was bedeutet, dass jede/r Schüler/in nur in einem gewissen Maße von der ihm/ihr zugeschriebenen Rolle abweicht.

Die Rollenverteilung ist häufig in allen Klassen hinsichtlich der Tatsache ähnlich, welche Rollen überhaupt existieren. Die Aufgabe von Lehrer/innen ist es nach einer Identifizierung von Rollenmustern, darauf zu achten, dass diese die Schüler/innen nicht negativ einschränken, sie vom Lernen abhalten oder eine positive Gruppenatmosphäre verhindern. Beispielsweise könnte versucht werden, herauszufinden, warum sich Schüler/in A die Position des „Klassenclowns" gesichert hat und welche Funktion diese Rolle für den/die Schüler/in erfüllt. Dies gilt ebenfalls für Schüler/innen, die im Unterricht häufig starken Widerstand zeigen und dies unter anderem dadurch demonstrieren, dass sie ihre Hausaufgaben nicht anfertigen. Auch könnte es durchaus hilfreich für die Etablierung eines positiven Klassenklimas sein, den Einfluss von meinungsführenden Schüler/innen sowie die aktuellen Themen dieser zu kennen.

Es ist außerdem seitens der Lehrer/innen zu beachten, dass sie besonders sensibel mit neu in die Klasse kommenden Schüler/innen und deren Rollen umgehen, da diese Position für viele Schüler/innen zunächst einmal durchaus stressreich sein kann (Moreland & Levine, 2002). Dementsprechend erweist es sich als sinnvoll für den Erhalt einer positiven Gruppendynamik, neue Schüler/innen mit genügend Aufmerksamkeit und bewusst in die Klasse zu integrieren. Auch könnte es sich als positiv erweisen, die Klasse im Vorhinein darauf vorzubereiten, dass ein neues

Klassenmitglied erwartet wird. Es empfiehlt sich außerdem, die gesamte Klasse dabei in den Prozess mit einzubeziehen, den/die neue/n Schüler/in mit den Klassenregeln und allen weiteren Abläufen vertraut zu machen oder die gemeinsame Zeit mit einem kleinen Aufnahmeritual, beispielsweise der Erstellung eines neuen Klassenfotos, der gegenseitigen Vorstellung der Lieblingshobbies (Bücher, Musik, Essen etc.) aller Schüler/innen oder ähnlichen Aktivitäten, die das Signal eines gemeinsamen Starts als Gruppe sind, zu beginnen. Auch hier gilt: Die Zeit, die für die Integration des neuen Mitglieds in die Klassengemeinschaft investiert wird, ist nicht verloren, sondern kann durch zukünftig konstruktiv ablaufende Gruppenprozesse im Unterricht schnell kompensiert werden. Des Weiteren ist eine sinnhafte Wiederholung von beispielsweise Klassenregeln und Umgangs- sowie Arbeitsweisen in der Klasse in regelmäßigen Abständen durchaus sinnvoll und wird umso positiver von den Schüler/innen akzeptiert werden, wenn diese an tatsächliche, sinnhafte Ereignisse, wie die Integration eines neuen Klassenmitglieds, geknüpft ist.

Eine weitere relevante Erkenntnis liefert die Gruppenforschung hinsichtlich der Rollen von Individuen: Werden in Klassen bestimmte Ämter vergeben werden, empfiehlt es sich, die Aufgaben der Schüler/innen, die diese Rolle übernehmen, klar zu definieren, so dass jeder/m Schüler/in deutlich wird, welches Verhalten von ihm/ihr erwartet wird (beispielsweise Klassensprecher/in, Leitung des Klassenrates und vieles mehr). Ist diese Klarheit nicht vorhanden, so kann dies seitens der Schüler/innen zu Verwirrung, jedoch seitens der gesamten Gruppe auch zu vielen sehr unproduktiven Prozessen und Abläufe führen (Forsyth, 2010).

Auch hinsichtlich des *Status* von Gruppenmitgliedern ist es interessant, die Erkenntnisse sozialpsychologischer Forschung auf Statusprozesse innerhalb des Klassenzimmers zu beziehen. E sist gut, wenn Lehrer/innen sich dessen bewusst sind, dass lediglich sehr selten Gruppen existieren, in denen alle Mitglieder auf die gleiche Art und Weise angesehen sind und einen ähnlich hohen Status innehaben (Forsyth, 2010). Dabei untersuchten Berger, Cohen und Zelditch (1972) die Einflüsse von Status auf soziale Interaktionen und stellten fest, dass verschiedene Erwartungen existieren, die an die Mitglieder von Gruppen gerichtet werden. Es existieren dabei einerseits spezifische und andererseits diffuse Informationen bezüglich des Status eines Individuums, welche wiederum Auswirkungen auf diesen haben.

Ein Beispiel für eine spezifische Statusinformation ist bei der Zusammenstellung eines Fußballteams die Tatsache, dass ein Schüler langjähriger Vereinsspieler ist. Hinsichtlich der Rekrutierung von Schüler/innen für die englische Theater-AG könnte eine spezifische Statusinformation die Tatsache sein, dass ein/e Schüler/in ein Jahr in den USA verbracht hat und dementsprechend sprachlich versiert ist.

Die von Berger et al. (1972) als diffus bezeichneten Informationen, die sich auf die Wahrnehmung des Status von Schüler/innen auswirken können, sind zentrale Merkmale wie das Alter, der kulturelle beziehungsweise ethnische Hintergrund, der sozioökonomische Stand oder das Geschlecht (Kapitel 7 in diesem Band und in Band I, Kapitel 4). Diese Informationen können, je nachdem, mit welchen weiteren Zuschreibungen hinsichtlich der Fähigkeiten eines Schülers/einer Schülerin diese assoziiert sind, dazu beitragen, die Statuswahrnehmung von Schüler/innen zu beeinflussen.

Als lediglich eines von vielen, auch in der Schule wirksamen, Beispielen der Auswirkungen von diffusen Statuserwartungen soll an dieser Stelle das Geschlecht dienen. Eagly, Karau und Makhijani (1995) fanden beispielsweise, dass die Erwartungen an das Verhalten von Führungskräften Auswirkungen auf die Leistungen von männlichen und weiblichen Führungskräften hatten und diese je nach Setting entlang den erwarteten Stereotypen abschnitten. Auch Ridgeway (2001) schlussfolgert aus ihren Untersuchungen:

> „When women do assert themselves to exercise authority outside traditionally female domains, as they must do to be high-status leaders in our society, gender status beliefs create legitimacy reactions that impose negative sanctions on them for violating the expected status order and reduce their ability to gain compliance with directives." (Ridgeway, 2001, S. 652)

Die dargestellten Forschungsergebnisse weisen darauf hin, dass die mit bestimmten Merkmalen verknüpften Statuserwartungen sich darauf auswirken, wie es um den Status eines Gruppenmitglieds im Allgemeinen bestellt ist. Beispielsweise ist mittlerweile bekannt, dass der Selbstwert von Frauen sinkt und sie eventuell nicht die bestmögliche Leistung bringen, wenn sie in einer Gruppe interagieren, in der sie das einzige weibliche Mitglied sind. Diese Ergebnisse konnten für alleinige männliche Gruppenmitglieder nicht gefunden werden (Forsyth, 2010). Dementsprechend lassen sich auch an dieser Stelle die Forschungsergebnisse gewinnbringend auf die Organisation von Schüler/inneninteraktionen übertragen, um diese für jede/n involvierte/n Schüler/in so gewinnbringend wie möglich zu gestalten. Hier wird eine notwendige Kompetenz berührt, die mit zu einer erfolgreichen Interaktionsgestaltung gehört, die *Genderkomepenz* der Lehrenden (siehe Band I, Kapitel 18).

10.1 Zusammenfassung

In Gruppen entwickeln sich unweigerlich Strukturen heraus, die mit den Individuen bestimmte Rollen und eine bestimmten Status innerhalb des Gruppengefüges zuweisen. Wichtig für Lehr-Lernkontexte ist es zu erkennen, ob zugewiesene Rollen Schüler/innen in ihrer Entwicklung einschränken. Hier ist es wichtig entgegenzusteuern, damit das Repertoire von handlungs- und Realisierungsmöglichkeiten für das einzelne Individuum nicht unnötig eingeengt wird.

10.2   Fragen, Übungen, Lektüre

10.2.1   Fragen

- Welche Gruppenprozesse finden Beachtung finden, wenn ein/e neue/r Schüler/in zur Klassengemeinschaft hinzukommt?
- Welche Rolle spielt der Status bei sozialen Interaktionen in der Klassengemeinschaft?
- Welche Faktoren können sich auf den Status von Schüler/innen auswirken? Benennen Sie Beispiele.

10.2.2   Übungen

- Reflektieren Sie: In wie vielen Gruppen sind Sie Mitglied? Wie sind diese Gruppen organisiert? Was zeichnet die Mitgliedschaft und Organisation von größeren Gruppen aus, denen Sie angehören?
- Welche Rollen von Schüler/innen einer Klasse kennen Sie noch aus Ihrer eigenen Schulzeit? Welche Rollen können Sie in einer Klasse Ihrer Wahl beobachten?

10.2.3   Weiterführende Lektüre

- Forsyth, D.R. (2010). *Group Dynamics*. Belmont: Wadsworth. Kapitel 2: Studying Groups, S. 30-55.

IV

11. Eine soziometrische Annäherung an die Klasse als Gruppe

Rollen und Status von Mitgliedern einer Gruppe kann systematisch beobachtet und erfasst werden. Der Einsatz soziometrischer Methoden ist dafür besonders geeignet. Wichtig bei der Erfassung der *soziometrischen Struktur* einer Klasse ist allerdings das Wissen, dass soziometrische Gebilde nicht in Blei gegossen sind; sie sind *dynamisch*, also in Bewegung und verändern sich.

11.1 Einsatz von soziometrischen Methoden

Die soziometrische Methode kann unter anderem auf Jacob Moreno (1937) zurückgeführt werden (Moreno, 1937; Moreno & Jennings, 1938). Folgendermaßen könnte die Erstellung eines Soziogramms ablaufen:

Wenn eine Lehrkraft eine Klasse beispielsweise am Ende des siebten Schuljahres übernimmt, so bestand bereits drei Jahre lang die Möglichkeit für die Gruppenmitglieder, Beziehungen aufzubauen, Hierarchien zu etablieren und Rollen zu prägen. Dementsprechend gerät der/die Lehrer/die Lehrerin in ein komplexes, gruppendynamisches Gefüge, welches unter Umständen nicht auf den ersten Blick durchschaut werden kann.

Zwei Möglichkeiten zur Erstellung eines Soziogramms existieren nun. Einerseits kann die Lehrkraft die Schüler/innen *anonym*, beispielsweise über einen „Wahlzettel", dazu auffordern anzugeben, neben welchen Schüler/innen sie auf jeden Fall sitzen wollen würden und neben welchen Schüler/innen sie auf keinen Fall sitzen wollen würden, wenn sie sich eine Sitzordnung wünschen dürften. Weitere Fragen, die gestellt werden könnten, sind zum Beispiel: „Mit wem arbeitest du am liebsten zusammen? Mit wem arbeitest du gar nicht gerne zusammen?"

Andererseits kann die Lehrkraft die Schüler/innen auch in verschiedenen unterrichtlichen wie sozialen Situationen *beobachten* und daraus entsprechende Schlüsse ziehen, wobei die Befragung sicherlich noch deutlichere Hinweise geben kann. Denkbar ist auch eine Kombination beider Vorgehensweisen.

Werden die Aussagen der befragten Schüler/innen dann ausgewertet und graphisch dargestellt, entsteht eine visuelle Darstellung der Beziehungen der Gruppenmitglieder zu- und untereinander, genannt Soziogramm. Für die Auswertung empfiehlt es sich, jedem/r Schüler/in ein Symbol zuzuordnen (wie bspw. einen Kreis) und dann mit Pfeilen oder weiteren gewählten Symbolen zu verdeutlichen, wie die Beziehung zwischen den Schüler/innen charakterisiert werden kann.

11.2   Positionen in einem soziometrischen Gebilde

Anhand der Frage: „Neben wem möchtest Du im kommenden Schuljahr am liebsten/am wenigsten gerne sitzen?" werden nachfolgend die *Positionen* verdeutlicht, die bei einer soziometrischen Analyse einer Klasse auftreten können.

In der Forschung sind dabei einige Positionen bekannt, beispielsweise die Position der

- Beliebten/Stars. Dies sind Schüler/innen, die bei der Befragung von sehr vielen anderen Schüler/innen als liebste Sitzpartner/innen angegeben werden. Aus der Angabe kann entnommen werden, dass diese Schüler/innen in der Klasse einen hohen Status besitzen und beliebt sind.
- Unbeliebten. Die unbeliebten Schüler/innen werden eher dann häufig angegeben, wenn es darum geht, neben wem die anderen Schüler/innen nicht sitzen möchten.
- Isolierten. Die isolierten Schüler/innen werden sehr selten angegeben, wenn es darum geht, neben wem die anderen Schüler/innen am liebsten sitzen wollen. Diese Tatsache deutet darauf hin, dass es sich um Schüler/innen handelt, die eine isolierte Position in der Gruppe einnehmen.
- Negativen. Diese Schüler/innen wählen keine bis wenige andere Klassenkamerad/innen aus, neben denen sie im kommenden Schuljahr sitzen wollen.
- Positiven. Die innerhalb des Soziogramms als positiv bezeichnete Schüler/innen wählen hingegen viele andere Schüler/innen aus der Klasse aus, neben denen sie gerne sitzen wollen würden.
- Paare. Als Paar werden die Schüler/innen in der soziometrischen Analyse dann bezeichnet, wenn sich zwei Schüler/innen beide im Rahmen der Befragung als bevorzugten Sitzpartner angeben.
- Cluster. Unter Clustern werden einzelne kleine Gruppen verstanden, welche sich im Kontext der Befragung als Subgruppen innerhalb der übergeordneten Gruppe des Klassenverbandes heraus kristallisieren (Forsyth, 2010).

Die als Cluster bezeichneten *Subgruppen*, die auch *Cliquen* genannt werden können, bieten sich für eine genaue und weiterführende Beobachtung ebenso an wie der gesamte Klassenverband. In Cliquen herrschende Standards, Normen und Verhaltensvorschriften können dazu beitragen, dass sich eine gesamte Subgruppe innerhalb der Klasse beispielsweise nicht an die Klassenregeln hält.

Ein immer wieder im Kontext der Schule auffindbares Beispiel kann unter anderem, insbesondere bei Schülerinnen in der Adoleszenz, der hohe wahrgenommene Druck sein, möglichst schlank zu bleiben oder zu werden (Steins, 2007). Für alle Jugendlichen, ungeachtet ihres Geschlechts, existiert außerdem mittlerweile ein hoher Druck, in sozialen Netzwerken oder über Mobiltelefone ständig präsent zu sein und mit anderen aus der Clique zu kommunizieren (Wittrock, 2013).

11.2.1 Irrtümer über Positionen

Die oben genannten Positionen in einer Gruppe können durch soziometrische Verfahren offen gelegt werden, allerdings bedeutet dies nicht, dass soziometrische Verfahren eine 1:1 Realität abbilden. Sie können nur helfen, sich der Realität anzunähern. Zu beachten ist, dass es viele Irrtümer über die genannten Positionen gibt (Dollase, 2012). Zum Beispiel ist aus der Arbeits- und Organisationspsychologie bekannt, dass *Paare* in einem kleinen Team nicht besonders gut für die Balance und Produktivität des Teams sind, weil sie zur gegenseitigen exklusiven Zuwendung neigen (Forsyth, 2010). Anders ist das allerdings in einer Schulklasse. Da alle Menschen, so auch Heranwachsende sich am wohlsten in überschaubaren sozialen Einheiten fühlen, ist es für viele Heranwachsende eine sozial positive Tatsache, zumindest eine enge Vertrauensperson zu haben. Paare zu trennen, damit sie sich auch mal mit den anderen zusammentun, ist also nicht per se angezeigt.

Dasselbe gilt auch für *Subgruppen*. Subgruppen bilden sich notwendigerweise, da es schwer vorstellbar ist alles immer zusammen zu machen und zwar mit 25-32 Schüler/innen oder sogar noch mehr. Die Bildung von Cliquen wird nur dann problemtich, wenn Cliquen einen domierenden und repressiven Einfluß auf andere Cliquen durch Mißachtung, Exklusion etc., bilden (siehe Kapitel 19); auch hier kommt es also wieder auf die jweiligen Gruppennormen an, wie eine Subgruppe sich verhält; gegen Cliquen allein kann nichts eingewendet werden, solange sie freundlich koexistieren.

Auch bei *isolierten Schülern/innen* ist genauer hinzuschauen: Manche Heranwachsenden fühlen sich in sozialen schulischen Bezügen einfach nicht besonders wohl und sie haben nicht das Bedürfnis nach einem engeren Austausch; nicht jeder Mensch fühlt sich in Hruppen wohl und findet hier möglicherweise auch keine vertraute und enge Bezugsperson, ohne dies dramatisch zu finden. Isoliert bedeuted zwar häufig, aber nicht notwendigerweise, dass ein/e Schüler/in nicht freiwillig isoliert ist.

Zurückgestoßene Schüler/innen, sogenannte *Außenseiter*, haben oft Merkmale, die sie von anderen distinguieren. Aber was heißt das? Es kann sicherlich nicht bedeuten, dass sie sich an die Vorstellungen von Normalität der Gruppe anzupassen zu haben, auch wenn es für sie hilfteich wäre, das zu können, wenn sie wollen. Außenseiter werden eher dann zum Problem, wenn die Normalitätsvorstellungen einer Gruppe zusammen mit Intoleranz gegenüber von Abweichung vorliegen. Dass es Außenseiter gibt, hat also etwas mit Charakteristika bzw. den Normen der Bezugsurppe zu tun; das Hinschauen ist also idealerweise multiperspektivisch, um Außenseitertum richtig zu verstehen.

Auch liegen häufig Irrtümer zur Position der *Stars* vor: Hier wird in der Literatur zwischen *populären und beliebten Schülern/innen* unterschieden und diese Unterscheidung ist sinnvoll (Dollase, 2012). Beliebte Schüler/innen sind in der Regel nett und prosozial, aber nicht dominant. Deswegen fallen sie in der Regel nicht unangenehm auf. Sie sind verträglich. Populäre Schüler/innen hingegen sind Schüler/innen, von denen alle glauben sie seien beliebt. Sie sind es aber nicht unbedingt, da sie andere in Bezug auf Meinungen und Verhaltensweisen dominieren.

11.3   Anmerkungen zum Einsatz

Bei einer hohen Anzahl von existierenden Paaren beim gleichzeitigen Fehlen von Ausgeschlossenen in der Gruppe liegt vermutlich der Hinweis vor, dass es sich um eine stark *kohäsive* Gruppe handelt. Weitere Typen von Gruppen, welche sich auf der Grundlage von soziometrischen Erkenntnissen differenzieren lassen, sind unter anderem die *zentralisierten* oder *dezentralisierten* Gruppen. Bei ersterem Typus werden einige wenige Schüler/innen von vielen anderen Schüler/innen gemocht und beispielsweise als Sitznachbar/innen erwünscht. In eher als dezentralisiert bezeichneten Gruppen gibt es keine oder kaum Schüler/innen, die auf der Grundlage einer soziometrischen Analyse als die Beliebten oder die Stars bezeichnet werden können (Forsyth, 2010).

Es lässt sich schlussfolgern, dass die soziometrische Vorgehensweise zur Betrachtung von Gruppen sowie die darauf basierende Erstellung von Soziogrammen eine auch in der Schule relativ unkompliziert anwendbare Methode ist, mit Hilfe derer deutliche Hierarchien, Cliquen und weitere gruppendynamische Konstellationen aufgedeckt werden können. Das Aufdecken dieser Konstellationen wiederum kann einer Lehrkraft dazu dienen, eine genaue und hilfreiche Einschätzung vornehmen zu können, wie eine ganz bestimmte Gruppe oder Klasse beziehungsweise auch einzelne Individuen gefördert werden müssten und welche Maßnahmen eingeleitet werden könnten, um die in der Klasse vorherrschende Gruppendynamik positiv zu beeinflussen. Das nachfolgende Beispiel soll die Möglichkeiten einer soziometrischen Analyse zur Feststellung des gruppendynamischen Status Quo im Klassenverband noch weitergehend ausführen:

Beispiel   Nach der fünften Klasse steht außerplanmäßig ein Lehrerwechsel an und ein junger Lehrer übernimmt die Klasse nach den Sommerferien. Um sich einen Überblick über die bis dato gebildeten Cliquen und Strukturen innerhalb der Klasse zu verschaffen, wendet er die soziometrische Methode an und verschafft sich durch die Erstellung eines Soziogramms einen Überblick über die sozialen und gruppendynamischen Komponenten innerhalb der Klasse. Dabei fällt auf, dass drei Schüler/innen bislang völlig isoliert in der Klasse sind und noch keine sozialen Kontakte knüpfen konnten. Außerdem existieren eine große Mädchenclique und eine große Jungenclique. Der Lehrer plant basierend auf den Ergebnissen der soziometrischen Untersuchung der Klasse seine Unterrichtsmethoden sowie den Sitzplan um und bemüht sich dementsprechend, die isolierten Schüler/innen besser zu integrieren und die beiden großen Cliquen behutsam zu öffnen, um eine positive Gruppendynamik innerhalb der gesamten Klasse zu etablieren.

Wichtig ist es natürlich trotzdem, die Ergebnisse einer Auswertung eines Soziogramms *kritisch zu hinterfragen*, da auch diese durchaus fehler- oder lückenhaft sein können (Forsyth, 2010). Außerdem sind Gruppen im Allgemeinen, und dementsprechend auch Schulklassen, hochkomplexe Gebilde, die sich konstant, auch durch sehr kleine Veränderungen, in ihrer Dynamik wandeln können:

> "Groups, (...), can change rapidly and dramatically, so that the group that is studied at one point in time may evolve into a very different group when studied again. The group may also change because its composition changes; if a member joins or leaves a group, the group's structures and processes may change. The interactions that take place within groups are also complex and nuanced, so researchers sometimes encounter more data than they can objectively record and process." (Forsyth, 2010, S. 46)

Wie das obenstehende Beispiel zeigt, ist es möglich, als Lehrkraft, die eine Klasse neu übernimmt, mit Hilfe der Methode des Soziogramms eventuell auf den ersten (und zweiten) Blick verborgene gruppendynamische Strukturen aufzudecken und sich erste Vorstellungen hinsichtlich des Status der einzelnen Schüler/innen im Klassenverband zu machen. Dies ist beispielsweise eine gute Grundlage, um *Bullying* (Kapitel 19) präventiv anzugehen oder möglichst schnell zu erkennen. Auch kann durch das geschickte Zusammenstellen der Sitzordnung einer Klasse bereits die Voraussetzung für eine positive Arbeitsatmosphäre geschaffen werden. Dementsprechend lohnt es sich, die Methode der Erstellung eines Soziogramms einmal auszuprobieren und mehr über die eigene Klasse zu lernen, selbst, wenn man diese bereits lange kennt oder in Phasen, in denen sich die Schüler/innen im Übergang von Kindern zu Jugendlichen befinden (beispielsweise nach den Sommerferien in einer siebten Klasse).

Besonders wichtig ist jedoch an dieser Stelle der Hinweis, dass die Ergebnisse des Soziogramms selbstverständlich *sensibel* behandelt und nicht offensichtlich in die Klasse getragen werden, um Außenseiter/innen und unbeliebtere Schüler/innen nicht zu stigmatisieren. Auch wird die Auswertung nicht durch Schüler/innen oder im Klassenverband, sondern nur von den Lehrer/innen selbst vorgenommen. Grundsätzlich jedoch ist die Methode für einen Einblick von Lehrkräften in die gruppendynamischen Prozesse der eigenen Klasse gut geeignet und kann eine wirkungsvolle Unterstützung zur Planung von Präventions- und Interventionsmaßnahmen hinsichtlich einer gelingenden Gruppendynamik innerhalb des Klassenverbandes sein.

11.4 Zusammenfassung

Durch den Einsatz soziometrischer Verfahren gewinnt man einen Eindruck von dem Beziehungsgefüge unter Schülern/innen, der durch weitere Beobachtungen erhärtet und ergänzt werden kann. Dieses Beziehungsgefüge ist für Schüler/innen selbst oft die dominante Realitätsebene und wirkt auf deren Schullust und Lernmotivation, auf ihr verhalten im Klassenzimmer und in der Schule mit ein. Wie alle Verfahren ist auch dieser methodische Zugang ein versuch, sich der Realität zu nähern; erkannten Rollen ist nicht mit Vorurteilen zu begegenen, sondern mit Hypothesen über deren Auswirkungen auf die Schüler/innen selbst und deren soziale Asuwirkungen auf andere. Soziometirsche Methoden bieten einen Zugang, der eine realitätsorientierende Theorie generieren kann.

11.5   Fragen, Übungen, Lektüre

11.5.1   Fragen

- Welche Erkenntnisse lassen sich durch soziometrische Betrachtungen einer Klasse gewinnen?
- Welche Positionen lassen sich soziometrisch feststellen?
- Welche differenzierende Aspekte sind bei der Interpretation soziometrischer Analysen zu beachten?

11.5.2   Übungen

- Versuchen Sie, eine ausgewählte Klasse über mehrere Schultage und –stunden sowie auf dem Schulhof genau zu beobachten und erstellen Sie auf der Grundlage Ihrer Beobachtungen ein Soziogramm.
- Erstellen Sie ein Soziogramm aufgrund von Beobachtungen von einer Ihnen wichtigen Bezugsgruppe. Ergeben sich daraus für Sie weiterführende Erkenntnisse aus dieser Analyse zum Verständnis dieser Gruppe, die Sie bisher möglicherweise noch nicht so gesehen haben?

11.5.3 Weiterführende Lektüre

- Forsyth, D.R. (2010). *Group Dynamics*. Belmont: Wadsworth. Kapitel 2: Studying Groups, S. 30-55.
- Dollase, R. (1975). Soziometrie als Interventions- und Meßinstrument. Gruppendynamik. *Forschung und Praxis, 6*, 82-92.

IV
12. Subgruppen und ihre Bedeutung

In den vorherigen beiden Kapiteln wurde wiederholt darauf hingewiesen, dass größere Gruppen dazu neigen, sich in kleinere Gruppen aufzuteilen, die als Cluster, Cliquen oder Subgruppen bezeichnet werden können. Menschen neigen dazu, sich in kleineren überschaubaren Gruppen am wohlsten zu fühlen (Dollase, 2012); der durchschnittliche Klassenverband ist rein numerisch nicht dazu geeignet, dass mit allen eine intensive Beziehung gepflegt werden kann. Die Konstellation der Subgruppen untereinander ist allerdings für den *Zusammenhalt* einer Klasse von großer Bedeutung.

Schüler/innen können sich die Zugehörigkeit zu einer Klasse häufig nicht aussuchen, was den Klassenverband insgesamt zu einem spannungsreichen, komplexen Gebilde werden lassen kann. Es bilden sich häufig, wie bereits oben bei der Thematisierung der soziometrischen Methode besprochen, Kombinationen von Schüler/innen innerhalb der großen Gruppe des Klassenverbandes, so zum Beispiel einzelne Paare oder verschiedene Cliquen.

Eine wichtige Komponente, die Lehrer/innen unter anderem ein Verständnis für die Prozesse des Bildens von Subgruppen ermöglichen kann, ist der Prozess des sozialen Vergleichs. Es ist für Lehrer/innen relevant und aufschlussreich, zu verstehen, welche zu Grunde liegende Funktion das Bilden dieser freiwillig gewählten Subgruppen für ihre Schüler/innen haben kann.

12.1 Motive für die Wahl von Cliquen

Festinger (1954, 1957) stellte eine Theorie auf, mit Hilfe dessen sich unter anderem erklären lässt, warum Schüler/innen sich in Subgruppen zusammenfinden und nach welchen Kriterien die weiteren Mitglieder dieser Subgruppen (häufig unreflektiert) ausgewählt werden. Laut Festinger benötigen Individuen nicht nur genaue Informationen hinsichtlich ihrer Fragen aus dem Bereich der *physikalischen Realität* (Welche Farbe hat der Rasen im Fußballstadion? Wie viele rechte Winkel hat ein Quadrat?), sondern auch hinsichtlich der Fragen aus der *sozialen Realität* (Sind meine Gefühle normal, so wie sie sind? Fühlen sich alle anderen auch manchmal traurig, allein oder überfordert in bestimmten Situationen?). Um diese Unsicherheiten im Bereich der sozialen Realität abzumildern, und dies insbesondere in herausfordernden Umbruchsituationen und Phasen der Identitätsentwicklung und -findung, wie beispielsweise der Adoleszenz, suchen sich Individuen Bezugspersonen, mit Hilfe derer sie diese Fragen gemeinsam beantworten können (Band I, Kapitel 6).

Die *Theorie des sozialen Vergleichs* (Festinger, 1954, 1957) liefert also einerseits Hinweise darauf, warum Schüler/innen sich innerhalb des größeren Klassenverbandes in kleineren Subgruppen organisieren. Andererseits kann das Eingehen von Verbindungen mit anderen Individuen nicht nur der Informationssuche dienen, sondern es spielen unter Umständen eine Reihe weiterer Prozesse eine Rolle, die Lehrer/innen bei Kenntnis dieser und genauer Beobachtung der Gruppenprozesse in ihrer Klasse verdeutlichen können, mit welchen Thematiken ihre Schüler/innen aktuell beschäftigt sind. Soziale Vergleichsprozesse und damit unter Umständen auch das Eingehen von Verbindungen zwischen Schüler/innen eines Klassenverbandes können sich nämlich nicht nur auf ähnliche Personen beziehen, um dementsprechend Informationen abzugleichen. Auch kann es in diesem Bereich zu abwärts- beziehungsweise aufwärtsgerichteten sozialen Vergleichsprozessen kommen (Festinger, 1954, 1957). Ein abwärtsgerichteter sozialer Vergleichsprozess bezieht sich auf ein Individuum, welches in einem bestimmten Merkmal schlechter abschneidet. Ein Beispiel erläutert diesen Sachverhalt:

Beispiel: Jörn kommt aus einer Familie, in der die Leistungen in Mathematik besonders wichtig sind. Insbesondere seine beiden älteren Geschwister haben bis dato immer sehr gut in diesem Fach abgeschnitten. Da er selbst nur mittelmäßige Leistungen in dem Fach erbringt, tut es ihm gut, wenigstens in der Schule neben Jan zu sitzen, der selten eine bessere Note als eine 5 in den Mathearbeiten schreibt. Es ist davon auszugehen, dass Jörn seinen Selbstwert dadurch steigern kann, dass er viel Zeit mit Jan verbringt und sich insbesondere in der für ihn relevanten Leistung mit ihm vergleicht.

Dieses Verhalten hat auch Tesser in dem von ihm dargestellten *Selbstwerterhaltungsmodell* betrachtet (Achee, Tesser & Pilkington, 1994; Tesser, 2000; Tesser & Campbell, 1982). So finden entsprechend aufwärtsgerichtete Vergleiche zwischen Individuen statt, wenn diese das in Frage stehende Leistungsgebiet als weniger relevant für sich selber erachten. Dann kann es zu dem Fall kommen, dass sich ein Individuum mit anderen Individuen gut versteht, die in Bereichen sehr gute Leistungen erbringen, welche den Selbstwert des Individuums nicht negativ beeinflussen oder sogar senken. Ein weiteres Beispiel verdeutlicht diese Vorgänge:

Beispiel: Philipp hat eine starke Affinität zu Sprachen und ist sich sicher, dass er eine berufliche Laufbahn anstreben wird, die einen sprachlichen Schwerpunkt hat. Auch in seiner Familie werden sprachliche Kompetenzen besonders hochgehalten. Sein Sitznachbar und bester Freund Florian ist Klassenbester in Mathe. Obwohl Philipp selten eine bessere Note in Mathe schreibt als eine 3, freut er sich regelmäßig mit seinem besten Freund über dessen Erfolge, so wie dieser sich auch für ihn freut, wenn er eine gute Note in der Englischarbeit geschrieben hat.

Was ist hier zu beobachten? Anders als im ersten Beispiel hat die Leistung in Mathematik für Philipp keinen derart großen Stellenwert, so dass er auf die Leistungen seines Freundes stolz ist und diese sein Selbstwertgefühl nicht mindern. Tesser (1982, 2000) geht davon aus, dass Individuen sich gerne mit anderen Personen umgeben und vergleichen, die in einem für sie relevanten Gebiet schlechter abschneiden, jedoch in einem weniger relevanten Gebiet gute Leistungen erbringen (Steins 2014, Band I, Kapitel 6). Dieses Wissen ist, wie oben beispielhaft geschildert, relevant, um die Zusammensetzung bestimmter Subgruppen zu verstehen und die zwischen Schüler/innen einer Klasse ablaufenden Prozesse der Selbstwerterhaltung zu durchschauen.

12.2   Einflussnahme durch Cliquen und Gruppen

Interessante Befunde existieren auch hinsichtlich des sozialen Einflusses, welcher in Gruppen herrschen kann. Das Wissen über Prozesse der Beeinflussung oder der *Konformität* kann dementsprechend für Lehrer/innen sehr nützlich sein, um konstruktive Gruppenprozesse einzuleiten und zu unterstützen sowie negative Abläufe zu verstehen und umzuwandeln.

Als sozialer Einfluss kann sowohl der Einfluss von *Mehrheiten* als auch der von *Minderheiten* verstanden werden (Forsyth, 2010; Steins, 2014, Band I, Kapitel 5). Als Lehrer/in ist es besonders relevant, diese Prozesse bei der Planung des Unterrichts, jedoch auch bei der Gestaltung von außerunterrichtlichen Aktivitäten oder beim Einholen von Meinungen und Feedback zu beachten. Beispielsweise ist es durchaus möglich, dass Schüler/innen auf Grund von Prozessen der sozialen Erwünschtheit oder weil eine bestimmte Gruppenmeinung dominiert, der Lehrkraft in einer großen Gruppe kein ehrliches Feedback geben werden. Diese Abfragen werden dementsprechend anonym vorgenommen. Dies gilt auch für die Auswahl einer bestimmten Lektüre oder die Festlegung eines Ausflugsziels für den Wandertag. Ein hoher Druck der meinungsführenden Schüler/innen oder Subgruppen einer Klasse können sonst dazu führen, dass die Lehrkraft zwar das Gefühl hat, dass die Klasse einhellig entscheidet, jedoch viele Schüler/innen nicht zu Wort gekommen sind oder sich nicht getraut haben, ihre Meinung zu vertreten.

Für eine langfristig positive Gruppenatmosphäre ist es ebenfalls relevant, klare Regeln bezüglich des Umgangs mit Meinungsäußerungen und für Diskussionen festzulegen. Die Schüler/innen lernen, Argumente für und wider eine Sache zu äußern und akzeptieren zu können. Das Training der Einnahme einer fremden Perspektive lässt sich außerdem sehr gut in viele Fächer integrieren, wo Methoden wie Podiumsdiskussionen, Debatten oder Redekarten sinnvoll eingesetzt werden können, um mit den Schüler/innen das strukturierte Äußern von Haltungen und Positionen einzuüben.

Interessant und relevant für Lehrkräfte ist in diesem Zusammenhang auch das Wissen über die verschiedenen Grundlagen der *Macht*, welche sowohl Lehrer/innen als auch Schüler/innen zur Verfügung stehen (Band I, Kapitel 4). Als ein Beispiel der Verwendung der Machtquelle der Zwangsmacht wird in Kapitel 19 das Thema des Schikanierens und Drangsalierens von Schüler/innen durch ihre Klassenkamerad/innen ausführlich dargestellt.

12.3 Zusammenfassung

Soziale Vergleichsprozesse sind unumgänglich und werden besonders mit den Personen vorgenommen, die als ähnlich auf zentralen Dimensionen wahrgenommen werden, also mit den Mitgliedern einer Subgruppe, der sich Schüler/innen zugehörig fühlen. Durch die enge Bezogenheit der Mitglieder von Subgruppen aufeinander entstehen in einer Klasse unterschiedliche soziale Realitäten, die auch durch das Verhältnis von Majoritäten und Minoritäten beschrieben werden können. Die damit verbundenen Prozesse von Konformität sind wichtig zu verstehen, um als Lehrkraft beurteilen zu können, inwiefern die in der Klasse offiziell zur Schau gestellte Meinungsvielfalt der inneren Realität der Schüler/innen entspricht.

12.4   Fragen, Übungen, Lektüre

12.4.1   Fragen

- Warum bilden Schüler/innen innerhalb des Klassenverbandes Subgruppen?
- Welche Funktion können Subgruppen für die einzelnen Schüler/innen erfüllen?
- Was kann eine Lehrkraft tun, um Konformitätsprozesse in ihrer Klasse zu verhindern?

12.4.2   Übungen

- Reflektieren Sie: In wie vielen Gruppen sind Sie Mitglied? Wie sind diese Gruppen organisiert? Was zeichnet die Mitgliedschaft und Organisation von größeren Gruppen aus, denen Sie angehören?
- Versuchen Sie die Cliquen einer größeren Gruppe, die Sie kennen, zu identifizieren und wenden Sie die Erkenntnisse über Motive der Subgruppenbildung an. Welche Clique bestimmt? Ist die Frage so einfach zu beantworten?

12.4.3 Weiterführende Lektüre

- Forsyth, D.R. (2010). *Group Dynamics*. Belmont: Wadsworth.
- Steins, G. (2014). *Sozialpsychologie des Schulalltags*. Band I. Lengerich: Pabst Science Publishers.

IV

13. Klassenzusammenhalt

Eine wichtige Komponente, die bereits in der Einführung kurz thematisiert wurde, ist der *Zusammenhalt* beziehungsweise die *Bindung* zwischen Mitgliedern einer Gruppe, genannt *Kohäsion*. In vielerlei Hinsicht ist es besonders erstrebenswert einen hohen Zusammenhalt in einer Klasse herzustellen. Zusammenhalt lässt sich dabei jedoch in Bezug auf viele Aspekte denken und beschreiben. Diese Aspekte werden im Folgenden detailliert aufgeführt.

13.1   Aspekte des Gruppenzusammenhalts

Zum einen beschreibt die soziale Ebene der Kohäsion die Tatsache, dass die Schüler/innen innerhalb der Gruppe Bezugspersonen haben und Freundschaften gründen und nicht nur die Mitglieder ihrer Gruppe, sondern auch die Gruppe als Ganzes als durchaus attraktiv beurteilen. Des Weiteren existiert die aufgabenbezogene Kohäsion, welche sich auf die Effektivität der Klasse bezieht, jedoch auch meint, dass die Klasse beziehungsweise Untergruppen in der Klasse gute Leistungen erreichen und dass die einzelnen Individuen sich gerne für die Gruppe engagieren. Die wahrgenommene und emotionale Kohäsion tragen ebenfalls zur Bindung an eine Klasse bei, da sie dazu führt, dass sich die Schüler/innen mit ihrer Klasse identifizieren und auch emotional an sie gebunden sind (Forsyth, 2010).

13.2   Wieviel Zusammenhalt ist gut wofür?

Insgesamt klingen diese Faktoren alle wünschenswert, so dass man als Lehrkraft nun zunächst davon ausgehen könnte, dass es jederzeit zu erstreben ist, eine hohe Kohäsion innerhalb der eigenen Klasse herzustellen. Allerdings existiert auch dieses wichtige gruppenpsychologische Konstrukt nicht ohne Stolperfallen und Konsequenzen. Forschungsergebnisse zeigen einerseits, dass es vielen Menschen besser geht und sie sogar bessere Leistungen erzielen können, wenn sie in Gruppen arbeiten, in denen ein hoher Zusammenhalt herrscht, da sie dort auch positivere Interaktionen erfahren (Lott & Lott, 1966; Shaw & Shaw, 1962; Band I, Kapitel 16). Auch weisen Ergebnisse aus der Forschung darauf hin, dass Individuen positiver mit stressreichen Ereignissen umgehen können, wenn sie Mitglieder in einer Gruppe sind, die einen hohen Zusammenhalt aufweist (Bowers, Weaver & Morgan, 1996). Der Zusammenhalt von Gruppen hängt außerdem stark mit deren Erfolg und *Produktivität* zusammen. Dies gilt insbesondere dann, wenn eine hohe Leistungsbereitschaft und Aufgabenbezogenheit herrscht.

Allerdings zeigte sich ebenfalls, dass es in Gruppen, in denen ein hoher Zusammenhalt herrscht, auch dazu kommt, dass hohe Ansprüche an die einzelnen Mitglieder gestellt werden. Beispielsweise wird in Gruppen mit hohem Zusammenhalt häufig ein starker Druck auf die einzelnen Individuen ausgeübt, sich entlang der etablierten Gruppenstandards und Gruppennormen zu verhalten (Goldhammer, 1996). Auch ist die Gefahr von *Gruppendenken* (Janis, 1982) in diesen Gruppenkonstellationen sehr hoch, was bedeutet, dass diese Gruppen ihre, häufig einstimmig getroffenen Entscheidungen, selten kritisch überdenken oder kontrovers diskutieren und dementsprechend möglicherweise dazu tendieren, beim Treffen ihrer Entscheidungen Fehler zu begehen und relevante Perspektiven auf das Thema nicht zu beachten.

13.2.1 Aufbau eines positiven Zusammenhalts

Wie ist es trotz dieser Problematiken möglich, einen hohen, produktiven Zusammenhalt im Klassenverband an der Schule aufzubauen?

Der Aufbau eines hohen Zusammenhalts hängt stark mit den gängigen Phasen eines jeden Gruppenfindungsprozesses zusammen, der zeigt, dass Kohäsion nicht zu jedem Zeitpunkt innerhalb einer Gruppe vorhanden sein kann. Dabei beginnen Gruppenbildungsprozesse zunächst mit einer Orientierungsphase, gefolgt von einer Konfliktphase. Daran schließt sich eine Strukturierungsphase an, die von der Arbeitsphase gefolgt wird. An diese Arbeitsphase wiederum schließt sich die abschließende Phase und die Gruppe löst sich irgendwann auf (Forsyth, 2010). Es kann davon ausgegangen werden, dass die Kohäsion in den ersten beiden Phasen der Gruppenbildung noch nicht besonders hoch ist, jedoch können hier bereits Maßnahmen getroffen werden, um bestimmte Gruppenprozesse zu initiieren und Standards zu etablieren, wie das nachfolgende Beispiel zeigt.

Beispiel: Lehrerin A übernimmt eine fünfte Klasse, in der sich kaum Schüler/innen kennen. Damit sie schnell mit dem Unterrichtsstoff beginnen kann und um die Schüler/innen entsprechend zu fördern, klärt sie in der ersten Stunde alle organisatorischen Details und beginnt dann direkt mit den Englischstunden. Von der Einführung von Klassenregeln hält sie nicht viel. Die Schule lernen die Fünftklässler durch eine von der Schüler/innenvertretung organisierte Schulrallye kennen.

Lehrer B übernimmt die Parallelklasse, in der sich ebenfalls kaum Schüler/innen kennen. In den ersten beiden Wochen reserviert er alle seine Unterrichtsstunden dafür, die Schüler/innen näher kennenzulernen, organisatorische Dinge abzuklären, gemeinsam mit der Klasse Regeln und Konsequenzen festzuhalten und einige grundlegende Methoden und Arbeitsweisen einzuüben. Außerdem trifft sich die Klasse gesammelt an einem Samstag und unternimmt einen Fahrradausflug mit anschließendem Grillfest, bei dem viele gemeinsame Spiele gespielt werden.

Nach den ersten Wochen an der neuen Schule zeigen sich bereits deutliche Unterschiede in den beiden Klassen. Klasse A ist laut und unruhig, viele Arbeitsformen funktionieren nicht, so dass die meisten Fachlehrer/innen dazu übergegangen sind, den Unterrichtsstoff frontal zu vermitteln. In Klasse B sind die Klassenregeln mittlerweile etabliert und dank eines positiven Sanktionssystems achten auch die Schüler/innen mit darauf, dass diese Regeln eingehalten werden, was das Arbeiten mit der Klasse für viele Lehrer/innen sehr angenehm und für alle Beteiligten produktiv gestaltet.

Das Beispiel verdeutlicht, dass es bei der Missachtung von Gruppenprozessen sowie dem Versäumen der Gelegenheit, in der Phase der *Gruppenformierung* Normen und Regeln zu etablieren, die ein positives soziales Miteinander ermöglichen, häufig dazu kommen kann, dass sich weniger positive Normen in das Verhalten der Gruppe einschleichen. Diese zu verändern ist häufig viel aufwendiger, als die Zeit zu investieren, die zu Beginn eines Gruppenbildungsprozesses benötigt wird, um Standards und Normen zu etablieren, die für alle Beteiligten konstruktiv sind.

Es ist außerdem, insbesondere als Lehrer/in, darauf zu achten, dass ein hoher Zusammenhalt einer Klasse sowohl positive als auch negative Auswirkungen haben kann. Eine wichtige Rolle spielen dabei explizit die Erwartungen der Schule sowie der einzelnen Lehrer/innen an die Leistungsbereitschaft sowie das soziale Verhalten von Schüler/innen. Sind diese nämlich niedrig, so wird sich eine Gruppe mit hohem Zusammenhalt möglicherweise daran orientieren, dass es in Ordnung ist, nicht zu lernen und den Unterricht zu stören. Sind die Anforderungen an die Gruppe jedoch hoch, so wird ein hoher Zusammenhalt in der Gruppe wahrscheinlich zu einem besseren Verhalten der Klasse und höheren Leistungen führen.

Ein Beispiel kann diesen Sachverhalt im Folgenden noch weiter erläutern:

Beispiel: Eine Lehrerin übernimmt eine achte Klasse. Die Gruppennorm, die sich insbesondere in der letzten Zeit dort etabliert hat, legt ihren Fokus darauf, dass diejenigen Schüler/innen als anerkannt und cool gelten, die sich nicht an die Klassenregeln halten, in die Klasse rufen, den Unterricht durch unterschiedliche Verhaltensweisen wie beispielsweise aufstehen, herumlaufen, sich zu anderen Mitschüler/innen stellen oder die Klasse verlassen, stören. Die wenigen Schüler/innen, die zwischendurch darauf hinweisen, dass sie ungestört lernen wollen, haben gegenüber dem hohen Zusammenhalt aller anderen Mitschüler/innen keine Chance. Dementsprechend lassen sich nach und nach immer mehr Schüler/innen dazu anregen, den Unterricht zu stören.

Das Beispiel zeigt, dass der hohe Zusammenhalt innerhalb einer Klasse nicht nur positive Auswirkungen haben kann. Nichtsdestotrotz bietet es sich an, als Lehrkraft einen hohen Zusammenhalt der eigenen Klasse anzuregen und zu fördern, aber immer im Zusammenhang mit der Etablierung bestimmter *Klassennormen*, die die positiven Auswirkungen von Anstrengung verdeutlichen sowie rücksichtsvolles Verhalten und das Einhalten der Klassenregeln sowie einen respektvollen Umgang miteinander anregen und erwarten. Auch kann ein hoher Zusammenhalt beispielsweise dadurch gefördert werden, dass sich eine Lehrkraft zu Beginn der Leitung einer Klasse genügend Zeit nimmt, um *förderliche soziale Komponenten* innerhalb der Gruppe zu etablieren oder zu schärfen. Abbildung 17 verdeutlicht nochmals den Zusammenhang zwischen der Ausprägung des Gruppenzusammenhalts, den Gruppennormen und der Gruppenproduktivität.

Abbildung 17: Zusammenhänge zwischen Produktivität, Standards und Zusammenhalt

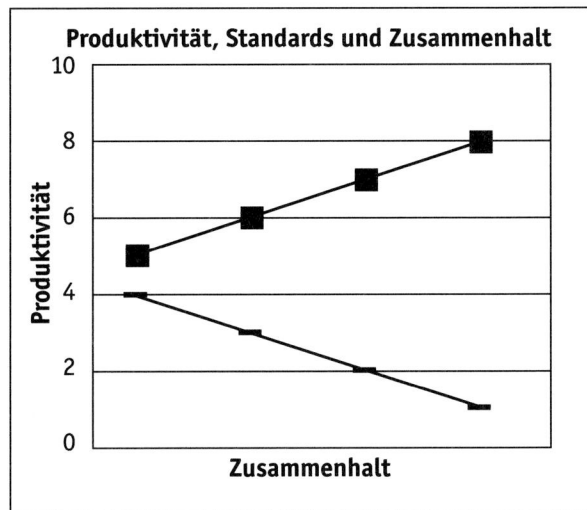

Kenntnisse über die Auswirkungen von Gruppendynamiken können Lehrer/innen also erste Anhaltspunkte liefern, die dazu beitragen, die Interaktionen innerhalb einer Klasse besser zu verstehen. Die Befunde zum Zusammenhalt in einer Klasse tragen außerdem dazu bei, Prozesse des Zusammenhalts derart zu begleiten, dass dieser sich auch konstruktiv auf die Lernatmosphäre innerhalb einer Klasse auswirkt.

13.3   Das Klima einer Klasse

Von Klassenklima ist die Rede, wenn man allgemein davon redet wie Schüler/innen sich in der Klasse fühlen, individuell oder/und kollektiv; generalisiert auf die ganze Schule spricht man von Schulklima. Wie viele Begriffe in der Wissenschaft, existieren auch hier unterschiedliche Defini-

tionen. Klassenklima wird beispielsweise als wahrgenommene Lernumwelt in einem Bereich aufgefasst, als subjektive Repräsentationen objektiver Umweltgegebenheiten oder als objektive
Merkmale von Lernumwelten, die kollektiv wahrgenommen werden (zsf. Steins, 2008b). Diese
letzte Definition setzt eine gewisse Übereinstimmung in der Klimawahrnehmung zwischen den
Schüler/innen einer Klasse voraus, die nicht immer gegeben ist. Klassenklima kann auch als sub-
jektives Lernumweltmerkmal definiert werden (zsf. Steins, 2008b): Die kollektive Wahrnehmung
von Leistungsdruck, Konkurrenzdruck, Anonymität und Regellosigkeit in einer Schulklasse. Auch
diese Definition setzt eine gewisse Übereinstimmung in der Klimawahrnehmung zwischen den
Schüler/innen einer Klasse voraus.

Die Definitionen unterscheiden sich danach, ob sich die Wahrnehmung des Klassenklimas sich auf
die *individuelle* oder die *kollektive* Wahrnehmung bezieht. Achermann, Pecorari, Winkler-Metzke
& Steinhausen (2006) kommen zu dem Schluss:

> „Ein negativ erlebtes Schulklima (…) ist hauptsächlich durch Leistungs- und Kon-
> kurrenzdruck sowie durch mangelndes Vertrauen bzw. fehlenden Respekt in der
> Beziehung der Jugendlichen untereinander und in der Beziehung zur Lehrperson
> geprägt. (…) Dabei steht eher die individuelle als die kollektive Wahrnehmung
> des Schulklimas in einer deutlichen Beziehung zur psychischen Befindlichkeit." (S.
> 34).

Die Messung des Klimas einer Klasse kann sich auf unterschiedliche Aspekte des Klimas konzentrieren. Man kann sich auf wahrgenommene klassenspezifische Interaktionsprozesse innerhalb
der Schüler/innen beziehen und sich konkret mit Konkurrenz zwischen Schüler/innen, Anerkennung durch Schüler/innen, Kontrolle durch Lehrer/innen, Mitbestimmung und Leistungsdruck beschäftigen, kann aber auch die individuelle als auch die kollektive Wahrnehmungsebene
berücksichtigen sich auf das Mitschüler/innenklima konzentrieren, erfassbar durch Hilfsbereit-
schaft und Kohäsion, das Klima zwischen Lehrer/innen und Schüler/innen, erfassbar durch die
Fürsorglichkeit der Lehrer/innen und den empfundenen Leistungsdruck. Auch das allgemeine
Klima aufgrund der Schul- bzw. Unterrichtsnormen, erfassbar durch Disziplin und die Identifi-
kation mit der Schule. Es gibt auch übergeordnete Dimensionen, die sich mit den beteiligten
Personen beschäftigen, z.B. den Lehrer/innen-Schüler/innen-Interaktionen. Hier werden insbesondere Klimamerkmale konnotativ abgefragt, z.B. wie positiv (Fürsorglichkeit der Lehrer)
bzw. negativ (Leistungsdruck) bestimmte Aspekte empfunden werden.

Die Definitionen und Operationalisierungen von Klassenklima verdeutlichen, als wie wichtig die
Interaktionsqualität aller Beteiligten in der Klassenklimaforschung bewertet wird. Das Klassenklima setzt sich aus der Qualität der Interaktionen der Schüler/innen untereinander, aber auch
aus der Qualität der Interaktionen zwischen Lehrer/innen und Schüler/innen.

13.3.1 Klassenklima und Lernerfolg von Schüler/innen

Die Zusammenhänge des Klassenklimas mit schulrelevanten Variablen werden schon seit längerer Zeit immer wieder thematisiert. In einer Längsschnittuntersuchung wurde gefunden, dass Lob und Anerkennung durch die Lehrkraft zu positivem Schüler/innenverhalten beiträgt und eine Leistungssteigerung von Schüler/innen durch Einbeziehung und Motivation möglich ist (Rutter et al, 1979). Mit den Daten eines Längsschnitts konnten Jerusalem und Schwarzer (1991) zeigen, dass das Klassenklima eine stärkeren Einfluss auf das Ausmaß der Prüfungsangst der Schüler/innen und das Selbstkonzept der Schüler/innen hatte als umgekehrt. Ergänzend seien hierzu die Befunde von Pekrun (1983) genannt, der findet (ebenfalls in Längsschnittstudien), dass Strenge im Unterricht, Leistungsdruck durch Lehrer/innen und Eltern und das Ausmaß des Wettbewerbs in der Klasse mit der Ausprägung der Prüfungsangst der Schüler/innen zusammenhängen. Hierzu passt der Befund von Eder (1996) ins Bild, dass schulischer Leistungsdruck eine signifikante Quelle psychischer Belastung darstellt. Eine positive emotionale Qualität sozialer Beziehungen in der Schule kann eine ausgleichende Funktion haben. So geht ein positives Schulklima (Vertrauen und Respekt in den Beziehungen zwischen Schüler/innen) selten mit psychischen Auffälligkeiten einher (Havlinova & Schneidrova, 1995). Entscheidend für eine allgemeine Schulzufriedenheit scheint die Wahrnehmung von Gerechtigkeit, Sicherheit und Lehrer/innenunterstützung zu sein (Samdal, Nutbeam, Wold & Kannes, 1998).

Zusammenfassend betrachtet wird deutlich, dass die Interaktionsqualität eine große Rolle spielt und besonders die zwischen Lehrpersonen und Schüler/innen ablaufenden Interaktionen für die Leistung und den empfundenen Leistungsdruck entscheidend sind (Steins, 2008b). Leistungsdruck steht dabei auch unter dem Einfluss der Eltern. Ein positives Klima verhindert nicht das Auftreten psychischer Störungen, genauso wenig wie ein negatives Klassenklima die alleinige Ursache ihres Auftretens ist. Aber ein positives Klima bedeutet, dass es soziale Unterstützungsfunktionen gibt. Und das ist hilfreich, insbesondere dann, wenn ein/e Schüler/in auf soziale Unterstützung angewiesen ist.

13.3.2 Die Rolle des/r Lehrer/s/in für das Klassenklima

Die Grundlage einer Lehrer/innen-Schüler/innen-Interaktion, die für die Schüler/innen entwicklungsförderlich ist, besteht aus klaren Erwartungen, Unterstützung und besonders einer freundlichen zugewandten Beziehung. Freundliche Interaktionen, hohe Erwartungen, entwicklungsförderliche Bedingungen, soziale Kompetenzen und Bildungserfolg hängen eng zusammen (Hamre & Pianta, 2001).

Ein Experiment von Hamre et al (2005), in dem die emotionale und instruktionale Unterstützung durch die Lehrperson variiert wurde, unterstreicht die Bedeutung des Klassenklimas, gesteuert durch das Lehrer/innenverhalten, für den Lernerfolg. Die Autoren trainierten Lehrer/innen nach bestimmten Kriterien für emotionale und instruktionale Unterstützung. Sie verglichen den schulischen Werdegang von Schüler/innen, welche Unterricht durch diese Lehrer/innen erhalten hatten mit anderen vergleichbaren Schüler/innen, die keine solchen Lehrer/innen hatten. Insbesondere leistungsschwache Schüler/innen profitierten durch diese beiden Dimensionen.

Als führende erwachsene Bezugspersonen tragen also die Lehrer/innen entscheidend zur Interaktionsqualität und damit zum Klima in der Klasse und der Schule bei.

13.4 Zusammenfassung

Zusammenhalt als eigentlich positives Empfinden gegenüber einer Gruppe hat dann nachteile für eine Lerngruppe, wenn die Normen nicht auf Produktivität gerichtet sind, sondern auf das Vermeiden von Anstrengung und Leistung. Zusammenhalt hängt in seinen Wirkungen, genau wie andere sozial konnotierte Variablen, von dem Gesamtbedingungsgefüge ab.

13.5   Fragen, Übungen, Lektüre

13.5.1   Fragen

- Welche positiven und negativen Konsequenzen von hohem Zusammenhalt können Sie benennen?
- Wie können Sie als Lehrkraft darauf einwirken, dass sich ein hoher Zusammenhalt in Ihrer Klasse möglichst positiv auswirkt?

13.5.2   Übungen

- Reflektieren Sie: Wie könnten Sie auf Grund Ihrer gruppenpsychologischen Kenntnisse die Förderung einer positiveren Klassenatmosphäre erreichen?

13.5.3   Weiterführende Lektüre

- Forsyth, D.R. (2010). *Group Dynamics*. Belmont: Wadsworth. Kapitel 5: Cohesion and Development, S. 116-142.
- Steins, G. (2014). *Sozialpsychologie des Schulalltags* (Kapitel 16). Lengerich: Pabst Science Publishers.

TEIL V
In der Klasse

Auch in diesem Teil geht es um Prävention. Das Ziel des Teiles besteht darin, Lösungen für die in Kapitel 4 beschriebenen Herausforderungen zu diskutieren, die der Tatsache geschuldet sind, dass das Unterrichten in großen Gruppen abzulaufen hat. Dollase (2012) sieht eine zentrale Lösung darin, wenn Klassen numerisch nicht zu verkleinern sind, sie *psychologisch zu verkleinern*. Genau diese Möglichkeit wird durch die Kapitel 14, 15 und 16 aus verschiedenen Perspektiven in Betracht gezogen. Um dies bewerkstelligen zu können, ist das in Teil IV dargestellte Wissen zu den in einer Gruppe ablaufenden Prozessen eine notwendige Voraussetzung. Kapitel 14 geht in Bezugaufnahme auf relevante Erkenntnisse der Unterrichtsforschung auf einige Lösungsmöglichkeiten ein. Kounins Dimensionen erfolgreichen Unterrichtens (gemessen an der Mitarbeit der Schüler/innen und dem Ausbleiben von Störungen) werden beschrieben und differenziert durch konkrete Maßnahmen aus einer sozialpsychologischen Perspektive, die Dollase auf das Gruppengeschehen einnimmt. Kapitel 15 geht sehr konkret auf einige didaktische Strategien ein, um Schüler/innen zu aktivieren, reflektiert aber auch kritisch die damit verbundenen Probleme. Kapitel 16 stellt wichtige Erkenntnisse aus präventionstheoretischer Perspektive zusammen, die als Anregung für eine präventive Schulentwicklung gedacht sind.

14. Herausforderungen an das Verhalten der Lehrenden

In Teil IV wurde bereits darauf hingewiesen, dass das Lernen in großen Gruppen für alle Beteiligten, besonders für die Heranwachsenden starke Ansprüche an deren Frustrationstoleranz und Selbstregulation stellt. Auch wenn Lehrende eine freie Berufswahl getroffen haben, und im Vergleich mit Schülern/innen freiwillig in der Schule sind, zudem im Vergleich mit Heranwachsenden über gut ausgebildete Selbstregulationskompetenzen verfügen, stellt die Tatsache, dass in großen Gruppen unterrichtet wird, dennoch einige sehr große Herausforderungen an sie dar.

14.1   Kounins Dimensionen der Klassenführung

Kounin (1970) konnte ziemlich genau durch seine Beobachtungen im Unterricht beschreiben, welche Kompetenzen einer Lehrkraft einen reibungslosen Unterricht mit relativ wenigen Störungen und einem produktiven Fluß wahrscheinlicher machen. Diese Kompetenzen sind der Übersicht halber in Tabelle 4 aufgeführt. Vor dem Hintergrund von Hatties Befunden (2009), dass die Interaktionsgestaltung der Lehrkraft eine bedeutsame Rolle für den Lernerfolg der Schüler/innen spielt, erscheinen diese Befunde besonders bedeutsam.

Kounin selbst berichtet, dass die genannten Dimensionen unterschiedlich stark mit der Intensität der Mitarbeit und der Häufigkeit des Ausbleibens von Fehlverhalten zusammenhingen (Kounin, 2006). Der stärkste Zusammenhang mit der Mitarbeit der Schüler/innen besteht zum *Schwung* ($r = .66$) und zur Allgegenwärtigkeit ($r = .62$), gefolgt von gleicher Zusammenhangsstärke zu Reibungslosigkeit und Aufrechterhaltung des Gruppenfocus (jeweils $r = .60$). Die Zusammenhänger zu der Dimension Überlappung waren wesentlich schwächer ($r = .46$), noch schwächer die zu der Dimension programmierte Überdrussvermeidung ($r = .37$).

Auch in Hinblick auf das Ausbleiben von Fehlverhalten seitens der Schüler/innen spielt der Schwung eine *entscheidende Rolle* ($r = .64$); alle anderen Dimnesionen hängen schwächer hiermit zusammen (*Allgegenwärtigkeit*, $r = .62$; Reibungslosigkeit, $r = 49$; Aufrechterhaltung des Gruppenfocus, $r = .44$; Überlappung, $r = .36$ und programmierte Überdrussvermeidung, $r = .32$).

Überlappung und programmierte Überdrussvermeidung sind also nicht die zentral wichtigen Dimensionen, besonders wichtig sind *Schwung und Reibungslosigkeit.*

Dimension	Bedeutung	Beispiel
Bescheidwissen o. Allgegenwärtigkeit	Bei Ermahnungen und Disziplinierungen Objekt- und Zeitfehler vermeiden Zentral: Das Gefühl, dass die Lehrkraft alles weiß, sie passt genau auf.	Zeitfehler: Zurechtweisung erst nach dem Ereignis Objektfehler: Der falsche Schüler wird zurechtgewiesen.
Überlappung o. Multitasking	Gleichzeitige Steuerung mehrerer Vorgänge durch den Einsatz verbaler und nonverbaler Kommunikation	Antwort auf Frage auf Schüler A und gleichzeitig nicken zu Schüler B
Reibungsloser Ablauf o. Reibungslosigkeit	Vermeidung von Sprunghaftigkeit	Vermeidung von Reizabhängigkeit, Unvermitteltheiten, thematische Inkonsequenz, thematische Verkürzung, Unentschlossenheit
Schwung	Vermeidung von Verzögerungen	Vermeidung von Überproblematisierungen, und Zerhacken von Einheiten (Fragmentierung)
Aufrechterhaltung des Gruppenfocus	Alle werden angesprochen und zu Handlungen verpflichtet	Zufällige Ziehung der Schüler, großer Beschäftigungsradius, Rechenschaftsprinzip
Valenz und Herausforderung	Spannender Unterricht	Spannung durch Themen, Inhalte, Methoden, andere Kinder, Lehrkräfte: ihrer Begeisterung
Programmierte Überdrussvermeidung		

Tabelle 4: Kounins Dimensionen erfolgreichen und präventiven Lehrer/innenverhaltens

Dass eine Lehrkraft hierfür besonders eine gute Beherrschung von Selbstechnologien braucht, liegt auf der Hand: Verfügt sie nicht über ein rationales Bewertungssystem, was die möglichen Fehler und fehlerhaftes verhalten der Schüler/innen angeht, wird sie ihren Schwung immer wieder unterbrechen müssen mit allen Nachfolgeproblematiken (siehe Band I, Kapitel 12).

Interessanterweise findet Koch (2014) in einer Untersuchung, dass die überwiegende Anzahl der befragten Lehrkräfte im Primarbereich Kounins Dimensionen nicht kannte (6 von 101 Lehrerinnen). Das bedeutete nicht, dass sie diese Dimensionen nicht auch berücksichtigten, sie waren aber als *relevanter Wissensfundus* nicht gesichert.

14.2 Probleme und ihre Lösungen nach Dollase

Kounin hat sehr richtig beschrieben, dass für den Umgang mit einer Gruppe besondere Probleme auftreten können, die beim Einzelunterricht in dieser Kombination nicht präsent sind. In seinen Ausführungen zum Classroom Management macht Dollase (2012) auf diesen Umstand besonders aufmerksam und arbeitet die spezifischen Schwierigkeiten heraus, die für einen Umgang mit

Realitätsdimensionen	Problemlösungen
Heterogenität	Reale Verkleinerung von Schulklassen
Schwankende Selbststeuerung	Orientierung auf Signale
Viskosität	Komplexkapazität der Lehrkraft
Koordinierungs- und Synchronisationsschwierigkeiten	Einsatz verschiedener Strategien (Tabelle 4)
Prozess -und Motivationsverluste	**Vollbeschäftigung der Schüler/innen und individuelle Rapporterwartung**
Audienceeffekt	Keine öffentlichen Erörterungen der Probleme einzelner Kinder
Intrapsychische Verarbeitung sozialer Vergleiche	Akzeptanz, Empathie Lob, Humor und gute Laune Gerechtigkeit
Kollektive Validität aller Information	Konnotative und denotativ zu verstehende Sprache: verständ-
Diskriminierungsrisiken	lich **und zugewandte, freundliche Interaktion**
Modulation öffentlicher Kommunikationswirkungen	Unterstützung bei der Selbstregulation, im Umgang mit Frustrationen
Soziometrischer Status	Beziehungsgeflecht sollte L. bekannt sein Kümmern um Außenseiter
Mehrheiten/Minderheiten	Geheimabstimmungen
Konflikte zwischen Subgruppen	Entkategorisierungsmaßnahmen
Strukturelle Entwicklungen von Kompositionseffekten	Gemeinsame Ziele Abbau von Vorurteilen

Tabelle 5: Herausforderungen an das Verhalten der Lehrer/innen: Probleme und ihre Lösungen (nach Dollase, 2012).

einer Lerngruppe charakteristisch sind. In Tabelle 3 (Kapitel 4) wurde übersichtlich zusammengefasst, dass es besonders drei große Herausforderungen sind, denen Lehrende begegnen, in Tabelle 5 sind nun diese Herausforderungen in Kombination mit möglichen Lösungsansätzen erneut präsentiert.

In den Lösungsansätzen sind zahlreiche Präventionsstrategien für Unterrichtsstörungen angelegt. Mehr noch: In Kombination mit Kounins Dimensionen stellt sich heraus, dass diejenigen Lehrenden *Vorteile* haben in Bezug auf eine *präventive Interaktionsgestaltung*, die schnell und komplex wahrnehmen können und sich gleichzeitig schnell entscheiden können wie zu handeln ist. Aber auch die Lehrenden haben Vorteile, die sich *didaktischer Mittel* bedienen um die Gruppe psychologisch zu verkleinern (Kapitel 17). Kapitel 18 wird zeigen, dass gerade die Entscheidungen des angemessenen Handelns in den vielfältig zu erwartenden Situationen präventiv durch eine Schule gesteuert werden können.

Die Tabelle macht aber auch deutlich, dass viele Probleme durch die *soziale Realität* entstehen, die insbesondere durch Variablen der *Struktur und Öffentlichkeit* bestimmt wird. Die subjektiv wahrgenommene soziale Realität ist für Schüler/innen besonders verhaltenswirksam, da emotional besonders berührend (siehe Kapitel 10).

Zwei zentrale Lösungen in der Vielzahl der beschriebenen Aspekte guten Umgangs liegen

- erstens in der Notwendigkeit der *Vollbeschäftigung der Schüler/innen*, die erwarten, dass sie jederzeit vorzuweisen haben was sie gearbeitet haben
- und zweitens in der *freundlichen und zugewandten Interaktionsgestaltung.*

Vollbeschäftigung von Schülern/innen heißt, dass sie sinnvoll zu Themen arbeiten können, ohne dass Leerlauf entsteht. Dies ist nicht zu verwechseln mit sinnentleerter hektischer Beschäftigung um der Beschäftigung willen, sondern entspricht der Forschung, dass *hohe Erwartungen* an das Leistungspotenzial Heranwachsender diese erst oft überhaupt dazu bringt, dass sie sich bewegen und lernen. Aber auch eine sinnvolle Vollbeschäftigung kann nur dann zu einer inneren Beschäftigung mit fachlichen Themen auf Seite der Schüler/innen führen, wenn diese erwarten können, dass ihr individueller Beitrag jederzeit abgerufen werden kann. Nachweislich spielt die Erwartung der Präsentation der eigenen Leistung eine große Rolle bereits bei der Verarbeitung von Lerninhalten. Den meisten Menschen ist dieser Prozess intuitiv vertraut: Die Erwartung, dass ein Inhalt einer anderen Person wiedergegeben wird, führt dazu, dass bereits multiperspektisch auf den Inhalt geschaut wird und er anders und tiefer verarbeitet wird; die Motivation der Wiedergabe wird in einem Bewertungskontext sicherlich noch stärker entwickelt werden. Durch verschiedene Formen der Rechenschaftslegung, die variiert werden können (Zuruf, Los, Test, Einsammeln, Vortragen, gegenseitiger Zuruf etc.), kann verhindert werden, dass es zu Ungerechtigkeiten in der Wahrnehmung der Schüler/innen kommt. Durch eine Kombination von Vollbeschäftigung bei Erwartung einer Rechenschaftslegung können also die zuvor beschriebenen gruppeneigenen Phänome wie soziale Faulheit und Verantwortungsdiffusion vermieden werden und die Öffentlichkeitsdimension sogar konstruktiv genutzt werden.

Es ist allerdings leicht einsehbar, dass dieser Anspruch ohne eine unterstützende, freundliche und zugewandte Interaktionsgestaltung den Unterricht emotional aushöhlen würde, insofern es nur noch um fachliche Pflichterfüllung gehen würde. Es ist relevant, diese Dimension der Interaktionsgestaltung in Kombination mit der Dimension der hohen Erwartungen und Einforderungen im Auge zu behalten.

Erstaunlich ist, dass sehr unterschiedliche Forschungsperspektiven immer wieder zu dem Schluß gelangen, dass es diese Kombination ist, die entwicklungsfördernd ist. Die Mischung aus Freundlichkeit und strukturierten Forderungen nach Einsatz spiegelt zusammenfassend das wieder, was in Band I *als reifer Erziehungsstil* benannt wird und ein wesentliches Ziel der *rational-emotiven Erziehung* ist (Band I, Kapitel 12). Da es herausfordernd ist, sich dementsprechend zu verhalten, ist der Lehrberuf eine in hohem Maße anspruchsvolle Profession.

14.3 Zusammenfassung

Reibungslosigkeit und Schwung sind wichtige Dimensionen guter Klassenführung, die bewirken, dass die Nachteile der Gruppe als Lernort bewältigt werden können, indem Störungen unwahrscheinlicher und Mitarbeit wahrscheinlicher gemacht werden. Besonders eine Gewährleistung der Vollbeschäftigung der Schüler bei Rechenschaftslegungspflicht kombiniert mit einer freundlichen und unterstützenden Interaktionsgestaltung erweist sich als hoch präventiv für das Auftreten von Problematiken in der Schule.

14.4   Fragen, Übungen, Lektüre

14.4.1   Fragen

- Was heißt Vollbeschäftigung der Schüler/innen?
- Was heißt Rechenschaftslegung?
- Welche Dimensionen von Kounin sind zentral?

14.4.2   Übungen

- Verschaffen Sie sich die Möglichkeit, den Unterricht einer Lehrkraft zu beobachten und versuchen Sie das Verhalten der Lehrkraft mit Hilfe von Kounins Dimensionen zu beschreiben.
- Interviewen Sie eine/n Schüler/in und versuchen Sie herauszufinden wieviel Zeit mit Leerlauf an einem Vormittag vergeht.

14.4.3   Lektüre

- Koch, K.-C. (2014). Klassenführung und Gruppendynamik in der Grundschule – Eine empirische Untersuchung zur Popularität und Trivialität von Klassenführung. *Gruppendynamik und Organsationsberatung, 45*, 57-72.

V

15. Didaktische Herausforderungen

Eine gelungene Führung der Klasse bezieht sich also auf vielerlei bislang dargestellte Komponenten der Organisation und Interaktion von Gruppenprozessen. Eine weitere Ebene kommt in diesem Kapitel hinzu, die entscheidend für eine gelungene Klassenführung ist: Neben der konstruktiven Gestaltung der sozialen und interaktionalen Ebene als Voraussetzung für gelingende Lernprozesse ist dies die Bewältigung *didaktisch-methodischer Herausforderungen*.

15.1 Arbeitsabläufe strukturieren

Viel Zeit geht im schulischen Kontext dadurch verloren, dass Arbeitsabläufe wenig reibungslos und eher unstrukturiert verlaufen. Auch hinsichtlich dieser Komponente lohnt es sich, einen Blick darauf zu werfen, wie Arbeitsabläufe analysiert, verstanden und für alle Beteiligten zufriedenstellender und reibungsloser organisiert werden können.

15.1.1 Organisatorische Abläufe gewinnbringend gestalten

Viele Lehrkräfte kennen das Gefühl, die Unterrichtszeit reiche nicht aus, um allen Anforderungen, die von den unterschiedlichsten Seiten bestehen, gerecht zu werden. Ein gutes Beispiel ist der Beginn eines neuen Schuljahres: Nach den Ferien sind direkt eine Vielzahl von Dingen zu klären und zu besprechen, Elternbriefe werden ausgeteilt und wieder eingesammelt, es steht häufig ein Fototermin für das Klassenfoto an, eventuell geht es um Papiergeld und Ausflüge, Elternabende und die Wahl der Klassensprecher/innen sowie weitere schul- und klasseninterne Angelegenheiten. Häufig ist ein konzentrierter Start in den Unterricht, insbesondere in der Position als Klassenlehrer/in, erst nach mehreren Stunden möglich oder diese vermischen sich zu einer von Lehrkräften häufig als stressreich empfundenen Mixtur, in der versucht wird, den organisatorischen wie den fachlichen Ansprüchen gleichermaßen gerecht zu werden.

Was kann hier getan werden? Häufig hilft es bereits, diese Phasen klar voneinander zu trennen. In der Grundschule oder den ersten Klassen der weiterführenden Schule können akustische Signale eingesetzt werden, um beide Phasen deutlich voneinander abzugrenzen. Diese Vorgehensweise ermöglicht es, auch den Schüler/innen klar zu machen, dass nach einer Phase der Organisation, die häufig Langeweile und dementsprechend auch Unruhe mit sich bringt, eine Phase des Lernens und der Konzentration erfolgt.

Als Lehrkraft empfiehlt es sich, zu überlegen, welche *Prioritäten* wann gesetzt werden. Beispielsweise könnte es sich bei vielen Einzelstunden, die in der Klasse erteilt werden, empfehlen, eine gesamte Stunde den organisatorischen Rahmenbedingungen zu widmen, die weiteren Unterrichtsstunden dann jedoch konsequent für unterrichtliche Inhalte zu nutzen. Das Klären organisatorischer Details bedeutet nicht immer, dass die gesamte Klasse dabei zuhören muss. Wenn beispielsweise Geld eingesammelt wird, können die Schüler/innen gleichzeitig auch Aufgaben bearbeiten, sodass anschließend nahtlos in einen fachlichen Teil der Stunde übergegangen werden kann.

Insbesondere Stunden, in denen viele organisatorische Angelegenheiten zu regeln sind, profitieren von einer sorgfältigen Planung, da sie sonst für alle Beteiligten durch einen hohen Lärmpegel (siehe Kapitel 9) und unstrukturierte, ineffektive Interaktionen zur Belastung werden können.

15.1.2 Passung von Gruppe, Rahmenbedingungen, Inhalt und Methode

Jede Gruppe unterscheidet sich von der anderen. Vorgehensweisen, die eine Lehrkraft für gewöhnlich anwendet, funktionieren nicht bei jeder Klasse gleich gut. Methoden, die bei einer Klasse gut funktionieren, laufen bei der anderen eventuell gänzlich ins Leere oder sind möglicherweise höchst unproduktiv.

Jede Lehrkraft mag Methoden und Arbeitsweisen für sich entdeckt haben, die besser oder weniger gut zu ihr passen. Hier empfiehlt es sich, offen für Neuentdeckungen zu sein und auch keine Scheu davor zu entwickeln, neue Arbeitsweisen anzuwenden. Relevant für einen zufriedenstellenden Methodeneinsatz ist es außerdem, sich eine gewisse Flexibilität zu bewahren. Nicht jede Methode passt zu jeder Lehrkraft oder jeder Gruppe, auch Inhalte und Methoden können möglichst passgenau aufeinander abgestimmt. Einige Inhalte eignen sich durchaus hervorragend für die Vermittlung durch einen interessanten Lehrer/innenvortrag, während andere gelungen in kooperativen Settings erarbeitet werden können (Band I, Kapitel 16).

Im Folgenden werden einige Probleme aufgegriffen, die möglicherweise in diesem Kontext entstehen können.

Der Einsatz verschiedener Methoden wird als sehr umständlich empfunden.

Methoden können häufig abgewandelt oder es können Teilkomponenten daraus verwendet werden. So ist es beispielsweise nicht immer notwendig, alle Phasen eines Gruppenpuzzles derart

zu gestalten, dass die Schüler/innen sich umsetzen, was wiederum Zeit spart. Das Bilden von Zu-
fallsgruppen kann mit Hilfe der Nummern auf der Klassenliste, den letzten Geburtstagen oder den
Lieblingsfarben koordiniert werden. Grundsätzlich gilt: Jede Methode sowie jeder Einsatz zur
Förderung und zum Einsatz kooperativer Techniken kann abgekürzt oder verändert sowie den
organisatorischen Rahmenbedingungen und den Bedürfnissen der Lehrkraft sowie der Schü-
ler/innengruppe angepasst werden.

Der Einsatz von Methoden erfordert einen hohen organisatorischen Aufwand.

Es lohnt sich, kreativ zu werden und zu überlegen, ob bestimmte Elemente existierender Methoden abgespeckt werden können und in welchen Situationen diese mit besonders wenig Aufwand eingesetzt werden könnten. Häufig können einzelne Elemente des kooperativen Lernens
mit ein wenig Erfahrung in vielerlei Unterrichtssettings ohne großen Aufwand integriert werden
(Green & Green, 2010).

Der Raum ist zu klein oder die Schüler/innenzahlen einer Klasse sehr hoch.

Viele Methoden, die gleichzeitig verschiedene Komponenten der Schüler/innentätigkeit anregen, lassen sich auch auf engem Raum praktizieren, selbst wenn es natürlich aus einer umweltpsychologischen Betrachtungsweise heraus wünschenswert wäre, dass in Lernsituationen
genügend Raum für jedes Individuum vorhanden ist (siehe Kapitel 9). Sich austauschen und kooperativ arbeiten bedeutet nicht, dass immer Tische gerückt oder langwierige Projektarbeiten ver-
anstaltet werden. Lehrkräfte, die sich diese Ziele setzen, werden unter Umständen kaum
„riskieren", Schüler/innenaktivitäten im Unterricht zu fördern, da ihnen diese zu aufwändig erscheinen.

Die Zusammenstellung der Klasse lässt es unmöglich erscheinen, auf eine andere Weise zu ar-
beiten als frontal zu unterrichten.

Kooperatives Arbeiten kann durchaus lärmintensiver und unruhiger sein, als der durchschnittliche Frontalunterricht. Jedoch liegt dies auch häufig, neben der durch die Aktivität natürlich
entstehende Unruhe, die jedoch positiv auch als lebhafte Interaktion gedeutet werden kann,
daran, dass die Abläufe den Schüler/innen unbekannt sind. Dementsprechend wird im Verlauf dieses Kapitels noch darauf eingegangen, wie Arbeitsabläufe eingeübt werden können, damit sie
produktiv verlaufen.

15.2 Beispiele aus Lernsituationen an Schule und Universität: Kooperative Methoden

Ein sehr simples, variabel einsetzbares, produktives Verfahren ist die auf kooperativen Prinzipien basierende *Think-Pair-Share-Methode* (Green & Green, 2010). Der Gedanke des *kooperativen* Arbeitens basiert dabei darauf, dass die Schüler/innen zunächst zu einer selbsttätigen Aktivität angeregt werden sollen, welche sie alleine ausführen. Diese kann unter anderem der Reaktivierung von bereits vorhandenem Wissen dienen oder Erfahrungswissen abfragen. Ein besonders positiver Aspekt, der hierbei herausgehoben werden kann, ist die Tatsache, dass Schüler/innen, die eher schüchtern sind oder etwas länger benötigen, um ihre Gedanken zu ordnen, sich individuell Zeit dafür nehmen können. Auch Schüler/innen, die Aufgaben schneller bearbeiten oder sich bereits besser in einem Thema auskennen, können die Aufgaben individuell ausführlicher beantworten oder bereits weiterführende Zusatzaufgaben angehen.

Der nächste Schritt besteht darin, dass sich zwei Schüler/innen, beispielsweise Sitznachbarn, oder eine Kleingruppe über die notierten Überlegungen und Ergebnisse austauschen. Das führt einerseits zu einem ersten Sammeln der Ergebnisse und der Erweiterung von Perspektiven, andererseits können unsichere Schüler/innen ihre Ergebnisse mit denen ihrer Klassenkamerad/innen abgleichen und dementsprechend an Sicherheit gewinnen. Insbesondere für den Fremdsprachenunterricht bedeutet das gemeinsame Arbeiten in Partnerarbeit, dass jede/r Schüler/in eine hohe Redezeit in der Zielsprache erhält, die beispielsweise in einem frontalen Unterrichtsarrangement kaum gewährleistet werden könnte.

Anschließend an die Phase der Partner- beziehungsweise Kleingruppenarbeit erfolgt das Sammeln, Diskutieren und Sichern der Ergebnisse im Plenum. Diese Phase ist ebenfalls relevant, um wiederum einen Gesamteindruck aller Ergebnisse zu vermitteln und sicherzustellen, dass alle Schüler/innen am Ende der Sicherungsphase einen möglichst ähnlichen Wissensstand vorweisen können.

Damit eine genauere Idee davon entsteht, wie diese Methode auch bei engen Zeiträumen als *schüleraktivierende* Maßnahme eingesetzt werden kann, werden im Folgenden einige Beispiele präsentiert. Denkbar wäre es beispielsweise, im Rahmen des Oberstufenunterrichts im Fach Erziehungswissenschaft die Frage danach zu stellen, was die Schüler/innen unter Erziehung verstehen. Je nach Zusammenhalt und Grad der Vertrautheit der Gruppe kann diese Frage auch unter Bezugnahme auf biographische Elemente angegangen werden.

Im Englischunterricht könnten beispielsweise Aktivitäten gesammelt werden, die besonders im Sommer Freude bereiten und von vielen Menschen zu dieser Zeit ausgeführt werden. Auch das Thema Internet beziehungsweise Soziale Netzwerke kann mit Hilfe kooperativer Methoden in verschiedenen Fächern thematisiert werden. Für jedes Fach lassen sich spezifische Themen finden, die mit Hilfe der oben dargestellten Methode bearbeitet werden können. Häufig bieten sich auch Einstiege in neue Reihen und in die jeweilige Unterrichtsstunde an, da kooperative Zugänge sich besonders gut dafür eignen, Vorwissen zu reaktivieren. Dies ermöglicht auch der Lehrkraft einen Überblick über den Stand des Wissens der Schüler/innen.

Es eignen sich also zahlreiche Themen eignen, um mit Hilfe der vorgestellten Methode bearbeitet zu werden. Deutlich wird hier auch, dass die Methode sowohl zu Beginn, zur Aktivierung von Erfahrungswissen, als auch zum Ende einer Unterrichtsreihe eingesetzt werden kann, um Gelerntes noch einmal zusammen zu tragen. Auch besteht eine hohe Flexibilität hinsichtlich der Frage, wie viel Zeit die Bearbeitung von Themen benötigt.

Nicht nur bei Schüler/innen der Unter- und Mittelstufe, auch bei Schüler/innen der Oberstufe und bei Studierenden, die Seminare an Universitäten besuchen, lässt sich die oben beschriebene Methode sinnvoll einsetzen, wie das untenstehende Beispiel zeigt.

Bei der Einführung in ein Seminar zum Thema Gruppenpsychologie werden die Teilnehmer/innen zunächst gebeten, sich alleine zu überlegen und zu notieren, wie sie den Begriff der „Gruppe" überhaupt definieren würden und wie vielen Gruppen sie entsprechend ihrer Definition angehören. Eine weiterführende Frage kann sich außerdem der Funktion dieser Gruppen widmen. Wer alle Komponenten der Fragestellung bearbeitet hat, kann sich anschließend mit einem/r Partner/in austauschen und diese Aspekte vergleichen. In einem dritten Schritt werden diese Fragen dann ins Plenum getragen und diskutiert. Anschließend erfolgt die Präsentation von theoretischem Grundlagenwissen.

15.2.1   Vorteile und Nachteile

Die sich aus dem Einsatz dieser Methode ergebenden *Vorteile* sind vielfältig: Es erfolgt eine Aktivierung aller Teilnehmer/innen, darüber hinaus auch die Motivation zur Bearbeitung der Thematik und es wird jedem/r Schüler/in ermöglicht, einen persönlichen Bezug dazu herzustellen. Durch die Ankündigung des Austausches in Partnerarbeit wird eine positive Abhängigkeit kreiert, die vielfach sehr wirksam darauf Einfluss nimmt, dass auch jede/r Schüler/in die Aufgabe bearbeitet. Es wird den Schüler/innen außerdem die Möglichkeit gegeben, ihre Ergebnisse und Positionen auszutauschen und abzugleichen. Auch werden Kommunikationsmöglichkeiten geschaffen und der Austausch in der kleineren Gruppe bietet die Möglichkeit, dass schüchterne oder unsichere Schüler/innen zunächst einmal Sicherheit hinsichtlich der eigenen Position gewinnen können. Im Anschluss kann das Erfahrungs- beziehungsweise bereits vorhandene Wissen direkt mit theoretischen Positionen abgeglichen werden.

Als *Nachteile* können einerseits angeführt werden, dass diese Vorgehensweise unter Umständen mehr Zeit beansprucht als das bloße Austeilen eines Textes zum Thema oder die frontale Präsentation eines Sachverhaltes. Allerdings ist andererseits erwiesen, dass Wissen, welches direkt mit bereits vorhandenen Kenntnissen verknüpft werden kann, von Individuen besser im Ge-dächtnis gespeichert werden kann (Hasselhorn & Gold, 2009). Als weiterer Nachteil könnte an-geführt werden, dass durch die oben angeführte Vorgehensweise eine höhere Unruhe in der Klasse entstehen könnte. Sicherlich führen kooperative Methoden und das Arbeiten in Gruppen mitunter zu einem höheren Lärmpegel, was unter anderem auch daran liegt, dass im Idealfall alle Schüler/innen aktiviert sind. Jedoch führt das kontinuierliche und konsequente Anwenden und Einüben von kooperativen Arbeitsweisen dazu, dass diese häufig reibungsloser und produktiver ablaufen.

Im Folgenden wird daher insbesondere darauf eingegangen, wie Arbeitsabläufe im Rahmen des kooperativen Arbeitens mit einer Klasse eingeübt werden können.

15.3   Kooperative Arbeitsabläufe einüben

Innerhalb jeder Gruppe wird es vermutlich zunächst einmal zu Unruhe führen, wenn neue Ar-beitsweisen, Strategien oder Anforderungen eingeführt werden. Wichtig ist es, sich als Lehrkraft dadurch nicht von der Verwendung dieser Arbeitsweisen abbringen zu lassen.

15.3.1   Analyse der Arbeitsumstände

Besonders wenn eine Unterrichtsstunde besonders chaotisch oder unproduktiv verlaufen ist, lohnt sich eine Analyse der Umstände, die dazu geführt haben. Mögliche Überprüfungsfragen können sein:

- Passt die eingesetzte Methode zur Lehrkraft und zur Lerngruppe?
- Wie hat die Lehrkraft die Methode eingeführt?
- Waren jedem/r Schüler/in die Vorgehensweise sowie die einzelnen Schritte klar?
- Haben die Schüler/innen bereits alle Kompetenzen (sowohl auf sozialer als auch auf fachli-cher Ebene) erworben, um sich mit Hilfe dieser Methode Unterrichtsinhalte erarbeiten zu können?
- Welche Schritte haben bereits gut funktioniert, wo gab es möglicherweise einen „Bruch", was ging noch nicht gut?

15.3.2   Schrittweises Üben

Besonders bedeutsam ist es, eine Lerngruppe schrittweise an ein Arbeiten heranzuführen, das von gemeinsamem Handeln und Kooperation geprägt ist. Schüler/innen der fünften oder sech-sten Klasse haben häufig in der Grundschule bereits Erfahrungen mit kooperativen Lernarrangements gesammelt. Diese Erfahrungen können unter Beachtung der Tatsache aufgegriffen werden, dass die Vorkenntnisse aus der Grundschule wahrscheinlich heterogen verteilt sind und dass eine neue Gruppenkonstellation auch dazu beitragen kann, dass Schüler/innen in dem neuen Setting auch durchaus andere Verhaltensweisen zeigen können.

So ist es durchaus möglich, direkt ab Beginn der fünften Klasse mit den Schüler/innen darauf hinzuarbeiten, komplexe Gruppenarbeiten mit relativ ruhigem Ablauf zu gestalten. Genauso werden jedoch Klassen, die niemals kooperativ arbeiten, auch nach mehreren Jahren kaum in der Lage dazu sein, in relativer Ruhe Tische umzustellen, sich umzusetzen oder mit Teampartner/innen zu interagieren.

15.3.3   Grundlagen des gemeinsamen Arbeitens

Welche Arbeitsabläufe, Grundlagen und Voraussetzungen begünstigen es, dass Schüler/innen produktiv und kooperativ in offeneren Lernsituationen miteinander arbeiten können?

Grundlegend für jegliche Interaktion sind Regeln (siehe Kapitel 8). Diese führen grundlegend dazu, das soziale Miteinander zu strukturieren und den Schüler/innen überdies transparent zu machen, was geschehen wird, wenn sie sich (nicht) an diese Regeln halten. Sanktionen, sowohl positiver als auch negativer Art, dienen nicht nur der Reglementierung bei Fehlverhalten, sondern auch der Erleichterung und Strukturierung der Interaktionen im Klassenraum. Für die Lehrkraft ist es leichter, nicht situativ in jeder Konfliktsituation oder bei jedem Regelverstoß neu über Sanktionen zu entscheiden. Die Schüler/innen wiederum können sich hinsichtlich ihres Verhaltens an klaren Kriterien orientieren und bekommen überdies nicht das Gefühl, dass die Lehrkraft personenbezogen, launenhaft oder ungerecht handelt (Steins & Welling, 2010).

Eine weitere wichtige Komponente ist das bewusste *Einüben des gemeinsamen* Arbeitens. Dies bedeutet auch, dass Lernprozesse gemeinsam mit den Schüler/innen reflektiert werden. Auch bedeutet dies, unter Umständen Unterrichtsvorgänge zu unterbrechen, um den Schüler/innen bestimmte Dynamiken zu verdeutlichen. Wird es beispielsweise während einer Partnerarbeitsphase zu laut im Klassenraum, so kann es lohnenswert sein, die Arbeit zu unterbrechen, um diese Tatsache mit den Schüler/innen zu thematisieren. Auch für Schüler/innen ist es unangenehm, viel Zeit in einer sehr lärmintensiven Umgebung zu verbringen. Häufig sind sie in der Lage, Problematiken zu verbalisieren und auch Lösungsansätze dafür zu benennen. Anschließend können Regeln für diese Situation verabredet werden (bspw. flüstern, leise sprechen, bestimmte Funktionen unter den Schüler/innen vereinbaren, damit sie selbsttätig auf die Lautstärke achten). Die gemeinsame Übernahme von Verantwortung für die Situation durch das Vorschlagen von Lösungsansätzen führt in der Regel zu einer höheren Verbindlichkeit bei allen Beteiligten.

Es empfiehlt sich, grundsätzlich *klare Verabredungen* hinsichtlich von *Signalen* zu treffen, die Arbeitsphasen einleiten und beenden. Die Schüler/innen können außerdem bereits früh trainieren, sich an vorgegebene, überfachliche Anforderungen zu halten, wie beispielsweise das Reden in der Fremdsprache, die Einhaltung von vorgegebenen Bearbeitungszeiten oder die selbsttätige Überwachung bestimmter Arbeitsverteilungen. Es empfiehlt sich, dass diese Rollen, insbesondere bei jüngeren Schüler/innen, zunächst erarbeitet und dann von der Lehrkraft, beispielsweise in Form kleiner Kärtchen, verteilt werden. Erarbeitet werden können sie jedoch durchaus gemeinsam mit den Schüler/innen, indem thematisiert wird, worauf bei bestimmten Arbeiten geachtet werden kann. Gerade jüngere Schüler/innen sind häufig stolz darauf, eine Funktion innerhalb ihrer Klasse oder ihres Teams einzunehmen und erfüllen diese sehr gewissenhaft.

Insgesamt bei jüngeren Schüler/innen könnte es eine produktive Herangehensweise sein, *jede Woche eine weitere Kompetenz* im gemeinsamen Arbeiten neu zu thematisieren und gleichzeitig mit der Bearbeitung des Unterrichtsstoffes einzuüben. Die Schüler/innen führt man so im selben Zuge an die Strukturierung sowie Reflexion und darüber hinaus die Übernahme von Verantwortung für den eigenen Lernprozess und den der gesamten Klasse heran. Diese Prozesse bedürfen, auch mit älteren oder in diesen Abläufen ungeübten Schüler/innen, eines Trainings, der Wiederholung, Revision und Neutestung.

Besonders wichtig ist es in diesem Kontext, dass sich Lehrer/innen nicht vor misslingenden Stunden fürchten, sondern beharrlich ausprobieren, mit welchen Methoden sie ihren verschiedenen Klassen den unterschiedlichen Stoff besonders effektiv vermitteln und gleichzeitig die größtmögliche Selbsttätigkeit aller Schüler/innen fördern können.

15.3.4 Die Rolle der Erwartungen

Ein in diesem Kontext besonders wichtiger Aspekt ist die Auswirkung der hohen Erwartungen (siehe Kapitel 2).

Als besonders effizient haben sich hohe Erwartungen herausgestellt, die die einzelnen Individuen beziehungsweise die Gruppe jedoch nicht überfordern. Lehrer/innen können durchaus erwarten und konsequent, aber zugewandt einfordern, dass Schüler/innen in angemessener Lautstärke miteinander Aufgaben bearbeiten. Über das Einüben gemeinsamer Arbeitsweisen erlernen sowohl die gesamte Klasse als auch die einzelnen Schüler/innen wichtige soziale Fähigkeiten, wie beispielsweise Rücksichtnahme, Selbstregulationskompetenz, Empathiefähigkeit und Selbstaufmerksamkeit (Steins, 2014). Diese Kompetenzen wirken sich wiederum positiv auf die Gestaltung der Arbeitsweise in der Klasse aus. Anders herum sieht es bei Erwartungen aus, die besagen, dass Schüler/innen im Allgemeinen oder eine gesamte Klasse im Speziellen nicht dafür geeignet ist, um mit ihnen kooperativ zu arbeiten. Diese niedrigen Erwartungen an die Fähigkeiten der Schüler/innen sowie die Möglichkeiten, bestimmte Arbeitsweisen in der Klasse zu realisieren, werden dazu führen, dass diese selten angewandt werden, dementsprechend das bei jeder Gruppe essentielle Einüben dieser Abläufe entfällt und die wenigen Gelegenheiten des miteinander Arbeitens wahrscheinlich unruhig und unstrukturiert ablaufen.

15.3.5 Überprüfungen des Lernstoffes

Passend zu der Thematik der hohen Erwartungen lohnt es sich, einen ergänzenden Blick auf den Umgang mit der Überprüfung des Lernstoffes zu werfen. Auch hinsichtlich der Erledigung von Hausaufgaben, des Lernens von Vokabeln oder der Anfertigung weiterer Arbeiten ist es relevant, hohe Erwartungen an die Anfertigung und Anwendung dieser zu haben. Hohe Erwartungen jedoch können in diesem Falle nicht alleine für sich stehen, sondern es gibt idealerweise darüber hinaus regelmäßige Routinen zur Überprüfung der Schüler/innenarbeiten.

Hinsichtlich der Anfertigung von *Hausaufgaben*, ist es beispielsweise relevant, Lern- und Hausaufgabenstrategien mit Schüler/innen und Eltern zu thematisieren. Es ist wichtig, alle Beteiligten darüber zu informieren, welche Räumlichkeiten und welche Atmosphäre zur Erledigung der Hausaufgaben förderlich sind. Auch ist es insbesondere in der weiterführenden Schule nicht notwendig und wenig förderlich für die Selbsttätigkeit der Schüler/innen, wenn sich Eltern regelmäßig beim Erledigen der Hausaufgaben neben ihre Kinder setzen und das Anfertigen der Hausaufgaben auf diese Weise begleiten. Andererseits ist es wichtig, Eltern zu vermitteln, wie sie sich verhalten können, um ihre Kinder bestmöglich und produktiv beim Anfertigen der Hausaufgaben zu unterstützen.

Für Lehrkräfte gilt: Die Verwertung von Hausaufgaben im Unterricht ist stets gegeben. Zum einen ist es relevant, die Hausaufgaben im Unterricht zu verwenden, um die Arbeit der Schüler/innen wert zu schätzen. Wenn Schüler/innen merken, dass die Lehrkraft in ihrem Unterricht keine Anknüpfungspunkte zu den Hausaufgaben herstellt, werden sie langfristig dadurch frustriert sein und den Sinn der Erledigung dieser nicht einsehen. Außerdem ermöglicht der Einblick in die Hausaufgaben eine Diagnose des Status Quo hinsichtlich der Frage, wie gut die einzelnen Schüler/innen den Unterrichtsstoff bereits durchdrungen haben. Hinsichtlich von Hausaufgaben empfiehlt es sich auch, Schüler/innen Wahlfreiheiten zwischen Aufgaben(-typen) zu ermöglichen. Dies kann dazu beitragen, den Eindruck des Zwangs durch die Hausaufgaben zu reduzieren und gleichzeitig Ablehnung und Reaktanz hinsichtlich der Erledigung dieser abbauen (Steins, 2014). Auch im Bereich der Hausaufgaben empfiehlt es sich, verbindliche Regeln und Konsequenzen mit der Klasse zu vereinbaren, wie verfahren wird, wenn Hausaufgaben nicht erledigt werden.

Hinsichtlich der Überprüfung des Lernprozesses und des Lernstoffes empfiehlt es sich außerdem, regelmäßig *die Hefte der Schüler/innen einzusammeln.* Die Termine können frühzeitig mit der Klasse festgelegt werden und eine Erinnerung der Schüler/innen, insbesondere in jüngeren Jahrgangsstufen, ist hilfreich. Es geht beim Einsammeln der Hefte, wie auch beim Kontrollieren der Hausaufgaben nicht darum, Schüler/innen herauszusuchen, die den Anforderungen nicht entsprechen und diese dann bestimmten Sanktionen zu unterziehen. Sondern die Schüler/innen werden durch den Einsatz dieser Techniken dabei unterstützt und lernen, ihr Arbeitsmaterial strukturiert aufzubereiten und an sie gestellte Anforderungen zu bewältigen. Diese Kompetenzen sind wesentlich auf dem Weg hin zu einer selbstständig lernenden und Probleme lösenden Persönlichkeit. Es handelt sich darüber hinaus um Fähigkeiten, die unter anderem studierfähig machen und auf das Arbeitsleben vorbereiten und in einem grundlegenderen Sinn die Selbstwirksamkeit der Schüler/innen erhöht (Steins, 2014, Kapitel 8).

Für Lehrer/innen einer Fremdsprache ist es beispielsweise relevant, regelmäßig die Kompetenzen der Schüler/innen hinsichtlich des Erwerbs von Vokabeln zu *kontrollieren*. Dies unterstützt den Lernprozess der Klasse insofern, als dass kein/e Schüler/in so leicht den Anschluss in der Fremdsprache verliert. Insbesondere jüngeren Schüler/innen hilft es, deutlich zu machen, dass es weniger Aufwand ist und langfristig bedeutend befriedigender, regelmäßig wenige Vokabeln zu lernen und zu wiederholen als nach langer Zeit sehr viele davon. Des Weiteren wird das Erlernen einer Fremdsprache mit der Zeit immer frustrierender, wenn lediglich ein geringer Wortschatz vorhanden ist, der mit hoher Wahrscheinlichkeit auch zu schlechteren Benotungen beitragen wird. Es bietet sich daher an, insbesondere bei Einführung der Fremdsprache regelmäßige, zum Beispiel wöchentlich stattfindende, Vokabeltests durchzuführen. Diese können teilweise auch auf spielerische Art und Weise auch in der Klasse oder durch Klassenkamerad/innen kontrolliert werden. Auch existiert eine Vielzahl an Vokabelspielen und Übungen, welche den Wortschatz von Schüler/innen trainieren helfen. Insbesondere hinsichtlich des Lernens von Vokabeln, jedoch auch bezogen auf Hausaufgaben im Allgemeinen, ist es unter Umständen sinnvoll, mit den Schüler/innen das von Ellis (2008) eingeführte Prinzip des hedonistischen Kalküls zu thematisieren (Band I, Kapitel 12). Alle diese beispielhaft für Fremdsprachen angeführten Aspekte gelten selbstverständlich auch für viele andere Fächer, in denen es Nachfolgeprobleme gibt, wenn das gelehrte Wissen nicht kontinuierlich erworben wird.

15.4   Alleine und gemeinsam lernen

Psychologische Forschungsgrundlagen können Anhaltspunkte darüber geben, wann es förderlicher ist, sich einen Lerngegenstand zunächst alleine anzueignen und wann es möglicherweise eher ratsam ist, Gruppen- oder Partnerarbeit einzusetzen, um ein befriedigendes Lernergebnis zu erhalten.

Ob Frontalunterricht, Einzel-, Partner-, oder Gruppenarbeit produktiv eingesetzt werden kann, hängt neben einigen anderen Einflussfaktoren auch von der zu bearbeitenden Aufgabe ab. Nicht jede Sozialform trägt nämlich dazu bei, dass der Unterrichtsstoff bestmöglich von den Schüler/innen verarbeitet werden kann (siehe Steins, 2014, Kapitel 8).

Grundsätzlich lässt sich zunächst einmal festhalten, dass das Phänomen der *sozialen Erleichterung* dafür sorgt, dass die Anwesenheit mehrerer Personen die Effizienz der Arbeit von Individuen erhöht. Dieses Phänomen wurde bereits vor mehr als hundert Jahren von Triplett bei Rennradfahrern beobachtet (Triplett, 1898). Ausgehend von dieser Beobachtung wurde das Phänomen der sozialen Erleichterung weiter untersucht. Ein weiterer Forscher, Zajonc (1965), stellte beispielsweise fest, dass die soziale Erleichterung bei der Bearbeitung von Aufgaben durch andere Individuen nur dann auftritt, wenn es sich um eine leicht zu bearbeitende Aufgabe handelt. Andererseits können Gruppen eher hinderlich wirken, wenn ein besonders komplexer Sachverhalt behandelt wird. Es hat sich hier gezeigt, dass Individuen idealerweise komplexe Sachverhalte zunächst alleine durchdrungen haben, bevor sie sie in Gruppen anwenden und testen.

Weitere Effekte können einen Einfluss darauf ausüben, ob das Arbeiten alleine oder in einer Gruppe produktiver verläuft. So gilt, dass je größer die Gruppe wird, desto höher auch der entstehende Aufwand für die Koordination der Mitglieder untereinander ist. Dies wiederum führt dazu, dass zu viel Zeit für die Organisation der Gruppenmitglieder verwendet werden muss, die dann wiederum bei der Bearbeitung der Aufgabe fehlt (Forsyth, 2010).

Ein interessanter weiterer Effekt bei der Zusammenarbeit von Gruppen ist das Phänomen des *sozialen Faulenzens*. Der *Ringelmann-Effekt* besagt, dass insbesondere bei additiven Aufgaben die einzelnen Gruppenmitglieder häufig hinter der eigentlichen Leistungsfähigkeit zurückbleiben, die sie in Einzelarbeit zeigen würden (Ingham, Levinger, Graves & Peckham, 1974). Hier werden, basierend auf der diesbezüglichen Forschungslage hinsichtlich der Organisation von Gruppenarbeit einige Fragen gestellt:

Ist es möglich, als Lehrkraft zu identifizieren, wer welchen Beitrag zum Gesamtergebnis geleistet hat? Wenn Ergebnisse nur als Gruppenganzes bewertet werden können, kann dies dazu führen, dass sich niemand mehr verantwortlich fühlt und sich jede/r Schüler/in automatisch auf die anderen Gruppenmitglieder verlässt. Wird hingegen die Leistung der Gruppe und die der einzelnen Individuen beurteilt, so ist das Auftreten von sozialem Faulenzen weitaus weniger wahrscheinlich. Die Beurteilung der Leistungen einzelner Gruppenmitglieder verhindert darüber hinaus, dass einige Schüler/innen besonders viel und andere besonders wenig arbeiten und zum Gesamtergebnis beitragen.

Ist die Aufgabe für die Schüler/innen *interessant*? Soziales Faulenzen tritt weniger häufig auf, wenn Schüler/innen die Gelegenheit erhalten, in Gruppen an Aufgaben zu arbeiten, die relevant für ihre Lebenswelt sind. Ein weiterer motivierender Faktor ist die Tatsache, wie herausfordernd es ist, die gestellte Aufgabe zu lösen. Nicht jeder in der Schule zu bearbeitende Sachverhalt kann jedoch für jede/n Schüler/in immer gleich interessant und herausfordernd aufbereitet werden.

Daher ist es sinnvoll, noch eine weitere Komponente zu beachten, die oben bereits thematisiert wurde: Hohe Erwartungen und Anforderungen an die Leistung von Gruppen bei der Bearbeitung von Aufgaben kann ebenfalls dazu beitragen, die Leistung der Gruppe zu steigern (Forsyth, 2010).

Welche *Art der Aufgabe* erhalten die Schüler/innen zur Bearbeitung? Steiner (1972) untersuchte, inwiefern die Art der Aufgabe mit der Effektivität der Gruppenarbeit zusammenhängt. Dabei fand er heraus, dass Individuen ein besseres Ergebnis als Gruppen erzielen, wenn sie an konjunktiven Aufgaben arbeiten, es sei denn, die Aufgabe ist dafür geeignet, dass sie aufgeteilt und entsprechend der einzelnen Fähigkeiten der Gruppenmitglieder verteilt wird. Gruppen hingegen schneiden bei additiven, kompensatorischen sowie disjunktiven Aufgaben meist besser ab als einzelne Individuen (Forsyth, 2010; Schneider, 1972; siehe auch Steins, 2014, Kapitel 8).

Dieser kurze Überblick zeigt, dass die Beantwortung der Frage, ob Schüler/innen besser alleine oder gemeinsam an Aufgaben arbeiten und lernen, von vielfältigen Kriterien abhängt, die von Lehrkräften unabhängig vom gerade vorherrschenden didaktischen Paradigma in die Planungen ihres Unterrichts mit einbezogen werden können, um bestmögliche Schüler/innenleistungen zu ermöglichen. Die Arbeit in Gruppen ist ein sehr wirkungsvoll im Unterricht einsetzbares Instrument. Dies gilt jedoch nur dann, wenn diese Arbeitsform durchdacht eingesetzt wird. Der alleinige und ständige Einsatz von Gruppenarbeit führt noch lange nicht zu einem qualitativ hochwertigen Unterricht; relevant ist hier die Passung der ausgewählten Methoden zu den vielen verschiedenen weiteren Komponenten, die in diesem Kapitel thematisiert wurden.

15.5   Beachtung des Lerntempos

Es ist mittlerweile eine kaum mehr umstrittene Tatsache, dass die *äußere Differenzierung* in Schulformen nur bedingt dazu führt, dass dort besonders homogene Klassen entstehen. Im Zuge der Inklusion ist diese Vorstellung darüber hinaus noch weitergehender dekonstruiert worden (Feyerer, 2012). Dies bedeutet, dass eine Lehrkraft eine Vielzahl unterschiedlicher Lerntempi und Herangehensweisen von Schüler/innen an den Lernstoff innerhalb einer einzigen Klasse vereint finden wird. Als Resultat daraus ergibt sich auch, dass es zu den didaktisch-methodischen Herausforderungen einer Lehrkraft gehört, möglichst jede/n Schüler/in entsprechend des eigenen Lerntempos sowie der eigenen Fähigkeiten im jeweiligen Fach zu fördern. Häufig wird diese Thematik bereits von angehenden Lehrkräften als kaum bewältigbar thematisiert. Jedoch können einige Maßnahmen dazu führen, dass bei gleichzeitiger Beachtung einer nicht übermäßigen Belastung der Lehrkraft durch ein realistisches Arbeitspensum, Schüler/innen dennoch adäquat gefördert und unterstützt werden können. Besonders relevant ist hier wiederum die Beachtung der sozialen Perspektive jedes/r einzelnen Schülers/in sowie der gruppendynamischen Perspektive und des Klassenklimas. Situationen der *inneren Differenzierung* bergen ein hohes Risiko, *diskriminierend* zu wirken (Dollase, 2012). Andererseits sind den Schüler/innen einer Klasse die einzelnen Fähigkeiten der jeweiligen Individuen durchaus deutlich bewusst, weshalb es sich insbesondere anbietet, das Thema in den Fokus zu rücken und gemeinsam mit der Klasse sorgfältig aufzubereiten.

Individualisiertes Lernen ist noch nicht in jedem Unterricht in Gänze umgesetzt worden und es mag auch Situationen geben, in denen es aus vielfältigen Gründen kaum möglich ist, zu differenzieren und individuelle Aufgaben zu stellen. Jedoch muss individualisierender Unterricht nicht derart aufwendig gestaltet werden, wie es häufig den Anschein hat.

Eine wenig zeitaufwendige Möglichkeit zur Differenzierung besteht beispielsweise darin, zur Unterrichtsreihe passende und weiterführende Arbeitsblätter bereitzuhalten. Im Fremdsprachenunterricht ist es außerdem immer möglich, Rätsel oder Übungsaufgaben zum Wortschatztraining bereitzustellen. Es empfiehlt sich, gründlich zu reflektieren, wie die zusätzlichen Arbeitsblätter eingesetzt werden können, da bei unreflektierter Handhabe die Gefahr besteht, dass diese unbeachtet am Rand des Unterrichtsgeschehens liegenbleiben, von den Schüler/innen abgelehnt werden oder dazu dienen, dass sich einzelne Schüler/innen darüber profilieren (Dollase, 2012).

Eine weitere, ebenfalls wenig zeitaufwendige Maßnahme besteht darin, *obligatorische* und *fakultative* Aufgabenteile zu erstellen. So können schnellere oder leistungsstärkere Schüler/innen die fakultativen Aufgaben bearbeiten, wenn sie den obligatorischen Teil bereits absolviert haben. Dies führt dazu, dass jede/r Schüler/in zunächst einen einheitlichen Leistungsstand erreicht und die leistungsstärkeren Schüler/innen darüber hinausgehend gefördert werden sowie mit der Erarbeitung von Transferaufgaben betraut werden können.

Einige Aufgaben bieten sich auch von vorne herein dazu an, um sie in drei unterschiedlichen Niveaustufen zu gestalten. Dollase (2012) weist hinsichtlich dieser Differenzierungsmöglichkeit auf die Gefahren hin, die sich daraus ergeben können. So würde den Schüler/innen bewusst gemacht, dass sie zu denjenigen gehörten, die die Aufgaben langsamer bearbeiten und dementsprechend schlechtere Schüler/innen in diesem Fach wären. Auf der Basis der Hinweise Dollases (2012) ist es daher grundlegend relevant, das Verwenden der Niveaustufen vorher sorgfältig in der Klasse zu thematisieren und den Schüler/innen zu verdeutlichen, dass die Tatsache, dass einige Schüler/innen weniger schwierige Aufgaben in bestimmten Fächern bearbeiten, nicht dazu genutzt wird, um Klassenkamerad/innen zu verurteilen, sich über sie lustig zu machen oder sie zu stigmatisieren. Grundsätzlich ist es wichtig Schüler/innen ein realistisches Konzept von Bewertungsdeutungen zu vermitteln (siehe Band I Kapitel 6 und Kapitel 7).

Relativ wenig zeitaufwendig ist es auch, den Einsatz verschiedener Methoden zur Differenzierung in den Unterricht einzubauen. So zielt beispielsweise die Methode des Lerntempoduetts explizit darauf ab, dass sich zeitlich heterogen arbeitende Schüler/innen zusammenschließen und miteinander arbeiten können, ohne dass große Wartezeiten entstehen. Auch bei der Verwendung dieser Lernmethode ist es relevant, die Tatsache, dass einige Schüler/innen schneller als andere arbeiten, vorab zu thematisieren. Dies gilt insbesondere, da der Fokus auf der Sorgfältigkeit der Bearbeitung der Aufgaben und nicht auf der Schnelligkeit liegt.

Eine weitere Möglichkeit der Differenzierung besteht außerdem darin, Schüler/innen ein Thema unter der Auswahlmöglichkeit verschiedener Zugänge bearbeiten zu lassen. Unter Umständen kann diese Art der Differenzierung zwar etwas aufwendiger ausfallen, jedoch bietet sie die Möglichkeit, sowohl die individuellen und häufig auch die kreativen Zugänge von Schüler/innen zu einem Thema zu ermöglichen und hat daher hohes Motivationspotential. Auf der anderen Seite ist die Möglichkeit einer Leistungsbewertung ebenso gegeben, wie in traditionellen Unterrichtsszenarien, da beispielsweise das Portfolio als Möglichkeit der Sammlung der Ergebnisse genutzt werden und unter anderem auf der Basis dessen am Ende der Unterrichtseinheit die Leistungsbewertung der Schüler/innen vorgenommen werden kann.

Die Beachtung des Lerntempos sowie das Finden passender Zugänge um das Lernen in heterogenen Klassen produktiver zu gestalten ist einerseits relevant, birgt jedoch andererseits ein hohes Potential für konflikthafte und diskriminierende Situationen. Daher ist es notwendig, dass Lehrer/innen als Gestalter dieser Lernarrangements ihre Unterrichtsstunden sorgfältig unter Beachtung der oben genannten sozialen Komponenten planen und verwirklichen.

15.6 Zusammenfassung

Zu einer erfolgreichen Klassenführung gehört nicht nur die Organisation und die Aufgabe, sich um die sozialen Belange einer Klasse zu kümmern, sondern auch das Meistern didaktischer Herausforderungen. Erst die Zusammenführung beider Aspekte trägt dazu bei, dass in einer Klasse ein positives und leistungsförderliches Klima herrscht.

15.7   Fragen, Übungen, Lektüre

15.7.1   Fragen

- Welche Unterrichtsbeispiele kennen Sie für den Einsatz kooperativer Methoden?
- Benennen Sie mögliche Vor- und Nachteile für den Einsatz kooperativer Methoden im Unterricht. Fallen Ihnen weitere ein?
- Welche Schritte sind notwendig, um Schüler/innen an kooperatives Arbeiten heranzuführen?
- Wie können fachliche Inhalte gewinnbringend überprüft werden?

- Wann kann eher Gruppenarbeit, wann eher Einzelarbeit eingesetzt werden, um zu produktiven Ergebnissen zu kommen?

15.7.2   Übungen

- Beobachten Sie: Wo können Sie ineffiziente Phasen im Schulleben identifizieren? Wie könnten diese effizienter gestaltet werden?
- Befragen Sie einige Lehrkräfte: Wie gehen diese mit der Kombination aus organisatorischen, fachlichen und sozialen Ansprüchen im Schulalltag um? Welche Vorgehensweisen haben sich bewährt?
- Beobachten Sie, in welchem Rahmen kooperative Methoden in der Schule eingesetzt werden? Bei welchen Themen ist dies der Fall? In welchen Unterrichtsphasen kommt kooperatives Arbeiten besonders zum Tragen?
- Inwiefern kann Wissen hinsichtlich des hedonistischen Kalküls sinnvoll eingesetzt werden, um den Schüler/innen die Relevanz des Erledigens der Hausaufgaben zu verdeutlichen?
- Versuchen Sie in eigenen Worten zu formulieren: Welche Bedeutung bekommen realistische Bewertungskonzepte vor dem Hintergrund des Diskriminierungsrisikos Binnendifferenzierung?

15.7.3   Weiterführende Lektüre

- Forsyth, D. R. (2010). *Group Dynamics*. Belmont, CA: Wadsworth, Cengage Learning. Kapitel 10 "Performance", S. 281-312.
- Green, N. & Green, K. (2010). *Kooperatives Lernen im Klassenraum und im Kollegium. Das Trainingsbuch*. Seelze: Klett Verlag.

V

16. Ein schulweites Santionssystem

16.1 Einführung eines schulweiten Sanktionssystems

Um Schüler/innen in der Entwicklung ihrer sozialen, emotionalen und kognitiven Kompetenzen zu unterstützen ist es hilfreich, wenn es an einer Schule ein *Sanktionssystem* gibt, das von allen Beteiligten gemeinsam entwickelt wurde und im Schulalltag angewendet wird (Lewis & Sugai 1999). Ein Sanktionssystem unterstützt die Schüler/innen besonders gut, wenn es schulweit gilt. Dies ist aber gleichzeitig auch eine besondere Herausforderung für alle Beteiligten: Bei der Entwicklung eines Sanktionssystems ist es wesentlich, dass die Bedürfnisse aller Beteiligten beachtet und in das System eingebracht werden (Steins & Haep 2013, Steins & Welling 2010). Hierzu zählen neben Schüler/innen und Lehrer/innen auch die Eltern. Werden die Eltern in den Prozess mit einbezogen, können die Schüler/innen effektiver unterstützt werden. Voraussetzung hierfür ist, dass die Eltern freundlich und respektvoll behandelt werden. Auch ist es hilfreich, wenn die Eltern in die Einführung und Implementierung eines Sanktionssystems einbezogen werden und der Kontakt nicht erst dann zu ihnen gesucht wird, wenn es Probleme gibt. Für die Entwicklung der Schüler/innen ist es förderlicher, wenn ihre erwachsenen Bezugspersonen miteinander und nicht gegeneinander arbeiten.

Zu der Entwicklung eines Sanktionssystems gehört auch eine Auseinandersetzung mit dem Umgang mit Sanktionsmaßnahmen. Wenn ein Sanktionssystem nicht nur Fehlverhalten bestraft, sondern auch angemessenes Verhalten verstärkt, ist es besonders erfolgreich. Ein Beispiel für ein Konzept, das die *Verstärkung von positivem Verhalten* im schulischen Kontext in Verbindung mit einem Sanktionskonzept kombiniert, wurde für Schulen in den USA entwickelt, dort eingesetzt und evaluiert. Ein „Positive Behaviour Support System" hat die Bedürfnisse aller Beteiligten im Fokus und die Entwicklung und Aufrechterhaltung einer förderliche Umgebung, in der die Umsetzung konsequent stattfindet. Die Evaluationen zeigen deutliche positive Effekte bei den Schüler/innen (Sugai, Horner, Dunlap, Hienemann, Lewis, et al., 2000, Lewis & Sugai, 1999).

Bei der Entwicklung und Einführung eines Sanktionskonzeptes an einer Schule wird vorab definiert, was ein System ist und wie es sich von einer Einzelmaßnahme unterscheidet. Trainingsräume, eine Schulordnung oder aufgestellte Regeln sind keine Sanktionssysteme, sondern können Bestandteile eines schulweiten Sanktionssystems werden; ohne eine Integration in ein größeres System stellen sie lediglich Einzelmaßnahmen dar.

Abbildung 18: Entwicklung und Imple-
mentierung eines Sanktionssystems

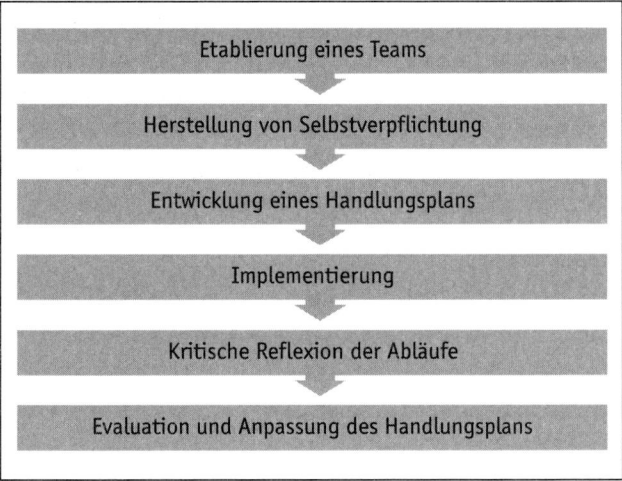

Die Entwicklung eines schulweiten Sanktionssystems besteht aus verschiedenen Schritten, die durchlaufen werden, bis es implementiert ist (siehe Abbildung 18).

Aber auch wenn ein Sanktionssystem implementiert ist, ist der Prozess nicht abgeschlossen. Es wichtiges Kennzeichen eines Sanktionssystems ist, dass es ein lebendiger Prozess ist, der in der Praxis immer weiterentwickelt wird. Nur wenn regelmäßige Evaluationen und Anpassungen stattfinden kann das System effektiv sein und es auch bleiben (Steins & Haep 2013, Steins & Welling 2010).

Prävention und Intervention spielen im Rahmen von Sanktionssystemen eine wichtige Rolle. Durch Präventions- und Interventionskonzepte werden passende Reaktionen auf unerwünschtes und erwünschtes Verhalten festgehalten und Schüler/innen mit besonderem Unterstützungsbedarf gefördert.

16.2   Prävention

Durch präventive Maßnahmen und Konzepte sollen Risikofaktoren bei Schüler/innen, vermieden oder kompensiert werden und Schutzfaktoren aufgebaut und verstärkt werden (Preiser, 2011). Man kümmert sich so um seine Klasse, dass viele Probleme möglichst erst gar nicht auftauchen. Risikofaktoren können Aspekte wie Gewalterfahrungen oder dysfunktionale Erziehungsmethoden sein, Schutzfaktoren sind beispielsweise soziale Kompetenz, Reflexionsfähigkeit und Empathie.

Es ist sinnvoll, wenn Präventionskonzepte *Bestandteile eines Sanktionssystems* sind; ein einheitliches Konzept dafür, wie präventive Maßnahmen in den Schulalltag integriert werden, ist sinnvoll (Steins & Haep, 2013). Es ist hierbei hilfreich, wenn es regelmäßige Absprachen mit Kollegen und Kolleginnen gibt. Mit dem Einsatz von verschiedenen präventiven Maßnahmen im Schulalltag ist es möglich negative Entwicklungen wahrscheinlicher zu verhindern. Präventive Maßnahmen sind für die große Anzahl der unproblematischen Schüler/innen effektiv (Taylor-Greene, Brown, Nelson, Longton, Gassman, et al., 1997).

Präventionsmaßnahmen im Schulalltag haben nicht nur die Schüler/innen im Blickfeld. Bei dem Einsatz von Präventionsmaßnahmen können verschiedene Ansatzpunkte in den Fokus genommen werden: Die Lehrer/innen, die Schüler/innen und das System.

Preiser beschreibt die möglichen Förderangebote folgendermaßen:

„1. Da die Lehrkräfte die Akteure der Erziehung sind, soll deren Kompetenz zum konstruktiven Umgang mit Aggressionen und anderen Unterrichts- und Interaktionsstörungen gefördert werden.

2. Da problematisches Verhalten der Schüler reduziert werden soll, gibt es eine Reihe von Programmen und Maßnahmen, die sich direkt an die Schülerschaft richten.

3. Aus der Erkenntnis, dass störendes Sozialverhalten durch vielfältige Ursachen und Risikofaktoren bedingt ist und dass deshalb Erziehungsmaßnahmen aufverschiedenen Ebenen ansetzen müssen, resultieren einige Ansätze, die das System Schule und seine Vernetzung mit außerschulischen Umwelten in den Blick nehmen." (Preiser, 2011, S.144).

Der letzte Aspekt wird in diesem Kapitel mit der Entwicklung und Implementierung eines schulweiten Sanktionskonzeptes beachtet.

Die bedeutsame Rolle der Lehrer/innen für die Entwicklung der Schüler/innen wird des Weiteren angesprochen, sowie die Notwenigkeit der Aus- und Weiterbildung der Lehrer/innen. Durch die Schulung von Lehrer/innen, die effektiver sind, wenn neben Übungen auch wissenschaftliche Theorien und Ergebnisse vermittelt werden, können diese lernen, wie sie durch Perspektivenwechsel präventiv positiv handeln können und ein Modell für ihre Schüler/innen werden (Preiser, 2011). Hierzu gehört, dass sich die Lehrer/innen ihrer Rolle als Modell bewusst sind und ein *hilfreiches Modell* für die Schüler/innen sind (siehe Band I, Kapitel 8, 12, 19; Steins & Haep, 2013). Ihre Art der Interaktion mit den Schüler/innen und auch mit anderen Personen, die von den Schüler/innen beobachtet werden kann, kann den Schüler/innen eine angemessene Form der Kommunikation zeigen. Wenn Lehrer/innen beispielsweise selber häufig verbale Aggressionen zeigen, indem sie Schüler/innen anschreien oder vor der Klasse bloßstellen, sind sie keine hilfreichen Modelle für ihre Schüler/innen (Dollase, 2012; Preiser, 2011; Steins & Haep, 2013).

Lehrer/innen können durch *ihr eigenes Verhalten* Störverhalten der Schüler/innen verhindern, bevor es entsteht. Sie können Fehlverhalten vorbeugen oder es im Nachhinein sanktionieren. Die Voraussetzung für die Vorbeugung ist das Vorhandensein eines funktionierenden Sanktionssystems (Welling, 2008). Wird Prävention im Schulalltag unterbetont und reaktives Management überbetont, ist die Wahrscheinlichkeit höher, dass Schüler/innen mit auffälligem Verhalten exkludiert werden, indem sie von der Schule ausgeschlossen werden oder ganz aus dem System fallen (Steins & Welling, 2010).

Um dies zu Verhindern und die Förderung der Schüler/innen in den Fokus zu nehmen, kann die Umsetzung im Schulalltag in vielfältiger Weise geschehen. Es ist wichtig, dass es ein Konzept zu Regeln und Folgen gibt, das allen Beteiligten bekannt ist und konsequent und freundlich umgesetzt wird. Des Weiteren gibt es zwei verschiedene Möglichkeiten präventive Konzepte im Schulalltag umzusetzen. Zum einen ist es möglich, die Entwicklung der sozialen, emotionalen und kognitiven Kompetenzen der Schüler/innen im Fachunterricht zu fördern. Dies ist innerhalb sehr vieler Fächer möglich. Durch verschiedene kooperative Unterrichtsmethoden können die Schüler/innen lernen, mit anderen Schüler/innen zusammen zu arbeiten. Hierbei ist es wichtig, dass nicht nur die Ergebnisse im Anschluss an diese Unterrichtsphase besprochen werden, sondern auch der Arbeitsprozess reflektiert wird. Des Weiteren ist es aber in vielen Fächern auch möglich, dass Prävention und inhaltliche Aspekte miteinander verbunden werden.

Beispielsweise ist es im Biologieunterricht durch eine Vielzahl von Themen mit sozialethischen Dimensionen möglich, mit den Schüler/innen präventiv zu arbeiten. Ein Beispiel ist das Thema „Genetische Vielfalt/ Individualität": Bei diesem Thema kann mit den Schüler/innen ihre Empathiefähigkeit geübt werden, indem sie sich durch Gedankenexperimente in andere Personen hineinversetzen, deren Aussehen stark von anderen Menschen abweicht. Auch können mit den Schüler/innen praktische Übungen zu diesem Thema durchgeführt werden, durch die sie merken, wie es ist, anders zu sein. Dies kann durch einfache Übungen in den Unterricht integriert werden, wie mit verbundenen Augen den Weg innerhalb der Schule von einem Raum zum anderen zu finden oder sich von anderen führen zu lassen (Etschenberger, 2011; Steins & Haep, 2013b).

Wichtig ist bei dem Einsatz von Präventionsansätzen in allen Unterrichtsfächern, dass im Anschluss an die Gedankenexperimente und praktischen Übungen eine Reflexion stattfindet.

Weitere Beispiele für Unterrichtsfächer, in denen der Einsatz von präventiven Maßnahmen möglich ist sind:

- Sportunterricht (fairer Umgang miteinander, Anerkennung individualistischer Leistungen),
- Technikunterricht (Reflexion des eigenen Handelns und dem Anderer im Umgang mit technischen Errungenschaften),
- Fremdsprachenunterricht (Fremd sein in anderen Ländern, Kommunikation in einer Fremdsprache und der Einfluss auf die Interaktion),

- Musikunterricht (Entstehungsgeschichte von Musikstücken in einem bestimmten kulturellen Rahmen, gemeinsam musizieren als Herausforderung/ Gruppenimprovisationen)
- Kunstunterricht (Zusammenhang zwischen Geschaffenen und der eigenen Wahrnehmung/ Interpretation herstellen).

Verschiedene Autoren/innen stellen in dem Buch *Sozialerziehung in der Schule* von Limbourg und Steins (2011) ausführliche Konzepte vor, wie Sozialerziehung im Fachunterricht umgesetzt werden kann (z.B. im Geschichtsunterricht, Biologieunterricht und Sprachunterricht). Bei dem Einsatz in allen Unterrichtsfächern ist die Lernatmosphäre sehr wichtig. Damit sich die Schüler/innen auf die Aufgaben einlassen können, ist es hilfreich, wenn eine freundliche und offene Interaktion zwischen allen Beteiligten hergestellt werden kann. Um eine konstruktive Atmosphäre herzustellen, innerhalb derer die Schüler/innen ihre eigene Erfahrungen machen und ihre Ideen äußern können, ist es die Rolle des/r Lehrer/rin die Aufgaben vorzubereiten, sich aber bei der Durchführung mit der eigenen Meinung zurück zu halten.

Neben der *Integration von präventiven Maßnahmen* in den Fachunterricht, kann auf *Kursebene* ein Programm mit Schüler/innen zur Entwicklung ihrer sozialen, emotionalen und kognitiven Kompetenzen durchgeführt werden. Es ist sinnvoll, wenn diese Programme in den Unterrichtsalltag integriert werden und die Schüler/innen verpflichtend daran teilnehmen (Steins & Haep, 2013). Präventive Programme und Angebote, die bereits fertig ausgearbeitet sind, unterscheiden sich sehr stark voneinander. Zum einen gibt es Programme, die inhaltlich breit angelegt sind und beispielsweise die Entwicklung sozialer Basiskompetenzen als Schwerpunkt setzen, zum anderen gibt es Programme mit speziell fokussierten Zielen, wie zum Beispiel Selbstsicherheit oder Selbstverteidigung. Ein weiteres Unterscheidungsmerkmal für die Programme sind der Zeitraum der Durchführung (Projekttag/e, ein Schul(halb)jahr) und die Kontinuität (regelmäßig stattfindend oder kurzfristige Projekte; Preiser, 2011). Ein Beispiel für ein Konzept, dass zum Sozialen Lernen in Schule eingesetzt werden kann, haben Haep, Steins und Wilde (2012) entwickelt (Band I, Kapitel 19).

Der Einsatz von Präventionsmaßnahmen ist nur dann sinnvoll für die Schüler/innen, wenn die Maßnahmen entwicklungsfördernd sind. Es ist somit wichtig, dass regelmäßig evaluiert wird, ob die eingesetzten Maßnahmen die gewünschte Wirkung bei den Schüler/innen zeigen (Schubarth & Seidel, 2013). Daher ist es von großer Bedeutung, dass in dem Team, dass die Einführung der Präventionsmaßnahmen vorbereitet, vorab inhaltlich diskutiert wird, was das Ziel der Maßnahmen sein soll und ob bereits wissenschaftliche Studien zu der Nützlichkeit vorliegen (Steins & Welling, 2010; Steins & Haep, 2013).

16.3   Intervention

Präventionsmaßnahmen sind für einen großen Teil der Schüler/innen hilfreich und ausreichend. Es gibt jedoch Schüler/innen, die obwohl sie an präventiven Maßnahmen teilgenommen haben, es nicht schaffen, sich angemessen zu verhalten. Dies betrifft eine Minderheit der Schüler/innen, für die die Durchführung von Interventionsmaßnahmen wichtig und förderlich ist (Taylor-Greene et al., 1997). Die Teilnahme an Interventionsmaßnahmen ist dann notwendig, wenn Schüler/innen problematische Entwicklungen in Bezug auf ihr soziales, emotionales und kognitives Verhalten zeigen.

Hierbei gibt es große Unterschiede zwischen den unangemessenen Verhaltensweisen der Schüler/innen. Besonders auffällig sind Schüler/innen, die sich aggressiv verhalten, weniger auffällig sind beispielsweise sozial ängstliche, schüchterne Schüler/innen. Beide Gruppen benötigen besondere Unterstützung. Eine interessante Frage ist, wie man nun die Schüler/innen mit Unterstützungsbedarf erkennen kann. Schüler/innen, die klar gegen Regeln verstoßen sind leichter zu identifizieren, als die sozial ängstlichen, schüchternen Schüler/innen.

Sind die Schüler/innen mit einem besonderen Unterstützungsbedarf identifiziert, ist folgendes weiteres Vorgehen wichtig: Es muss geklärt werden, ob die Intensität des Problemverhaltens und die Teilnahme an der Maßnahme miteinander vereinbar sind. Des Weiteren ist es grundlegend, dass Eltern in diesem Prozess mit einbezogen werden, da dies für die Entwicklung der Schüler/innen unterstützend ist.

Schüler/innen zeigen nicht immer direkt kooperatives Verhalten, wenn sie an einer Interventionsmaßnahme teilnehmen sollen. Die Kooperationswahrscheinlichkeit wird erhöht, wenn die Eltern diese Maßnahme unterstützen, zum anderen ist es wichtig, dass den betreffenden Schüler/innen transparent die Gründe und Ziele für die Interventionsmaßnahme dargestellt werden und sie sich mit ihrer Meinung wahrgenommen fühlen.

Daher ist es wichtig, dass für die Teilnahme an einer Interventionsmaßnahme transparente Regeln gelten, die freundlich und konsequent durch die Lehrer/innen angewendet und umgesetzt werden. Wie bereits unter dem Aspekt Präventionsmaßnahmen erläutert, ist es auch für eine Interventionsmaßnahme wichtig, dass vorab der Inhalt ausgiebig exploriert und festgelegt wurde und wissenschaftliche Befunde beachtet werden (Steins & Welling, 2010). Ansonsten kann schnell der Eindruck entstehen, dass die Maßnahmen von dem/der Lehrer/in und deren Ideen abhängig sind. Wenn Schüler/innen sich nicht angemessen an die Regeln halten können, ist es nicht hilfreich, wenn sie exkludiert werden. Es ist förderlich, wenn die Schüler/innen mit problematischen Verhaltensweisen positives Verhalten üben und darin bestärkt werden, anstatt sie nur für unangemessenes Verhalten zu bestrafen (Steins & Haep, 2013). *Negative Sanktionen im Sinne klassischer Strafen* im schulischen Kontext sind wissenschaftlich belegt unwirksam und ungerecht (Leitzen, 2010; Steins, 2014). Strafen führen in der Regel nicht dazu, dass Schüler/innen sich in ihrem Verhalten verändern. Sie lösen häufig Widerstand (Band I, Kapitel 5 und 11) bei den Schüler/innen aus. Damit die Schüler/innen hilfreiche, angemessene Verhaltensweisen lernen, sind sachangemessene Interventionsmaßnahmen hilfreich.

Eine Interventionsmaßnahme kann mit einem Schüler/einer Schülerin einzeln stattfinden oder mit einer Gruppe von Schüler/innen. Ein grundlegender Aspekt für die Durchführung der Maßnahme ist es, dass die Person oder die Personen, die die Maßnahme leiten, sich vor Beginn selber reflektieren und ihre Bewertungen über die betreffenden Schüler/innen hinterfragen (Band I, Kapitel 6). Nur wenn sie den Schüler/innen gegenüber respektvoll und sachlich gegenübertreten, können die Schüler/innen hilfreich gefördert und unterstützt werden. Die Basis für eine funktionierende Zusammenarbeit mit den Schüler/innen, ist der Aufbau einer vertrauensvollen Beziehung. Für die Schüler/innen ist es wichtig, dass das Verhalten der durchführenden Person(en) für sie *transparent* und *nachvollziehbar* ist. Durch eine klare Strukturierung und sachliche Aufgabenorientierung können Unsicherheiten seitens der Schüler/innen vermindert werden (Petermann & Petermann, 2012). Ziel der Interventionsmaßnahme für alle Schüler/innen ist es, dass sie sich sozial kompetenter verhalten können und die Ursachen für ihr bisheriges Verhalten entdecken.

In einer Interventionsmaßnahme für Schüler/innen, die *aggressives Verhalten* gezeigt haben, ist es wichtig herauszufinden welche Ursachen dem aggressiven Verhalten zugrunde liegen. Es wäre möglich, dass die Aggressionen mit einem niedrigen Selbstwert des Schülers/ der Schülerin zusammenhängen („Wenn mich andere provozieren, darf ich mir das nicht gefallen lassen und muss mich an ihnen rächen, sonst fühle ich mich noch schwächer."). Andere Möglichkeiten wären, dass der Schüler/ die Schülerin eine niedrige Frustrationstoleranz hat („Ich kann es nicht ertragen, wenn andere nicht das tun, was ich will.") oder nur über ein sehr gering ausdifferenziertes Verhaltensrepertoire verfügt. Je nachdem welche Ursache dem Verhalten des Schülers/ der Schülerin zugrunde liegt, ist es hilfreich, den Schüler/die Schülerin dementsprechend zu fördern und zu unterstützen (Steins & Haep, 2013). Hierzu zählen Aufklärungen des Schülers/ der Schülerin über kognitive Prozesse und Übungen, in denen hilfreiches Verhalten zunächst innerhalb der Maßnahme eingeübt wird. Ein weiterer Schritt ist es, dass das hilfreiche Verhalten auf den Schulalltag übertragen und angewandt wird. Studien zu Interventionsmaßnahmen mit aggressiven Schüler/innen zeigen nachweisbare positive Effekte (Petermann & Petermann, 2012).

Schüler/innen, die aufgrund ihrer *sozialen Ängstlichkeit* an einer Interventionsmaßnahme teilnehmen, werden ebenfalls dazu angeleitet, die Ursachen für ihr Verhalten herauszufinden. Es können ähnliche Gründe, wie bei Schüler/innen, die aggressives Verhalten gezeigt haben, vorliegen: Es wäre möglich, dass sie einen geringen Selbstwert haben („Ich kann viel weniger als die anderen, alle sind viel besser als ich.") oder eine geringe Frustrationstoleranz („Keiner in der Klasse mag mich und das kann ich nicht aushalten."). Anders als die Schüler/innen, die aggressives Verhalten gezeigt haben, verhalten sich diese Schüler/innen im Schulalltag meistens sehr unauffällig und stören nicht den Unterricht, da sie darauf achten, möglichst alles richtig zu machen. In einer Interventionsmaßnahme lernen sie je nach Ursache ihres Verhaltens, ein positives Selbstkonzept zu entwickeln oder ihre Frustrationstoleranz zu erhöhen (Petermann & Petermann, 2010; Steins & Haep, 2013).

Wenn Interventionen nur innerhalb einer besonderen Maßnahme stattfinden, bleiben viele Übungs- und Anwendungsmöglichkeiten des Erlernten für die Schüler/innen ungenutzt. Es ist hilfreich, wenn den Lehrer/innen, die den/die betreffende Schüler/in im Fachunterricht unterrichten, die Teilnahme an der Interventionsmaßnahme und die inhaltliche Komponente bekannt sind. So kann angemessenes Verhalten durch den Schüler/die Schülerin geübt und durch die Lehrer/innen verstärkt werden, aber auch die Einhaltung von Regeln konsequent und freundlich beachtet werden.

16.4 Ein Beispiel: Unterrichtsstörungen – Prävention und Intervention

Unterrichtstörungen können nach Nolting (2002) in drei unterschiedliche Typen unterteilt werden: Aktive und passive Unterrichtsstörungen, sowie Störungen der Schüler/in-Schüler/in-Interaktion. Als aktive Unterrichtsstörungen werden Unruhe, Unaufmerksamkeit und Disziplinprobleme genannt. Passive Unterrichtsstörungen sind unerwünschte Aktivitäten, aber auch ein Mangel an erwünschten. Der dritte genannte Aspekt, die Störungen der Schüler/in-Schüler/in-Interaktion, wird häufig nicht direkt zu den Unterrichtsstörungen gezählt, kann aber durch die Probleme der Schüler/innen untereinander Auswirkungen auf den Unterricht haben und es ist daher wichtig, auch diesen Aspekt zu beachten (Nolting, 2002).

Unterrichtsstörungen sind also eine Störung der förderlichen Lernumgebung und verhindern, dass Schüler/innen einen guten Zugang zum Lernen finden. Somit besteht eine deutliche Verbindung zu den Aspekten, was es für einen Lehrer/ eine Lehrerin bedeutet, wenn er/sie sich um einer Klasse kümmert. Hierbei ist es wichtig, dass Lehrer/innen Präventions- und Interventionsstrategien kennen um handlungsfähig zu sein.

Ein weiterer wichtiger Punkt ist, dass Unterrichtsstörungen von Lehrer/innen subjektiv sehr unterschiedlich wahrgenommen (Steins & Welling, 2010). Je nachdem wie ein/e Lehrer/in eine Unterrichtsstörung bewertet, wird er/sie dementsprechend handeln. Daher ist es hilfreich, wenn sich Lehrer/innen mit ihrer eigenen Wahrnehmung und ihren Bewertungen auseinandersetzen.

16.4.1 Präventionsstrategien zur Vermeidung von Unterrichtsstörungen

Wie bereits erläutert, kann man präventive Maßnahmen für Schüler/innen sehr gut in den Unterrichtsalltag integrieren. Hier werden nun nachfolgend individuelle Handlungsstrategien für Lehrer/innen in den Fokus gestellt, wie Störungen im Unterrichtsalltag vermieden werden können.

Nach Kounin (2006) lassen sich folgende vier Bereiche herausfiltern, die in aktuellen Veröffentlichungen immer wieder genannt werden (Dollase, 2012; Nolting, 2002, Steins & Welling, 2010), wie durch vorausschauendes Lehrer/innenverhalten disziplinrelevante Bereiche in den Fokus genommen werden können:

* Prävention durch Regeln,
* Prävention durch breite Aktivierung,
* Prävention durch Unterrichtsfluss und
* Prävention durch Präsenz- und Stoppsignale.

Prävention kann zum einen durch klare Regeln geschaffen werden (Kounin 2006). Zunächst ist ein einheitliches schulisches Sanktionssystem hilfreich. Wenn die Schüler/innen die Regeln für angemessenes Verhalten und die natürlichen Folgen für Nicht-Einhaltung der Regeln kennen, können Lehrer/innen auf eine hilfreiche Basis zurückgreifen. Sind keine Regeln mit einer Klasse vereinbart, ist es sinnvoll, dass gemeinsame Regeln und Folgen aufgestellt werden. Wichtig ist hierbei, dass die Regeln nicht nur für die Schüler/innen gelten. Da Lehrer/innen mit ihrem Verhalten ein Modell für die Schüler/innen sind, ist es für die Entwicklung der Schüler/innen hilfreichen, wenn auch sie die Regeln ernst nehmen und sich daran halten (Haep, Steins & Wilde, 2012, Notling, 2002).

Prävention durch breite Aktivierung hängt mit der Unterrichtsführung eines/r Lehrers/in zusammen. Hierzu zählt die Motivierung der Schüler/innen sich am Unterricht zu beteiligen und Störungen durch Schüler/innen zu verhindern. Kounin fasst dies unter dem Aspekt „Aufrechterhaltung des Gruppenfokus" (Kounin, 2006, S.116-130) zusammen. Schüler/innen werden zum Lernen angehalten und die Aufgabe der Lehrer/innen ist es, sie durch Fragen und Aufgabenstellungen, sowie positive Rückmeldungen zu aktivieren (Nolting 2002).

Prävention durch Unterrichtsfluss bedeutet, dass der Unterricht so wenig wie möglich unterbrochen wird. Dies bedeutet, dass der Unterricht durch die Lehrer/innen so vorbereitet wurde, dass Unterbrechungen (beispielsweise durch Austeilen und Einsammeln von Materialien, Aufbau von Geräten) vermieden werden und der Wechsel von einer Aktivität zu einer anderen zügig stattfindet (Steins & Welling 2010; Thiel, Richter & Ophardt 2012).

Prävention kann im Unterricht auch durch den Einsatz von Präsenz- und Stoppsignalen stattfinden. Lehrer/innen sind hierbei im Klassenraum präsent, indem sie einen sinnvollen Ort wählen, an dem sie sich aufhalten, um einen Überblick über die ganze Klasse zu haben. Auch wenn sie ihren Standort verlassen, ist es hilfreich, wenn sie den Blickkontakt zu der Klasse halten und mit den Schüler/innen bei geringen Störungen durch nonverbale Signale oder kurze und knappe verbale Signale kommunizieren (Nolting, 2002).

Fasst man diese Präventionen zusammen, wird deutlich, dass die Art und Weise des Miteinanders im Klassenzimmer große Auswirkungen auf die Unterrichtsstörungen, beziehungsweise die Vermeidung von Unterrichtsstörungen hat (Schubarth & Seidel, 2013).

16.4.2   Interventionsstrategien bei Unterrichtsstörungen

Durch eine effiziente Klassenführung können viele, aber nicht alle Unterrichtsstörungen vermieden werden. Wenn eine Unterrichtsstörung vorliegt, ist es wichtig zunächst die Unterrichtsstörung zu bewerten. Es ist sinnvoll, unwichtige Störungen zu ignorieren oder nonverbal zu beenden und der Unterrichtsfluss nicht zu unterbrechen (Nolting, 2002). Liegt eine größere Unterrichtsstörung vor, ist es wichtig zu schauen, wer an der Störung beteiligt war (Siller, 2011). Bei Unterrichtstörungen ist es wichtig, dass Lehrer/innen sachlich bleiben und auf die Einhaltung der Regeln verweisen, beziehungsweise die vereinbarten Folgen umsetzen. Verstoßen Schüler/innen mehrfach gegen die Regeln, ist es wichtig zu prüfen, ob die Voraussetzungen für die Teilnahme an einer Interventionsmaßnahme gegeben sind und dann gegebenenfalls eine Teilnahme zu initiieren. Ein Ausschluss aus dem Unterricht aufgrund von Unterrichtsstörungen ist nicht sinnvoll. Durch eine *Exklusion* aus dem Unterricht lernen die betreffenden Schüler/innen in zweifacher Hinsicht nichts: Zum einen verpassen sie Unterrichtsinhalte und zum anderen können sie keine angemessenen Verhaltensweisen lernen. Exkludierende Maßnahmen werden häufig durch Lehrer/innen eingesetzt, die ihre eigenen negativen Emotionen nicht reflektieren und die Ursachen für die Unterrichtsstörung in der Situation möglicherweise verzerrt wahrnehmen (Steins & Haep, 2013).

Ein weiterer wichtiger Aspekt ist, dass *Kollektivstrafen* im Unterricht vermieden werden. Wenn es in einer Klasse während einer Unterrichtsstunde zu Störungen kommt, ist es nicht sinnvoll, den Schüler/innen mit einer Strafe für die gesamte Klasse zu drohen und gegebenenfalls diese umzusetzen. Kollektivstrafen können zu Reaktanz und Konformität im negativen Sinne führen (Band I, Kapitel 5, 11). Durch Kollektivstrafen fühlen sich die Schüler/innen, die nicht gestört haben, ungerecht wahrgenommen und es die Beziehung zu der Person, die die Kollektivstrafen einsetzt, wird negativ getönt. Damit schrumpfen auch deren Einflussmöglichkeiten.

Bei Unterrichtstörungen, die vermehrt vorkommen, ist es hilfreich, ein *Gespräch* mit dem/r Schüler/in zu suchen und das Verhalten in einem sachlichen Gespräch mit ihm/ ihr zu besprechen und auf die Folgen hinzuweisen. Des Weiteren kann es sinnvoll sein, die aufgestellten Regeln zu überarbeiten und gegebenenfalls Veränderungen vorzunehmen.

16.5 Zusammenfassung

Sanktionssysteme enthalten neben Ideen zur Intervention, die im nächsten Teil Thema sein werden, vor allem Maßnahmen zur Prävention von Verhaltensweisen, die für die einzelnen Individuen und Gruppen nicht förderlich sind. Ein Sanktionssystem ist vor allem dadurch charakterisiert, dass die ganze Schule an deren Entwicklung beteiligt ist, das System etabliert und aufrechterhält und vor allem neuen Erkenntnissen und neuen Problematiken ständig anpasst. Wie alle umfassenden Systeme kann auch ein Sanktionssystem, wenn es von den falschen Prämissen ausgeht oder falsche Beobachtungen enthält, zu besonders gravierenden Fehlleistungen führen; deswegen ist eine sorgfältige und an der Realität orientierte Vorgehensweise dringend erforderlich und es ist wichtig, die Wirkungen eines Systems zu überprüfen.

16.6   Fragen, Übungen, Lektüre

16.6.1   Fragen

* Wie kann ein schulweites Sanktionssystem entwickelt und implementiert werden?
* Wie kann eine Präventionsmaßnahme in den Schulalltag integriert werden?
* Was ist das Ziel einer Interventionsmaßnahme?
* Welche Bedeutung hat das Verhalten der Personen, die eine Interventionsmaßnahme durchführen?
* Welche Präventionsstrategien kann ein Lehrer/ eine Lehrerin einsetzen um Unterrichtsstörungen zu vermeiden?

16.6.2   Übungen

* Überlegen Sie sich, wie Sie in einem Ihrer Unterrichtsfächer präventive Maßnahmen integrieren können.

16.6.3   Weiterführende Lektüre

- Nolting, H.-P. (2002). *Störungen in der Schulklasse*. Weinheim: Beltz. (Kapitel 2: Störungsprävention: Strategien für die alltägliche Klassenführung, Kapitel 3 und 4: Intervention bei Konflikten 1 und 2).
- Steins, G. & Haep, A. (2013). *99 Tipps Soziales Lernen*. Berlin: Cornelsen (Tipps: 1. Ein Sanktionssystem entwickeln; 2. Prävention integrieren; 3: Ein Interventionsprogramm einführen).
- Steins, G. (2014). *Sozialpsychologie des Schulalltags*. Lengerich: Pabst Science Publishers (Kapitel 19: Sozialerziehung).

TEIL VI

Wenn Interventionen notwendig sind

Trotz bester Präventionsprogramme und idealem Lehrer/innenverhalten, wie es Thema in den Teilen III, IV und V war, ist das Auftreten von Ereignissen unvermeidbar, die einer Intervention bedürfen. Präventive Programme und das damit verbundene Verhalten, das in die gesamte Interaktionsgestaltung einfließt, senken zwar das Auftreten von Ereignissen, die einer Intervention bedürfen. Unbestreitbar helfen ein gutes Schul- und Klassenklima, kooperative Lehr- und Lernsettings, ein guter Zusammenhalt bei realistisch hohen Erwartungen und lernförderlichen Normen kombiniert mit Freundlichkeit, Unterstützung und Zugewandtheit zu einer qualitativ guten Schulzeit. Dennoch kann damit nicht das Ausbleiben kritischer Ereignisse garantiert werden. Ein gutes *Sanktionssystem* enthält daher auch Vorbereitungen, Maßnahmen und Absprachen wie bei *Interventionen* vorgegangen werden kann.

Intervention passiert also dann, wenn Prävention nichts genutzt hat.

Der häufigste erste Schritt bei einer Intervention, der sich auch am besten bewährt und durch nichts zu ersetzen ist, ist das *persönliche Gespräch* zwischen Lehrkraft und Schüler/in (Steins & Welling, 2010). Es ist wichtig in so einem Gespräch für sich zu klären, ob die wahrgenommenen Problematiken in den eigenen Kompetenzbereich fallen oder nicht. Wenn sich herausstellt, dass Schüler/innen zum Beispiel an einem so starken psychischen Problem leiden, dass dies in die Hände eines/r Experten/in gehört, ist es angebracht, die Eltern zu verständigen und auf alle Fälle mit ihnen ein Gespräch zu suchen. Lehrer/innen sind oft die ersten, die Eltern auf die seelischen Nöte von Schülern/innen aufmerksam machen (Steins, 2008b) und es kommt ihnen eine ganz entscheidende Funktion beim Erkennen solcher Nöte zu.

Viele Probleme der Intervention gehören jedoch in den Kompetenzbereich der/s Lehrers/innen, z.B. andauernde Leistungsmängel, wiederholte Unterrichtsstörungen, unterlassene Hausaufgaben, sozial unerwünschte Verhaltensweisen gegenüber Mitschülern/innen, besonders dann, wenn diese Probleme nur im Kontext Schule auftauchen. Es ist möglich, solche Probleme durch eine persönliche Kontaktaufnahme mit Schülern/innen zusammen mit ihnen zu lösen.

In diesem Kapitel werden vor allem die beiden für gelingende Interventionen entscheidenden Gesprächstechniken vorgestellt, mit Hilfe derer man verstehen kann, welches Problem überhaupt vorliegt und ob es in den eigenen Kompetenzbereich gehört oder nicht (Kapitel 17). Und es werden Techniken vorgestellt, die als ständige Prävention und Intervention *en passant* oder *gezielt* eingesetzt werden können (Kapitel 18). Beide Techniken entstammen der in Kapitel 6 vorgestellten *rational-emotiven Verhaltenstherapie* und wurden bereits in den 1970ziger Jahren erfolgreich innerhalb der *rational-emotiven Erziehung* (REE) auf den pädagogischen Kontext übertragen (Haep, Steins & Wilde, 2012; Band I, Kapitel 12). Die hier vorgestellten Gesprächsmethoden zielen darauf ab, Problemen mit einer Realitätsorientierung zu begegnen, die durch die sprachliche Exploration und sprachliche Fassung der Situationen durch die Lehrkraft modellhaft eingebracht wird. Dieser letzte Teil des Bandes schließt mit einem relevanten Beispiel für eine Situation ab, bei der interveniert werden muss und die in den Zuständigkeitsbereich der Schule fällt, nämlich Bullying unter Schülern/innen, das eine desintegrierende Wirkung für eine ganze Schulklasse haben kann und besonders für die Betroffenen gravierende Folgen nach sich ziehen kann (Kapitel 19).

17. Probleme verstehen

Probleme, die sich im Laufe eines Schultages ergeben, sind mannigfaltig. Einer guten Lösung geht ein differenziertes Problemverständnis voraus. Menschen haben oft die starke Tendenz ein Problem vor ihrem eigenen Erfahrungshintergrund zu definieren und vernachlässigen dabei wichtige individuelle Abweichungen, die gerade für die Betroffenen eines Problems relevant sind (Band I, Kapitel 4). Werden individuell bedeutsame Aspekte übersehen, fühlt die betroffene Person sich unverstanden und nicht wahrgenommen. Sie wird sich für eine Mitarbeit bei einer vorgeschlagenen Lösung deshalb auch dann wahrscheinlich nicht verantwortlich fühlen, wenn der Lösungsvorschlag zufällig eine gute Lösung darstellt.

Explorieren bezeichnet den unvoreingenommenen e*rgebnisoffenen* Verständnisprozess, bei dem durch Informationen generierende Gesprächstechniken der Problemraum wertfrei erkundet wird. Ohne eine vollständige Exploration eines gravierenden Problems ist eine gute und langfristig wirksame Lösung des Problems unwahrscheinlich.

Eine *vollständige Exploration* bedeutet, dass alle Informationen zusammengetragen werden. Gleichzeitig zur Exploration findet eine selbstkritische Analyse statt, in der abgeglichen wird, ob es Evidenz für eine Information gibt oder ob es die eigenen Vorannahmen sind, welche eine Information in ein bestimmtes Deutungsmuster überführen.

Diese Einführung mag für manche Leser/innen trivial klingen, da es für sie selbstverständlich ist, ein Problem eines anderen Individuums ergebnisoffen und unvoreingenommen durch Zuhören und offenes Erfragen zu verstehen, bevor sie sich ein Urteil erlauben. Ein Blick auf Alltagsgespräche allein reicht schon aus, um zu sehen, dass eine solche *Problemverständniskultur* nicht zu den Alltagsgewohnheiten von Menschen gehört. Meistens laufen Gespräche so ab, dass die Schilderung eines Problems A von Person A gegenüber Person B dazu führt, dass Person B ein eigenes, als dem von Person A als ähnlich empfundenes Problem schildert. So verlaufen und enden viele Gespräche. Diese weit verbreitete Alltagsgesprächskultur bereitet jedoch nicht auf die Exploration einer fremden Perspektive vor.

Wenn Studierende in kleinen Rollenspielseminaren zum ersten Mal mit einer simulierten Explorationssituation konfrontiert werden, fällt immer wieder auf, dass einige typische Kunstfehler gemacht werden, die vor dem Horizont dieser Alltagsgesprächskultur verständlich und folgerichtig sind. Folgende Verhaltensweisen von Lehramtsstudierenden im ersten Rollenspiel kann man wiederholt beobachten:

- Sie eröffnen kein Gespräch, sondern fallen „mit der Tür ins Haus".
- Sie geben dem Gegenüber (in diesem Fall dem/der simulierten Schüler/in) keinen Raum für eine Darstellung, sondern beginnen sofort selber die Situation so zu schildern wie sie denken, dass sie ist.
- Jeder Versuch der Darstellung des/der Schüler/in wird entsprechend der eigenen Sicht angepasst bzw. modifiziert.
- Es werden keine Informationen erfragt.
- Es wird eine schnelle Lösung vorgeschlagen,
- und erwartet, dass diese nun klar ist und dementsprechend umgesetzt wird.

Exploration im Sinne von *Problemraumdefinition* und *Lösungsgenerierung* will also gelernt sein und ist kein integraler Bestandteil einer allgemein verbreiteten Alltagsgesprächskultur.

Dazu kommt die Asymmetrie in den Beziehungen zwischen Lehrer/innen und Schüler/innen in der Schulrealität. Kinder und Jugendliche wissen aus ihrer persönlichen Erfahrung heraus, dass Erwachsene, wenn sie selbst lediglich schweigen, das Reden übernehmen und sie selbst dann gehen können, wenn die Erwachsenen alles gesagt haben. Heranwachsende erfahren eher selten, dass eine erwachsene Person ein tiefes Interesse an ihren Gedanken und Gefühlen, Motiven und Absichten hätte.

Dennoch klappt es ja irgendwie in der Schule, könnte eingewendet werden. Es klappt aber zu häufig nicht gut und viele Probleme werden in diesem Prozess weder erkannt noch gelöst.

17.1   Relevanz einer vollständigen Exploration

Nicht jedes Problem ist explorationswürdig. Oft kann dies aber erst entschieden werden, wenn es exploriert ist, denn gravierende Probleme werden häufig kaschiert und kleine Problemchen, weder explorations- noch disputationswürdig, werden aufgebauscht. Viele Probleme entpuppen sich nach genauerem Nachfragen als kleinere praktische Probleme. Oft kann alleine die Exploration kleinere emotionale Probleme schon entschärfen. Für *gravierendere* Probleme, die die Entwicklung eines/r Schülers/in beeinträchtigen könnten, kann eine Exploration nur ein erster Schritt sein. In jedem Fall ist eine Exploration jedoch wichtig, um ein Gespür für Art und Ausmaß einer Problematik zu gewinnen. Darüber hinaus kann die Wahrnehmung des/der Schülers/in, das sich jemand für ihn/sie interessiert, ganz unwahrscheinlich schaden und sehr wahrscheinlich nutzen.

Einige Beispiele sollen veranschaulichen, warum die vollständige Exploration eines Problems wichtig ist.

17.1.1 Hausaufgaben werden nicht gemacht

Der Ausgangspunkt für das erste Beispiel ist, dass ein Schüler wiederholt auffällt, weil er seine Hausaufgaben nur teilweise bzw. nicht gemacht hat. Oberflächlich behandelt, würde er einem bestehenden Sanktionssystem von Regeln und Folgen unterworfen werden, in dem beispielsweise festgelegt wird, dass er bei jeder fehlenden Hausarbeit einen Strich bekommt und bei drei Strichen die Eltern informiert werden. Je nach den erzieherischen Möglichkeiten der Eltern wird das Problem der Hausaufgaben dann irgendwann von diesen gelöst werden bzw. ungelöst bleiben.

Dem Lehrer des Schülers entgehen aber wichtige Informationen über die Perspektive des Schülers. Im Falle eines grundlegenden Problems, das auch von den Eltern nicht gelöst werden kann, kann sich ein Problem, das vielleicht zu Beginn noch mit leichter Hand hätte behoben werden können, außerdem zu einem großen, nur schwer lösbaren Problem auswachsen. Dies gilt vor allem dann, wenn die Leistung des Schülers nicht besonders gut ist und ihm das Lernen schwer fällt.

So könnte der Schüler zum Beispiel eine geringe Frustrationstoleranz angesichts schulischer Aufgaben aufweisen und zu der Gruppe von Schülern gehören, die Rollet als Anstrengungsvermeider bezeichnet (Rollet, 2005). Dieses Problem ist ein psychologisch robustes Phänomen, das oft nur mit vereinten Kräften der Eltern und der Schule gelöst werden kann. Selbst wenn die Eltern sich bemühen, kann es vor allem nicht innerhalb von wenigen Wochen gelöst werden, da es eine langfristige Auseinandersetzung mit dem Schüler verlangt, die sich indes lohnt. Wird aber einfach nur ein Sanktionssystem, wie oben beschrieben, durchlaufen, entsteht ein zusätzlicher Druck, der das Familiensystem dermaßen unter Stress setzen kann, das eine gute Lösung immer schwieriger wird. Ohne eine eingehende Exploration kann dieses Problem nicht erkannt und nicht gelöst werden. Hier wäre also die Ursache im Bewertungssystem des Schülers zu suchen und eine Arbeit an diesem Bewertungssystem unvermeidlich. So kann die Forschungsarbeit von Rollet zeigen, dass in diesem Fall Kinder sehr von einer externen Beratung profitieren, denn die Eltern selber sind fast immer überfordert, wenn ihr Kind ein Anstrengungsvermeider ist. Von dem Lehrer könnte aber hier der entscheidende Tipp kommen, wenn er sich ein realistisches Urteil bilden kann und Informationen zusammenträgt und die Eltern können einsehen, dass es notwendig wird, sich Hilfe zu holen.

Manche Schüler/innen kommen auch ohne Hausaufgaben in die Schule, weil sie dermaßen in häusliche und familiäre Verpflichtungen eingespannt werden, dass ihnen keine Zeit für die eigenen schulischen Verpflichtungen bleiben. Auch in Deutschland gibt es Kinder, die, obwohl selber noch im Kindergartenalter, zu Hause ihre kleinen Geschwister zu versorgen haben (Linthorst,

2014). Die Gründe hierfür können mannigfaltig sein: Eine Kombination aus mangelnder Unterstützung bei der Erziehung und psychischer oder/und physischer Erkrankung eines Elternteils kann dazu führen, dass von Kindern altersunangemessene familiäre Verpflichtungen übernommen werden. Sehr strenge religiöse Ansichten können auch dazu führen und ebenfalls eine Abwertung der Wichtigkeit von Bildung für das eigene Kind kann es diesem sehr schwer machen, die eigenen schulischen Verpflichtungen auszuführen. Diese Ursachen würden durch die alleinige Anwendung eines Sanktionssystems alleine nicht aufgedeckt werden, geschweige denn verändert werden können. Das betroffene Kind und/oder der/die Jugendliche würden möglicherweise als faul und unzuverlässig in der Schule gelten, obwohl sie genau gegenteilig leben, allerdings eben nicht in der Schule. Hier würde das Problem also, entlang der A B C Terminologie aus Kapitel 3 in der Umwelt des Kindes zu suchen sein, oft in den Ressourcen der Familie. Das A enthüllt das Ursachengefüge des Verhaltens gegenüber den Hausaufgaben.

Hausaufgaben können aber auch aus anderen Gründen nicht gemacht werden. So kann eine Familie durchaus unterstützen wollen, und ein/e Schüler/in kann durchaus motiviert sein, aber niemand in der Familie weiß so richtig wie es geht, was es z.B. bedeutet eine Fremdsprache zu lernen oder/und wie mathematische Kompetenzen entwickelt werden können oder wie man angesichts eines breiten Freizeitprogramms Hausaufgaben organisiert. Aus diesem Grunde werden in vielen weiterführenden Schulen und bereits auch in vielen Grundschulen für die Eltern Einführungen in Techniken des Lernens angeboten, was sicherlich eine sehr sinnvolle Einrichtung darstellt. So wie bei vielen nützlichen Angeboten kommen aber auch hier oft die Eltern hin, die diese Einführung gar nicht unbedingt brauchen. Bei manchen Eltern ist die Einsicht so wenig verbreitet, dass Lernen gelernt sein will, dass sie gar nicht auf die Idee kommen, dass dies eine Schlüsselveranstaltung für ihr Kind sein könnte. Diese Ursache würde also auch eher in einer Kombination von A und B liegen und viel mit mangelndem Wissen, weniger mit irrationalen Vorstellungen zu tun haben.

Diese drei Ursachen des Phänomens „Ein Schüler macht nur teilweise oder nicht seine Hausaufgaben" stellen ein sehr ausgesuchtes und schmales Problemrepertoire dar. Die Ursachen sind oft individuell stark gefärbt und es sind Ursachen denkbar, auf die man mit dem gesunden Menschenverstand allein nicht kommen kann. Der Einsatz eines Sanktionssystems wird, wie das Beispiel zeigt, diese Ursachen nicht beheben können. Ein Informationen generierendes explorierendes Gespräch ohne die voreingenommene Beurteilung von Faulheit, Bequemlichkeit oder/und Beratungsresistenz ist die notwendige Voraussetzung zur Problemlösung.

17.1.2   Verspätungen und unentschuldigte Abwesenheit

Häufige Verspätungen oder gar unentschuldigte und/oder offensichtlich falsch entschuldigte Abwesenheit eines/r Schülers/in vom Unterricht stellen ebenfalls ein Problem dar, für das viele

Ursachen anzutreffen sind. Auch hier haben viele Schulen offizielle Regelungen, die aus den oben genannten Gründen bei bestimmten Ursachenkonstellationen, ausschließlich angewendet, dysfunktional sind, wenn das Problem nicht erkundet wird.

Eine Ursache im Bewertungssystem einer Familie kann damit zu tun haben, dass Schule und Bildung kein besonderer Wert zugebilligt werden und andere Tätigkeiten einen höheren Stellenwert haben. Hier ist, analog zum Anstrengungsvermeider aus dem ersten Beispiel, eine intensive Arbeit am Bewertungssystem der Familie wichtig.

Mitunter können hierzu erschwerend umweltbezogene Schwierigkeiten kommen, wie z.B. dass die Schule schwer erreichbar ist und/oder die Familie über ein nur schlechtes Management in der Organisation des Schulweges verfügt. Von den Ursachen hängt es ab, ob eine Familie ein tiefer gehendes Gespräch im Sinne einer Disputation (siehe Kapitel 18) benötigt oder praktische beratende Unterstützung oder aber beides.

Auch hier gibt es mannigfaltige Ursachen, besonders in den Bewertungssystemen der Betroffenen, die von außen nur schwer nachvollziehbar sind. In unserem Band zum Schulabsentismus beschäftigen wir uns ausführlich mit vielen, dem Außenstehenden, verborgenen Gründen des Fernbleibens von der Schule, so z.B. der Angst einer Schülerin, in einen Bus zu steigen, um den Schulweg zu bewältigen, oder einer depressiven Episode einer Schülerin angesichts ihrer mangelnden Integration in der Klasse, die sie morgens nicht aus dem Bett kommen lässt, oder der generalisierten existenziellen Angst eines Schülers vor dem Leben, die mit subjektiv bedrohlich wirkenden Bauchschmerzen einhergeht (Steins, Weber & Welling, 2014). Die angeführten Beispiele zeigen, dass häufig hoch individuelle Ursachen existieren, die mit den Bewertungssystemen der Betroffenen über sich selbst, anderen und der Welt zu tun haben. Nur eine ergebnisoffene Exploration kann diese Ursachen zu Tage fördern. Interessant ist, dass in unseren Untersuchungen oft deutlich wird, dass diese Ursachen nahezu niemanden im Umfeld der Schüler/innen zu interessieren scheinen und sie deshalb auch den Schüler/innen selbst nicht immer bewusst sind (Steins, Weber & Welling, 2013).

17.1.3   Aggressionen bei Schüler/innen

Eine von Studierenden des Lehramtes häufig genannte kritische Situation betrifft mögliche aggressive Verhaltensweisen der Schüler/innen, gegenüber anderen Schüler/innen, aber erstaunlich häufig stellen sich die Studierenden auch aggressive Akte eines/r Schülers/in sich selbst gegenüber vor. Eine große Frage betrifft das Praktische: „Was machen wir dann?", selten aber die Ursachen.

Auch hier sind sehr unterschiedliche Ursachen möglich. Wenn Menschen aggressiv sind, weil sie generell eine feindselige Einstellung gegenüber anderen Menschen entwickelt haben („Das Leben

ist ein Kampf", „Der Stärkere gewinnt", „Man muss Zähne zeigen, um respektiert zu werden", etc),
liegt die Ursache des aggressiven Verhaltens im Bewertungssystem des/r betroffenen Schülers/in
begründet und ist nur durch eine Arbeit an diesem zu verändern (siehe folgendes Kapitel 18).
Es ist aber möglich und wahrscheinlich, dass ein/e Schüler/in zu einer solchen Einstellung durch
bestimmte Weltanschauungen seiner Eltern oder anderer Bezugspersonen kommt. Aggressive
Modelle sind möglicherweise ein fester Bestandteil von Umweltvariablen des/r Schülers/in. Dann
sind Gespräche mit diesen Modellen, soweit diese ansprechbar sind, durchaus wichtig. Selbst
wenn kein Gespräch stattfinden würde, wäre es dennoch wichtig für eine/n Lehrer/in, hierzu Information zu haben. Informationen über die nahen Bezugspersonen von Schüler/innen erhöhen
die Nachvollziehbarkeit ihres Verhaltens, minimieren eigene ärgerliche Reaktionen und machen
deshalb einen konstruktiveren Zugang zu den Schüler/innen wahrscheinlicher. Es kann auch
sein, dass Schüler/innen bestimmte Verhaltensregeln nicht kennen und von anderen als aggressiv wahrgenommene Akte als solche daher für normal halten. Dann wäre hier eine Aufklärung
wichtig, aber nicht eine Arbeit am A oder am B.

Auch dieses Beispiel zeigt: Wie das Problem gelöst werden könnte, wird sehr davon abhängen,
was überhaupt das Problem ist. Das aggressive Verhalten selbst ist nur die sichtbare Oberfläche
des Problems.

17.1.4   Die antisoziale Interaktionskultur einer ganzen Klasse

Ein Problem, das immer wieder auftaucht, betrifft eine Klasse als Gesamtgruppe. Eine Klasse
kann durch eine antisoziale Interaktionskultur auffallen (Haep, Weber, Welling & Steins, 2011).
Das kann zu einer erheblichen Belastung für alle direkt und indirekt Beteiligten werden und gehört ebenfalls mit zu den häufig genannten Problemen, vor denen sich Studierende des Lehramtes und bereits tätige Lehrkräfte fürchten.

Auch hier gilt es bei einer Exploration offen zu sein. Das Problem kann unter Umständen im A
gesucht werden. Viele Untersuchungen zeigen, dass die Gestaltung eines Raumes, seine Lage
und sonstige Beschaffenheit ein Aggression erhöhendes bzw. –minderndes Potenzial haben kann
(Flade, 2011; siehe auch Kapitel 9). Mit zum A kann auch gehören, dass Präventionsmaßnahmen
an einer Schule fehlen. Möglicherweise hat sich die Zusammensetzung der Schülerschaft geän-
dert und es wurde übersehen, dass es in einer Klasse in geballter Zahl Schüler/innen mit nur un-
genügend entwickelten sozialen und emotionalen Kompetenzen gibt. Vielleicht wird diese Klasse
aber auch durch überzufällig viele Lehrende unterrichtet, die selber einen feindseligen Blick auf
Schüler/innen entwickelt haben. Auch solche Interaktionen können zur Etablierung einer ab-
lehnenden und antisozialen Interaktionskultur beitragen.

Die Beispiele zeigen, dass Standarddeutungen von Problemen nicht standardmäßig zu gebrau-
chen sind. Es ist für Forschende im Bereich der Bildungswissenschaften eine immerwährende

Herausforderung, Forschung nicht so aufzubereiten, dass diese wieder nur Standardwissen bedient und zur klischeehaften Wahrnehmung der Realität beiträgt. Weiter unten werden deshalb erschwerende Rahmenbedingungen gelingenden Explorierens konkret benannt, um sich ihrer bewusst zu werden und sie möglichst nicht in eine Problemanalyse eindringen zu lassen.

17.2   Voraussetzungen für eine Exploration

Gespräche über innere Vorgänge sind ungewohnt für Schüler/innen. Es gehört nicht zur Standarderziehung, dass Menschen lernen, sich ihren eigenen inneren Vorgängen zu widmen, um sich selber zu verstehen. Deswegen erstaunt es auch nicht, dass innere Vorgänge als etwas sehr *Privates* empfunden werden, die niemanden etwas angehen oder selber auch nicht wirklich wahrgenommen werden. Will man die für ein Problemverständnis wichtigen Informationen erfahren, dann muss garantiert sein, dass eine *vertrauliche* Atmosphäre herrscht. Ein/e Schüler/in wird nicht anfangen über sich zu reden, wenn eine Person, die er/sie nicht einschätzen und der er/sie nicht vertrauen kann, zuhört. Es muss also gewährleistet sein, dass es Raum und Zeit zu Zweit gibt.

Das ist in der Schule nicht immer so einfach, und kann oft nur zwischen den Unterrichtsstunden oder/und in der Pause sowie nach Unterrichtsschluss erledigt werden.

Um als explorierende Person als vertraulich eingeschätzt zu werden, ist es wichtig, allen Gefühlen eines Gegenübers mit Respekt zu begegnen, zum Beispiel dem verbalen Ausdruck aggressiver Gefühle von Schüler/innen neutral und sachlich zu begegnen und diesen nicht zu verurteilen. Es ist der Sinn einer Exploration, den *Ist-Zustand* aufzudecken und noch nicht den Sollzustand herbeizuführen, der ja vom Ist-Zustand abhängt. Wie das Kapitel 6 gezeigt hat, ist es sehr schwierig als eine das Gespräch führende Person, unvoreingenommen zu explorieren. Es ist aber ein Vorgang, der erlernbar ist und große Vorteile gegenüber den Alltagsgesprächstechniken bietet.

Um als vertraulich zu gelten, ist es wichtig vorab auch als freundlich, zugänglich und zugewandt wahrgenommen worden zu sein. Wir haben immer wieder erwähnt und auch empirische Belege dafür heranziehen können, dass es unterstützend für die soziale, emotionale und kognitive Entwicklung Heranwachsender ist, freundlich und empathisch begleitet zu werden. Hier ist ein weiterer Zusammenhang zwischen einem freundlichen Verhalten des Lehrenden und einem positiven Effekt auf den Lernenden: Ein Schüler/eine Schülerin wird einer Person, die ihn/sie normalerweise gleichgültig oder unfreundlich behandelt, nicht vertrauen können. Diese Person wird deshalb nur halbe Wahrheiten über den Schüler/die Schülerin kennen, die zu halben Lösungen führen. Spätestens also bei Gesprächssituationen angesichts akuter Problematiken, macht sich Freundlichkeit und Zugewandtheit bezahlt, denn sie erhöht das *Vertrauen* in die Fähigkeit des Gegenübers, wahrzunehmen und zu verstehen. Vertrauen wird auch dadurch erhöht, dass die Regeln des Gespräches offen gemacht werden (Meichenbaum & Turk, 1994; Walen, DiGuiseppe & Wessler, 1980).

Ein Rahmen, der das Gelingen einer Exploration wahrscheinlicher macht, sieht ungefähr so aus:

- Es gibt bereits eine freundliche und vertrauensvolle Beziehung zwischen Lehrer/in und Schüler/in.
- Das Gespräch findet in einem Raum statt, der Vertraulichkeit garantiert. Persönliche Gespräche zwischen Tür und Angel oder in einer halböffentlichen Zone funktionieren nicht gut.
- Es gibt einen Zeitrahmen, der für beide Seiten überschaubar ist. 10 bis 15 Minuten gut genutzte Gesprächszeit kann bereits sehr ergiebig sein.
- Es findet eine Begrüßung statt.
- Es gibt eine kurze Zielerklärung, z.B. Ankündigung, dass es erst einmal nur um das Verstehen geht und die hierfür notwendigen Informationen fehlen. Denn gute Lösungen können nicht aus dem Ärmel geschüttelt werden.
- Äußerungen des/r Schüler/s/in werden nicht kommentiert und nicht bewertet.
- Die Redezeit des/der Schülers/in ist anteilig bei weitem höher liegen als die der Lehrerin/des Lehrers.
- Es werden ergebnisoffene Fragen gestellt. Suggestive Fragen und geschlossene Fragen, die eigene Hypothesen enthalten, führen nicht zu ergebnisoffenen Erkenntnissen, sondern erhöhen die Wahrscheinlichkeit sozial erwünschter Antworten von Schüler/innen und führen damit zu einer falschen Sicht der Dinge.

17.3   Welche Informationen können zusammengetragen werden?

Eine Exploration ist erst dann abgeschlossen, wenn alle objektiven und subjektiven Fakten auf dem Tisch liegen. Das in Kapitel 3 aufgeführte *A-B-C Modell* (Aktivierende Ereignisse, Bewertungen und emotionale wie verhaltensbezogene Konsequenzen) kann einen sicheren Leitfaden dafür bieten, welche Informationen eine vollständige Beschreibung eines Problemraums liefern können.

Eine weitere ergänzende Systematik zur Informationssuche, die zur Vollständigkeit führt, bieten die attributionstheoretischen und attributionalen Theorien (Band I, Kapitel 7). Die Konsistenz (die zeitliche Entwicklung), der Konsensus (der soziale Vergleich) und die Distinktheit (Spezifität) eines Problems sagen einiges über den Schwierigkeitsgrad des Problems aus. Je länger anhaltend ein Problem ist, umso singulärer und generalisierter, desto mehr Anstrengung ist für eine Lösung des Problems einzukalkulieren.

Viele psychologische und pädagogische Perspektiven auf bestimmte Lebensbereiche zu kennen, erhöht darüber hinaus bei der Informationssuche die Treffersicherheit, da die Kreativität, Fragen zu stellen, wächst. Denn wenn man nicht weiß, welche potenziellen Ursachen für Probleme es geben kann, dann kann man auch nicht danach fragen. So kann ein fundiertes Wissen über z.B. Familien (z.B. Schneewind, 2012) dazu beitragen, dass man auch über Dimensionen wie Isoliertheit der Familie, oder Einwanderungsgeschichte der Familie, präzisere Informationen generiert, um abschätzen zu können, inwieweit diese in Zusammenhang mit einem beobachten Problem stehen.

Viele im Lehrberuf Tätige denken, gemäß der weit verbreiteten Alltagsgesprächskultur, dass es zu weit geht, so viele Fragen zu stellen, insbesondere *Warum Fragen* stehen häufig im Verdacht, eine Schuldzuweisung anzudeuten. Man kann aber nicht gut nur damit arbeiten, was man zufällig mitbekommt oder selber denkt. So kann ein Problem nicht verstanden und nicht gelöst werden.

Interessanterweise kann durch die gemeinsame Informationssuche ein Problem häufig entschärft werden, weil alleine durch die Information auch der betroffenen Person vorher nicht bewusste Zusammenhänge ersichtlich werden. Auch deuten es Menschen in der Regel als Interesse an ihrer Person, wenn man sie befragt und dabei selber in den eigenen Erzählungen, Selbstbezügen und vor allem eigenen Bewertungen äußerst zurückhaltend ist. Eine Befragung, die so verläuft, kann, genau wie eine eigene Selbstreflexion, in Form eines Tagebuchs oder einer systematischen Selbstanalyse einen emotional befreienden und Einsicht in das Problem bewirkenden Effekt haben (Pennebaker, 1997).

17.4   Wie können eigene Vorannahmen als solche erkannt werden?

Ein häufiges Hindernis für eine gelungene Exploration ist man *selbst*. Menschen sind in unserer Kultur auf einen *Selbstbezug* geeicht. Nicht von ungefähr behaupten Berger und Luckmann, dass die eigene Person der eigene Star ist, sozusagen der Star des Alltags, um den sich alles dreht (Berger & Luckmann, 1998). Selbstreferenzielle Bezüge machen es einer Person allerdings nicht möglich, ein fremdes Problem zu verstehen. Wie in Band I Kapitel 4 ausgeführt wird, erfordert die Übernahme einer fremden Perspektive eine scharfe, von der eigenen Person zunächst unabhängige, Beobachtung. Ist der Erfahrungshintergrund des Gegenübers gar zu verschieden von dem eigenen, kann Perspektivenübernahme nur durch das Einholen weiterer Informationen gelingen. Das ist in der Tat ein schwieriges Unterfangen, für das Verständnis eines Problems jedoch oft unumgänglich. Eigene Vorannahmen fließen natürlich, auch wenn man es zu vermeiden versucht, immer in eine Problemanalyse und das Fremdverstehen mit ein. Es ist aber wichtig, sie möglichst zu erkennen und die Definition eines Problems davon zu abstrahieren. Der bekannte

Meister dieser Kunst ist Sherlock Holmes, der sich für alles interessiert und sehr viel weiß und: Sich mit einem Problem so lange beschäftigt, bis er es verstanden hat. Die Lösung liegt dann oft auf der Hand.

Es gibt einige Indikatoren dafür, dass eigene Vorannahmen einen ungebührlichen Platz in einer Informationssuche einnehmen, die eigentlich dem Fremdverstehen dienen soll:

- Die Verteilung der Redezeit
  - Der Informationssuchende redet mehr als die betroffene Person.
    - Ein hoher Redeanteil bei der fragenden Person weist darauf hin, dass sie dabei ist, den Status des Perspektivenübernehmenden zu verlassen und den des Akteurs zu übernehmen. Ein Akteur wird aber nicht so detailliert Beobachtungen hinsichtlich des Fremdverstehens machen können wie ein zurückhaltender Beobachter (Band I, Kapitel 4).

- „Ich"
  - Die Informationen suchende Person spricht häufig in der Ich-Form.
    - Das ist ein deutlicher Indikator für selbstreferenzielle Schleifen, die im Alltag die meisten Kommunikationssequenzen durchziehen. Das mögen teilweise durchaus interessante Anekdoten sein. Allerdings haben selbstreferenzielle Schleifen in Prozessen des Fremdverstehens entscheidende Nachteile. Sie vermindern die Zeit, die sich das Gegenüber öffnen könnte und sie können zu falschen Annahmen beim Gegenüber dazu führen, was der Fragende eigentlich hören möchte.

- Suggestion und Geschlossenheit
  - Es werden immer wieder suggestive oder geschlossene Fragen gestellt, z.B. „Und dann hast du gedacht, das lasse ich mir nicht gefallen?" Oder: „Dann warst du sauer oder hilflos?" Offene Fragen analog zu diesen suggestiven bzw. geschlossenen Fragen wären: „Wie hast du dich gefühlt?" oder „Was hast du gedacht?"
    - Suggestive bzw. geschlossene Fragen sind ein Indikator dafür, dass die Phantasie der beobachtenden Person durchbrennt. Es existiert schon ein bestimmter Deutungsentwurf des Geschehens bzw. eines Problems und unbewusst soll das Gegenüber zur Bestätigung des Deutungsentwurfs gebracht werden.

- Intensive Gefühle
  - Die Informationen suchende Person hat extrem intensive Gefühle.
    - Sehr intensive Gefühle deuten auf starke Bewertungen hin, Bewertungen finden möglicherweise schon bei der Informationssuche statt. Je stärker die Gefühle sind, desto eher ist anzunehmen, dass bereits Bewertungen vorgenommen werden, die eher generalisierend, schwarz-weiß bzw. verzerrt oder stark mitleidsvoll sind. Dann ist es wichtig, Neutralität zu bewahren und hinterher selber noch einmal nach den bewertungsbezogenen Zusammenhängen zu den eigenen starken Emotionen zu schauen.

Zurzeit spielen für Problemexplorationen in der Schule ausgerechnet Behauptungen aus der Wissenschaft eine besonders hinderliche Rolle. Wie Kagan (2012) zusammenfassend darstellt, geht den Erwachsenen (und Wissenschaftlern/innen) bei einem Problemverständnis der Heranwachsenden immer stärker der Sinn für *kontextuelles* Verstehen verloren. Eine tragende Rolle hierbei spielt ein immer stärker werdendes Denken in *Dispositionen* und *psychopathologischen* Kategorien, das bedauerlicherweise durch aktuelle wissenschaftliche Trends verschärft wird.

Es macht einen Unterschied, ob ein/e Lehrer/in beobachtet, was genau es ist, das bei einem/r Schüler/in zu den immer gleichen Rechtschreibfehlern führt oder ob sie den Eltern rät, den Schüler/die Schülerin auf Lese-Rechtschreibschwäche testen zu lassen. In dem einen Fall kann sie zusammen mit dem Schüler/der Schülerin die Ursachen für die Wiederholungsfehler ermitteln und ihm passende Übungen geben, in dem anderen Fall gibt sie die Verantwortung ab an die große Unbekannte „Diagnose", die im besten Fall über Umwege zu solchen Übungen führt, aber im schlechtesten Fall zur Stigmatisierung bzw. Selbststigmatisierung der/s Schülers/in (Steins & Münstermann, 2ß03, Band I Kapitel 4; Steins, Weber & Welling, 2013). Dasselbe gilt für Labels wie Dyskalkulie (Meyerhöfer, 2011), Verhaltensstörungen bzw. oppositionelle Störungen.

17.5   Gelingende Explorationen: Die richtigen Fragen stellen

Zusammen mit den Rahmenbedingungen und der eigenen Haltung als Informationen Suchender zwecks konstruktiver Lösungsfindung nutzen Kenntnisse über die Art der Fragen, die schnellstmöglich zu den relevanten Informationen und einem umfassenden Problemverständnis führen können. Dieser Abschnitt beschäftigt sich deshalb mit den Fragemöglichkeiten, die möglichst einfach und ohne Umwege zu den relevanten Informationen führen können.

Die Abfolge der Darstellung dieser Fragen richtet sich nach dem in Kapitel 3 vorgestellten A-B-C-Modell bzw. der in Abbildung 3 dargestellten Systematik. In den meisten Fällen ist es jedoch so, dass ein/e Schüler/in nicht exakt auf die Frage antwortet. Es kommt häufig vor, dass eine Frage nach den Gefühlen mit einer Schilderung des Verhaltens oder den Bewertungen beantwortet wird. Es ist Sache der explorierenden Person, diese Information dann richtig zu strukturieren und so lange weiter zu fragen, bis möglichst keine relevante Information mehr offen geblieben ist. Der Unterschied zwischen Verhalten, Gefühlen und Gedanken ist vielen Menschen und erst recht Heranwachsenden nicht geläufig. Es geht bei einer Exploration also nicht um die richtige Antwort auf die Fragen, sondern darum, durch die Fragen zu allen wichtigen Informationen zu kommen.

17.5.1 Fragen zum Ereignis

Die ausführliche Schilderung einer Problemsituation aus der Perspektive der betroffenen Person ist sehr wichtig und ist immer die erste Frage in Hinblick auf die Chronologie einer Exploration. Wichtige Fragen sind hier:

* Was genau ist passiert?
* Wie oft ist das schon in der Vergangenheit passiert?
* Wie fanden das andere Menschen? (Eltern, Freunde, etc.)
* Ist so etwas auch schon mal in anderen Bereichen des Lebens aufgetreten?

Diese Fragen umfassen einen breiten Informationsspielraum. Nach den Thesen der narrativen Gesprächstherapie kann das Erzählen eines Geschehens an sich schon entlastend sein, verbunden mit der Tatsache, dass jemand das Geschehen verstehen möchte (Samstag, Muran, Wachtel, Slade, Safran & Winston, 2008). Es geht hier nicht um das unstrukturierte und überdetaillierte Erzählen von allem, was dem Gegenüber durch den Kopf schießt, sondern es ist wichtig, dass es um die wahrgenommene Darstellung eines spezifischen Ereignisses geht.

Wenn zum Beispiel Schüler/innen wiederholt keine Hausaufgaben gemacht haben, geht es also nicht generell um das Nicht-Hausaufgaben-Machen, sondern um ein bestimmtes Datum, einen bestimmten Nachmittag, an dem keine Hausaufgaben gemacht wurden. Es geht auch nicht darum, dass alles, was ein/e Schüler/in an diesem Tag erlebt hat, eine Rolle spielt, sondern alles, was mit dem Ereignis der nicht erledigten Hausaufgabe an diesem bestimmten Nachmittag zusammenhängt. Um eine irrelevante Detailfülle einzuschränken, kann dem Schüler/ der Schülerin durch einschränkende und strukturierende Fragen die Gelegenheit geboten werden, ein Geschehen strukturiert zu beschreiben. Dasselbe gilt auch bei allen anderen denkbaren Problematiken, z.B., generell über eine antisoziale Interaktionskultur einer Klasse zu sprechen, ist wenig ergiebig; eine bestimmte, genau zu datierende Episode kann Anlass sein, das A zu ermitteln.

Diese Art der fokussierten Narration erlaubt es relevante Informationen zusammenzutragen und verhindert, dass ein zielloses, überdetailliertes, zeitraubendes Gespräch entsteht, welches in Bezug auf die Problemlösung nicht hilfreich ist. Hier kommt es sehr auf das Wie der einschränkenden Strukturiertheit an, ob diese Begrenzung als Desinteresse oder als Unterstützung bei einem Problemverständnis wahrgenommen wird. Auch hier ist eine freundlicher, transparenter Umgangston wichtig, um Vertrauen etablieren und halten zu können. Wenn im Gespräch die Ausführung von Details unterbunden wird, hilft eine kurze Erklärung des Vorgehens (z.B.: „Wenn wir hier zu sehr darauf eingehen, befürchte ich, das wir vom Thema wegkommen. Versuche noch mal da anzusetzen, wo du den Fernseher angeschaltet hast."; Umgangston: Freundlich und zugewandt kombiniert mit Verhalten: Konsequent und strukturiert).

Mitunter ist es so, dass ein/e Schüler/in zahlreiche unterschiedliche Ereignisse nennen kann, die alle relevant zu sein scheinen. Dann ist es wichtig, ihn/sie wählen zu lassen, welches das *gra-*

vierendste Ereignis ist und mit welchem er/sie anfangen will. Häufig liegen nach der A-B-C-Logik sehr unterschiedlichen Ereignissen , ähnliche Bewertungsprozesse zugrunde und es kommt zunächst darauf an, einen Gesamtzugriff zu einer selektiven Problematik zu entwickeln.

Auch kann es sein, dass eine Problematik sich bereits auf der *sekundären* Ebene abspielt. Ein/e Schüler/in kann es als problematisch empfinden, wenn die Klasse ihn/sie zurückweist. Das ist aber bereits eine sekundäre Ebene: Die primäre Ebene besteht aus der Wahrnehmung und Bewertung sowie damit verbunden Emotionen und Verhaltensweisen des Zurückgewiesenwerdens, aus der sich ein sekundäres Problem ergeben kann, das in der REVT als Symptomstress bezeichnet wird. Es ist wichtig, sich selber zu verdeutlichen, auf welcher Ebene man sich befindet und dann beide Ebenen im Gespräch zu explorieren.

Weiterhin ergibt sich bei der Exploration des As die Möglichkeit, dass sich Ereignisse und damit verbundene Probleme enthüllen, *die den eigenen Kompetenzbereich überschreiten*. Es ist sehr wichtig für die Unterstützung von Schüler/innen, das zu erkennen und dann weiterführende Unterstützungsangebote einzuleiten. Lehrer/innen sind oft die ersten, die erkennen, dass Schüler/innen z.B. medizinische oder/und therapeutische oder beraterische Hilfe benötigen, die sie selber nicht geben können. Lehrer/innen sind weder Mediziner/innen, Therapeuten/innen, Sozialarbeiter/innen, noch ausgebildete Berater/innen. Sie können aber, da sie im besten Fall vertrauensvolle Beziehungen zu ihren Schüler/innen aufgebaut haben, diese ermuntern, entsprechende Unterstützungsangebote aufzusuchen. Dies geht häufig nur über die Eltern, wenn die Schüler/innen minderjährig sind. Hier haben sich sicherlich schon viele Lehrer/innen damit schwer getan, weil sie denken, sie beschädigen das von den Schüler/innen gezeigte Vertrauen, wenn sie dann doch die Eltern einbeziehen. In vielen Fällen ist es jedoch unvermeidlich, das zu tun. Wenn es zum mittel- und langfristigen Nachteil der Schüler/innen wäre, das Problem ungelöst zu lassen, sind die Eltern einzubeziehen, um weiteren Schaden abzuwenden. Auch hier ist das *Wie* entscheidend. Vertrauen wird aufrechterhalten, wenn die Lehrkraft ihren Schüler/innen diese Notwendigkeit vermittelt und bei einem gemeinsamen Gespräch mit Schüler/innen und Eltern dabei ist. Ist die Beziehung des/r Schülers/in zu seinen Eltern Teil des Problems, dann ist es hilfreich und unterstützend für Schüler/innen, wenn die Lehrkraft möglicherweise, mit der Genehmigung der Eltern, bei einem ersten Beratungsgespräch mitgeht, auf alle Fälle Anteil an dem weiteren Verlauf nimmt und auch mit den Eltern des/r Schülers/in in Kontakt steht. Je abgestimmter die Zusammenarbeit der erwachsenen Bezugspersonen, desto besser für die Heranwachsenden (Steins, 2008b).

An allen Schulformen ist es sehr wichtig, dass Lehrer/innen über die städtischen Unterstützungsangebote sehr gut informiert sind; je konkreter die Hilfestellung für die Selbsthilfe ist, desto wahrscheinlicher ist es, dass sie auch umgesetzt wird.

Eine letzte Unterscheidung kann helfen, das Problem des Gegenübers einzuordnen: Ist das Problem praktischer oder emotionaler Natur? Ein/e Schüler/in kann deswegen die Hausaufgaben nicht machen, weil sie, wie oben beispielhaft dargestellt, soviel im Haushalt der Eltern mithelfen muss. Oder aber weil er/sie sich nicht motivieren kann. Beides sind ernstzunehmende Probleme, die nach Unterstützung des/r Schülers/in verlangen, aber sie sind vollständig anderer Natur und verlangen dementsprechend auch nach unterschiedlichen Lösungen.

17.5.2   Fragen zum Verhalten

„Was hast du genau gemacht?" ist die direkte und eindeutige Frage nach dem Verhalten, die man noch nach der zeitlichen Abfolge verschiedener Verhaltensfragen (und was hast du dann gemacht?) ergänzen kann. Schüler/innen, die zum Beispiel der Schule fernbleiben, werden in der Zeit irgendetwas anderes machen. Für ein Problemverständnis kann dieses zur Schule alternative Verhalten wichtig sein. Wie genau haben die Schüler/innen die Zeit, die sie eigentlich im Unterricht hätten sein sollen, verbracht? Was haben sie gemacht? Es ist ein Unterschied, ob ein/e Schüler/in einfach im Bett liegen bleibt, ob er/sie an der Spielekonsole sitzt oder sich mit Freund/innen trifft.

Um heraus zu bekommen, ob dieses Verhalten typisch ist, kann gefragt werden „Machst du das immer so?" oder „Ist das typisch für diese Situation?" Um zu einem Verständnis für die Ziele des/r Schülers/in zu gelangen, kann gefragt werden „Was willst du denn anders machen?" oder „Würdest du es gerne anders machen? - Wenn ja, wie?".

17.5.3   Fragen zu den Gefühlen

Die meisten Menschen sind es nicht gewohnt über ihre Gefühle zu sprechen. Gerade Heranwachsende tun sich damit besonders schwer, wenn es für sie auch in der Familie ungewöhnlich ist, über Gefühle zu sprechen. Manche Heranwachsende haben auch nur ein sehr eingeschränktes Repertoire für die Benennung ihrer Gefühle.

Wenn jemand keine Auskunft auf die Frage geben kann „Was hast du empfunden, als schon wieder ein Tag vorbei war, an dem du nicht zur Schule gegangen bist?" oder „Als du wieder ohne Hausaufgaben in die Schule gekommen bist, wie hast du dich dabei gefühlt?", dann kann dies daran liegen, dass der Person ein Gefühl peinlich ist und sie sich dafür schämt. Besonders Gefühle wie Eifersucht, Neid, Missgunst, Hass, bei einer bestimmten Gruppe von Jungen auch Angst, sind sozial wenig akzeptierte Gefühle und werden nicht gerne zugegeben. Hier zeigt sich wiederholt die Relevanz einer vertrauensvollen Beziehung zur Lehrperson: Wem, wenn nicht ihr, können Schüler/innen emotionale Konflikte anvertrauen? Es kann hilfreich sein, nochmals darauf zu verweisen, dass das Gespräch absolut vertraulich ist und Gefühle kommen und gehen, die meisten Menschen alle Gefühle kennen und ein Mensch kein schlechter Mensch ist, wenn er Gefühle hat, die nicht als erwünscht gelten. Manchmal hilft es auch einfach zu warten und die Frage nach den Gefühlen zurückzustellen.

Ein für Heranwachsende sehr geeigneter Weg zur Exploration der Empfindungen ist es schrittweise vorzugehen. So kann man zunächst nach der groben Qualität eines Gefühls fragen „War es eher negativ oder positiv?", „Welche Farbe würdest du dem Gefühl geben?" „Wenn du eine Filmfigur nennen könntest, die für das Gefühl stehen könnte, welche wäre es?", „Was genau an ihr ist es, dass du diese Figur nennst?".

Um die Intensität eines identifizierten Gefühls festzustellen, können Kinder einen Luftballon aufblasen (Blase mal den Luftballon so fest auf wie dein Gefühl stark zu spüren war) oder an einem Heizungsregler zeigen, wie heiß das Gefühl in der Situation war. Ältere Heranwachsende können eine Skala benutzen mit den Enden 0 und 10 („gar nicht spürbar" bis „total intensiv"). Diese Veranschaulichung hilft, um in die Gefühlswelt des Gegenübers hineinzutauchen. Durch die gemeinsame Anwendung dieser Techniken zur Erfragung der Qualität und Intensität von Gefühlen können Heranwachsende gleichzeitig lernen, wie man über eigene Gefühle nachdenken kann.

Eine weitere Dimension der gefühlsbezogenen Exploration ist der Verlauf der Gefühle: „Wie hast du dich gefühlt, bevor die Schule angefangen hat?", „Wann war das Gefühl am stärksten?", „Wann war es am schwächsten?". In unseren Schulabsentismusstudien haben wir für diesen Verlauf ein sogenanntes Gefühlsbarometer entwickelt und eingesetzt (Steins, Weber & Welling, 2013). Mit dem Gefühlsbarometer können wir den chronologischen Verlauf eines Gefühls zusammen mit dem Schüler/ der Schülerin rekonstruieren.

Zur vollständigen Exploration gehört auch eine Frage nach dem Wunsch des Schülers/der Schülerin : „Wie würdest du dich gerne fühlen können, wenn x passiert?". An dieser Frage kann eingeschätzt werden, in welche zukünftige Richtung die Lösung des Problems liegen könnte.

Es ist sehr wichtig, bei der Exploration der Gefühle einer anderen Person nicht von den eigenen Gefühlen, die man vermutlich in einer ähnlichen Situation gehabt hätte oder hatte, auszugehen. Es wird sehr vom nächsten Punkt abhängen wie die Gefühle gefärbt sind und schon bei der Exploration der Gefühle kann man auf die falsche Fährte kommen, wenn die Fragen suggestiv sind oder die Antworten des Gegenübers selbstreferenziell interpretiert werden.

17.5.4   Fragen zu den Bewertungen

„Was hast du gedacht,
- als du x gemacht hast?"
- als x passiert ist?"
- als du x gefühlt hast?"

„Was hindert dich,

- das zu machen, was du gerne machen würdest?"
- dich so zu fühlen, wie du dich gerne fühlen würdest?"

„Wie findest du es,
- dass x passiert ist?"
- wie du es wahrnimmst?"

„Würde y das genauso sehen wie du? Wo wäre ein Unterschied?"

sind Fragen, die auf die Exploration der Bewertungen des Geschehens hinauslaufen. Oft antworten Menschen schon mit Bewertungen, wenn sie Ereignisse erzählen oder über Gefühle und Verhalten berichten.

Bewertungen bestehen einerseits aus der Interpretation eines Ereignisses, welche oft schon in dessen Schilderung einfließt; andererseits auch aus der Schlussfolgerung, die aus der Interpretation gezogen wird, die sich oft auf einen oder die Kombinationen von drei Bereichen bezieht:

- auf sich selbst: Eine Philosophie der Selbstherabsetzung
- auf andere: Andere sind schuld
- auf die Welt: Eine Philosophie der niedrigen Frustrationstoleranz.

17.6   Die sekundäre Ebene

Wie bereits geschildert, kann aus jedem Problem Symptomstress entstehen (auch sekundäre Ebene oder Metaebene genannt). Symptomstress kann das ursprüngliche Problem verschärfen. Ein/e Schüler/in kann vor seiner/ihrer Prüfungsangst eine große Angst entwickeln, die die ursprüngliche Prüfungsangst verstärkt. Ein/e Schüler/in kann seine/ihre Prüfungsangst auch als Beweis dafür nehmen, dass er/sie ein kompletter Versager ist, eine Bewertung, die mit einer depressiven Verstimmung und dem Verlust jeglicher Motivation einhergehen kann. In diesem Fall wird dem ursprünglichen Problem A ein weiteres neues Problem B zugefügt.

Indem man sein Gegenüber fragt, wie es die verschiedenen Elemente des explorierten A-B-C findet bzw. wie es sich damit fühlt, kann exploriert werden, ob Symptomstress vorliegt. Ein Element der primären Ebene wird als neues A genommen und entsprechend vorgegangen, wie in diesem Kapitel demonstriert. Man kann zum Beispiel fragen: „Wie findest du es selber, dass du dich nicht aufraffen kannst zur Schule zu gehen?" Oder: „Wie findest du es, dass du selten deine Hausaufgaben machst?", „Wie fühlst du dich damit, dass du keine Lust hast, Hausaufgaben zu machen?" Es muss nicht unbedingt Symptomstress vorliegen, liegt aber Symptomstress vor, muss für eine umfassende Problemlösung auch an diesem gearbeitet werden (siehe Kapitel 6).

17.7 Anmerkungen zur Exploration als Gesprächsverfahren

Die REVT ist oft wegen ihrer Prägnanz kritisiert worden, die immer wieder als Kälte, Desinteresse und oberflächlicher Zugang zu Problemen missinterpretiert wird (Ellis, 1874). In anderen Gesprächsverfahren wird ein sehr viel höherer Wert auf vergangene Erlebnisse und ein allgemeineres Vorgehen gelegt als in der REVT, in der mit einem singulären Ereignis zunächst eine Exploration gestartet wird. In anderen Gesprächsverfahren tritt der/die Therapeut/in in den Hintergrund und hat nur mehr eine reflektierende Haltung, keine offensichtlich strukturierende Funktion. Die REVT bezeichnet sich hier sehr ehrlich als direktives Verfahren, insofern der/die Therapeut/in eindeutig Verantwortung für die Gesprächsführung übernimmt. Die REVT ist aber kein dirigistisches Verfahren, insofern die Strukturierung allein der Exploration und Problemlösung gilt und Klient/innen offen mitbeteiligt werden, wie es in anderen Verfahren nicht der Fall ist. REVT-Klienten/innen kennen die Methode, mit der gearbeitet wird und können sie anderen erklären. In vielen Arbeits- und Lebensweltkontexten ist diese Gesprächsmethode genau aus diesen Gründen sehr viel angemessener, indem sie schnell und leicht einzusetzen ist. Über die Tiefe des Vorgehens kann man geteilter Meinung sein. Die REVT sieht sich jedoch als ein tiefendynamisches Verfahren an. Ihre Techniken stehen in ihrer Effizienz anderen Techniken, was den Therapieerfolg angeht, in nichts nach, sondern sind, im Gegenteil, auch im therapeutischen Setting äußerst erfolgreich (Grawe, 2000). Von Ellis selbst wurde immer wieder betont, dass dieser Erfolg vor allem auch damit zu erklären ist, dass die Anwendung dieser Techniken auch vom Gegenüber für sich selbst sehr schnell übernommen werden und daher die gebotene Hilfe sehr schnell als Selbsthilfe eingesetzt werden kann.

Im schulischen Kontext, in dem wenig Zeit für Abweichungen vom Normalverlauf ist, in dem junge Menschen sind, die wenig Erfahrung mit Selbstreflexion aufweisen und der kein therapeutischer Kontext ist, sind Techniken wie diese, in der relativ geradeaus und zügig verfahren werden kann (und schnell und leicht ist nicht gleichbedeutend mit unempathisch, oberflächlich und unfreundlich), besonders angemessen und zielführend.

17.7.1 Individuelle Förderung und Exploration: Ein nicht offensichtlicher Bezug

Einen interessanten Bezug des Inhalts dieses Kapitels sehen wir zur Individuellen Förderung. Der Beginn individueller Förderung sieht eine umfassende Problemdiagnose vor. Auch wenn es um ein fachliches Problem geht, kann es durchaus sein, dass dieses fachliche Problem durch ein emotionales Problem überlagert wird bzw. ein emotionales Problem das primäre oder sekundäre Problem darstellt. Wie die Forschung zur gelernten Hilflosigkeit zeigt, kann der beste fachliche Nachhilfeunterricht ins Leere laufen, wenn emotionale Probleme nicht exploriert wurden (siehe Band I; Kapitel 7). Dieses Kapitel enthält viele Vorschläge dafür, wie möglichst alle Informationen zusammengetragen werden können und man verhindern kann, dass eigene Vorstellungen der Realität vorgezogen werden.

17.8 Zusammenfassung

Eine vollständige Exploration bedeutet, dass alle Informationen zusammengetragen werden. Gleichzeitig zur Exploration findet eine selbstkritische Analyse statt, in der abgeglichen wird, ob es Evidenz für eine Information gibt oder ob es die eigenen Vorannahmen sind, welche eine Information in ein bestimmtes Deutungsmuster überführen. Explorationen dienen einem verständnis des Problemraums, der vorliegt. Sie erfordern bestimmte Voraussetzungen und Rahmendingungen, um erfolgreich, d.h. realitätsorientiert und realitätsorientierend zu verlaufen.

17.9   Fragen, Übungen, Lektüre

17.9.1   Fragen

- Was bedeutet Exploration?
- Was sind Voraussetzungen für eine gelingende Exploration?
- Was sind Hindernisse für eine gelingende Exploration?
- Wie fragt man nach dem A?
- Welche Aspekte sind hier zu beachten?
- Wie fragt man nach dem Verhalten?
- Wie fragt man nach den Gefühlen?
- Welche Schwierigkeiten ergeben sich hier?
- Wie fragt man nach dem Bewertungssystem?

17.9.2   Übungen

- Ein Schüler antwortet auf Ihre Frage danach, warum er seine Hausaufgaben nicht macht: „Ich mache höchstens einmal in der Woche meine Hausaufgaben, weil ich meistens überhaupt keinen Bock darauf habe, nachmittags in meinem Zimmer zu sitzen und schon wieder das machen zu müssen, was wir in der Schule schon besprochen habe. Ich kann mich einfach nicht dazu bringen und will sofort nach der Schule gar nichts mehr zu tun haben, mit meinen Freunden abhängen und einfach nur Spaß haben; man lebt nur einmal und Schule ist total langweilig und bringt mir gar nicht viel. Außerdem kann ich das alles und wüsste nicht, warum ich es üben sollte, ich bin ja nicht schlecht in der Schule und muss das nicht zum xten Male wiederkäuen, echter Stumpfsinn das, da weiß ich wirklich etwas Besseres."

a   Versuchen Sie diese umfassende Antwort in ein A B C zu strukturieren.

b   Begründen Sie Ihre Strukturierung.

• Suchen Sie sich ein persönliches Problem ihrer eigenen Person aus und starten Sie eine Selbst-Exploration. Bitte sind Sie auch zu sich selbst genauso freundlich, wie Sie es Schüler/innen gegenüber sind, die ein Problem haben. (Idee: Selbstanalysen als Fallberichte im Anhang)

• Alternativ können Sie auch zusammen mit einem/r guten Bekannten eines ihrer/seiner Probleme explorieren, das aber nicht zu leicht und nicht zu schwer ist. Bei einem kleinen Problem fehlen entscheidende Komponenten; bei einem zu gravierenden Problem würden Sie sich überfordern.

• Starten Sie eine Suche nach Unterstützungsangeboten einer beliebigen Stadt für emotionale, soziale und kognitive Probleme von Heranwachsenden. Stellen Sie eine Liste zusammen von Unterstützungsangeboten, Kontakten und ordnen Sie sie nach Problematiken.

• Alternativ zur letzten Übung: Interviewen Sie eine/n Beratungslehrer/in einer ausgewählten Schule wie Unterstützung bei gravierenden Problemen vermittelt wird und städtische Möglichkeiten aktualisiert werden. Skizzieren Sie die wichtigsten Erkenntnisse des Gesprächs.

17.9.3   Vertiefende Lektüre

• Ellis, A. & Hoellen, B. (2004). *Die rational-emotive Verhaltenstherapie – Reflexionen und Neubestimmungen.* 2. Auflage. Stuttgart: Klett-Cotta (Leben lernen).

VI

18. Probleme lösen

Wenn ein Problem verstanden wurde und vollständig exploriert ist (Kapitel 17), kann eine Lösung generiert werden. Hierfür wird in der rational-emotiven Verhaltenstherapie und rational-emotiven Erziehung die *Disputation* eingesetzt. Eine Disputation ist das Infrage stellen der *irrationalen Anteile* des Bewertungssystems, die maßgeblich am Auftreten von emotionalen und verhaltensbezogenen Problematiken beteiligt sind. In einer Disputation wird das Gegenüber mit eigenen irrationalen Bewertungen konfrontiert und diese werden Schritt für Schritt in Frage gestellt. Das Gegenüber wird immer wieder aufgefordert, zu beweisen, dass seine irrationalen Anteile richtig sind.

Das hört sich kompliziert an, insofern Disputieren ein an der Realität ausgerichtetes, empirisch basiertes wissenschaftliches Vorgehen ist. Man kann sich zu Recht fragen, ob man mit jungen Menschen disputieren kann. Interessanterweise sind auch schon junge Kinder für eine Realitätsorientierung offen und in der Lage zwischen *Einbildung* und *Wahrheit* zu unterscheiden. Durch disputierende Methoden können sie ebenfalls in der Entwicklung dieser Fähigkeit unterstützt werden. Disputieren ist, sofern es altersangemessen gestaltet wird, sowohl mit jungen als auch mit lernbehinderten Menschen möglich (Grünke, 2000).

Disputieren wird auch als *sokratische* Methode bezeichnet, insofern Sokrates' Gespräche mit seinen Schülern sich durch herausfordernde Fragen auszeichneten, die darauf abzielten, die Positionen seiner Schüler anzuzweifeln und sie dahin zu bringen, die als selbstverständlich angenommene subjektive Realität kritisch zu hinterfragen. Die sokratische Gesprächsmethode ist also eine traditionsreiche Gesprächsform zwischen einer erzieherisch tätigen und einer heranwachsenden Person. Erziehung durch Disputieren ist eine traditionelle Methode der Erziehung zur Selbstreflexion und gehört deswegen mit zu den *Selbsttechnologien*.

18.1 Ebenen der Disputation

Unter Disputation im schulischen Kontext werden vor allem *zwei* Ebenen des Disputierens unterschieden:

- **Der sokratische Dialog**
  - Durch Kommentierung, Fragen, Wiederholung von Sachverhalten wird wiederholt auf die Verbindung zwischen identifizierten, nicht hilfreichen Bewertungen und nicht hilfreichen Verhaltensweisen und Gefühlen hingewiesen.

- **Verhalten ändern**
  - Durch Vereinbarungen hinsichtlich verschiedener Arten von Übungen kann neues Verhalten so lange gestärkt und eingeübt werden, bis die alten Verhaltensmuster überlagert werden und das Verhaltensrepertoire erweitert ist.

Eine wichtige Erkenntnis aus der *Lernpsychologie* zu diesen Ebenen der Disputation ist, dass es nicht reicht, eine Sache, die eigentlich klar ist, einmal zu sagen. Wenn ein Mensch sich bestimmte falsche Dinge angewöhnt hat, bedarf es der *kontinuierlichen und unterstützenden Wiederholung*, um diese Gewohnheiten durch bessere Gewohnheiten zu ersetzen. Disputieren erfordert also Geduld. Geduld entsteht durch die Erkenntnis, dass Fertigkeiten mit Übung zusammenhängen und dass Lernzuwächse und Veränderungen oft längere zeitliche Spannen brauchen.

Diese Erkenntnis kann schlecht in das eigene Bewertungssystem integriert werden, wenn Menschen als konsistent und dispositionell fixiert wahrgenommen werden, d.h., dass sie angeborene erkenntnishinderliche Eigenschaften aufweisen, die nicht zu beeinflussen und zu ändern sind. Aus der klinischen Entwicklungspsychologie stammen zahlreiche empirisch ernstzunehmende Belege darauf, dass dem nicht so ist: Menschen sind sehr plastisch und formbar. Gerade die Prognose des Verhaltens junger Menschen ist sehr schwierig, weil die Veränderungsmöglichkeiten sehr groß sind (Meyer-Probst, 2004).

18.2 Voraussetzungen für eine Disputation

Wie man Disputationsstrategien einsetzt hängt davon ab, ob diese in einem 1:1 Gesprächskontext oder als allgemeine Gesprächsstrategie eingesetzt werden. Möglich ist beides.

18.2.1 Voraussetzungen für einen 1:1 Gesprächskontext

- Die Disputation eines gravierenden Problems setzt die vollständige Exploration voraus, sonst kann ein Lösungsversuch scheitern (siehe Kapitel 17).

- Das Gegenüber hat in Ansätzen verstanden, dass es eine Verbindung zwischen B und C gibt und es durch seine subjektiven Bewertungen zur Qualität und Intensität eigener Emotionen und Verhalten beiträgt.
- Eine Einigung auf ein Veränderungsziel hin ist erfolgt und auch eine ungefähre Einigung darüber, wie das Ziel gemeinsam erreicht werden kann. Was ist die Verantwortung von wem bei der Erreichung eines festgesetzten Ziels? Je jünger der Adressat, desto konkretere Zielvorgaben sind erforderlich, um ein Ziel erreichen zu können.

18.2.2 Voraussetzungen für einen Gruppenkontext

- Auch für die Anwendung von Disputationselementen in einem Gruppenkontext (z.B. als Element der rationalen Sprache des Modells der ganzen Klasse gegenüber) wird allgemein geklärt, wie Bewertungen, Gefühle und Verhalten in Beziehung miteinander stehen. Es empfiehlt sich bei der Übernahme einer Klasse die Investition von Zeit, um diesen Aspekt mit den Schüler/innen aufzuarbeiten. Ein Verständnis für einen Zusammenhang zwischen eigenen Bewertungen, eigenen Emotionen und Verhaltensweisen hat einen hohen präventiven Wert (Haep, Wilde, Steins, 2014).
- Ohne eine freundliche Interaktion kann nicht disputiert werden. Die Techniken, die im Folgenden erläutert werden, sind kontraindiziert, wenn es einem nicht möglich ist, freundlich und gelassen mit Schüler/innen interagieren zu können. Die Fragetechniken des Disputierens bestehen in der Herausforderung des/r Anderen; er/sie wird dazu ermuntert, sich selber gegenüber kritisch zu werden. Dass hier das Wie ebenso entscheidend ist wie in anderen interaktionalen Kontexten, versteht sich von selbst. Ein häufiger Anfängerfehler ist es, dass disputierende Elemente ironisch oder besserwisserisch eingesetzt werden. Das führt zu psychologischem Widerstand (Band I; Kapitel 11) und Zurückweisung von Einsicht und sehr negativen Gefühle bei den Schüler/innen.
- Ein positives Klassenklima ist eine Voraussetzung für eine disputierende Gesprächsstrategie. Die Schüler/innen haben gelernt, dass gegenseitige Beschämung schlechter für eine Gruppe ist als gegenseitige Unterstützung, damit disputiert werden kann und anregende kritische Dialoge auch untereinander geführt werden können,. Gerade bei sehr heterogenen Gruppen kann Disputieren die Gruppe sonst noch mehr spalten (Band I; Kapitel 16).
- Ohne klare Verhaltensziele für eine Klasse macht ein kontinuierlicher Einsatz von Disputationstechniken wenig Sinn (siehe Kapitel 16).

18.3　Der sokratische Dialog

Die richtigen Fragen zu stellen dient insofern der Lösung eines Problems, als dass das Gegenüber herausgefordert wird, ein Problem von einer anderen Bewertungsperspektive aus zu betrachten, eigene Ansichten in Frage zu stellen und flexiblere Lösungsmöglichkeiten zu sehen. Der sokratische Dialog dient in erster Linie dazu, die eigene Perspektive zu erweitern und damit aus der eigenen Bewertungsansicht herauszutreten, eigene destruktive Anteile zu erkennen und neue Lösungsmöglichkeiten zu sehen, die zur Lösung eines Problems beitragen können. Es geht also nicht darum, das Selbstbewusstsein einer Person zu erhöhen, ihr Mut zu machen, so zu sein wie sie ist (ein häufiger Irrtum über den Einsatz von psychologischen Techniken in der Praxis), sondern darum, die Erkenntnisfähigkeit eines Individuums zu steigern. Kritik und Zweifel an eigenen Verhaltensweisen und Bewertungen sind hier wertvolle Konzepte. Es werden verschiedene Fragemöglichkeiten unterschieden:

- Die empirische Evidenz einer Bewertung erfragen
- Fragen zur Neubewertung
- Fragen zur Einschätzung des hedonistischen Werts eines Überzeugungssystems

18.3.1　Die empirische Evidenz einer Bewertung erfragen

Verhaltensprobleme und emotionale Probleme korrelieren mit irrigen Vorstellungen von Aspekten der Realität. Diese Fragen zur Evidenz zielen darauf ab, nach der logischen Konsistenz eigener Vorstellungen zu fragen und thematisieren die semantische Klarheit ihrer sprachlichen Verpackung.

Typische Fragen sind:

- Was ist der Beweis?
- Wo liegt die Evidenz?
- Ist das wahr? Warum nicht?
- Kannst du das beweisen?
- Woher weißt du das?
- Wieso ist das falsch?
- Wieso ist das ein schlechter Ausdruck?
- Wenn dein bester Freund das denken würde, was würdest du ihm sagen?
- Warum stimmt das nicht?
- Erkläre mir, warum du zu dumm für Mathematik bist?
- Warum muss das so sein?
- Was würde dir beweisen, dass du nicht zu dumm bist?
- Wieso musst du?

- Wo steht geschrieben, dass das so sein muss?
- Lass uns das Schlimmste annehmen: Alle lachen, wenn du redest, wieso dürfen sie nicht lachen? Was wäre daran so schlimm? Was sagt es über dich aus?

Fragen zur Neubewertung

Besonders bei Katastrophenerwartungen sind Fragen zur Neubewertung geeignet, das Bewertungssystem des Gegenübers in Frage zu stellen und andere Bewertungsperspektiven auszuprobieren. Schüler/innen können z.B. Angst vor einer schlechten Bewertung haben, oder davor, unbeliebt in der Klasse zu sein, oder vor einer Exkursion, weil ihnen immer schlecht im Bus wird. Die Quellen möglicher subjektiver Katastrophen sind zahlreich.

Typische Fragen sind:
- Was würde geschehen, wenn...?
- Wenn das stimmt, was kann dann schlimmstenfalls geschehen?
- Was passiert dann, wenn es geschieht?
- Was ist daran so schlimm?
- Wie kann ein Nachteil schrecklich sein?
- Was könnte Gutes passieren, wenn x eintrifft?
- Kannst du auch dann glücklich sein, wenn x nicht passiert?
- Was könnte geschehen?
- Wie schlimm würde das sein?
- Wieso würde dich das fertig machen?

Fragen zur Einschätzung des hedonistischen Werts eines Überzeugungssystems

Disputieren bedeutet auch, neue Perspektiven zu eröffnen. Bei vielen Problematiken lohnt es sich, das Gegenüber hedonistisch kalkulieren zu lassen, indem eine Zeitperspektive mit einbezogen wird und auf kurz-, mittel- und langfristige Konsequenzen eines Handelns hingewiesen wird. Gerade jüngere Menschen, die, lebensgeschichtlich betrachtet, über eine nur sehr geringe Zeitperspektive verfügen, vernachlässigen häufig diesen Zeithorizont und haben große Schwierigkeiten sich diesen vorzustellen. Fragen zum hedonistischen Kalkül haben hier nicht nur einen Perspektiven erweiternden Wert, sondern auch einen Übungszweck.

Typische Fragen sind:
- Wie wirst du dich fühlen, solange du weiterhin x glaubst?
- „Was ich will, muss ich auch bekommen." – Wie weit wirst du damit kommen?
- Lohnt sich das Risiko?
- Lohnt sich das?

18.4 Verhalten ändern

Wenn jemand sein Problem vollständig erkannt hat, heißt dies noch lange nicht, dass dieses Problem gelöst wird. Jeder kennt die Kluft zwischen Einsicht und Umsetzung, zwischen Theorie und Praxis. Menschen können oft eines ihrer schwersten Probleme in allen Details überzeugend beschreiben und sehr einsichtsvoll eine komplexe Ursachenanalyse des Problems darlegen, sind aber dennoch nicht in der Lage das Problem zu lösen, sondern laufen wissend weiter mit ihrem ungelösten, aber bekannten und verstandenen Problem herum. Bei vielen Problemen ist dies ohne gravierende Konsequenzen möglich, bei ebenso vielen jedoch nicht. „Problem erkannt, Gefahr gebannt", ist eines der Sprichwörter, die sehr oft nicht zutreffen. Besser wäre es zu sagen: „Problem erkannt, und dann geht es erst richtig los!". Erfolgt keine Änderung des Verhaltens, kann bezweifelt werden, ob das Ausmaß eines Problems verstanden wurde.

Ob ein Problem wirklich umfassend erkannt ist, ist am besten daran testbar, ob das aus dem Problem folgende Lösungsverhalten erfolgt, insbesondere, wenn langfristige negative Konsequenzen zu erwarten sind. Ein notwendiger Test besteht also in der Umsetzung lösungsorientierten Verhaltens. Ob ein/e Schüler/in wirklich Vokabeln gelernt hat, ist daran erkennbar, ob er/sie sie kann. Ein Vokabeltest ist hier ein Indikator für eine Verhaltensänderung. Analog gilt das für zahlreiche andere Probleme. Wenn zum Beispiel Eltern wirklich erkannt haben, dass sie ihr Kind bei seinen Rechtschreibproblemen besser unterstützen, wäre es ein guter Indikator, wie oft sie mit ihm zusammen entsprechende Übungen machen bzw. ihr Kind darin unterstützen, diese zu machen. Wenn eine Klasse wirklich erkannt hat, dass es besser ist, sich nicht gegenseitig zu drangsalieren, sondern freundlich miteinander zu sein, dann kann das an der Rate des freundlichen Miteinanders beobachtet werden. Können solche Veränderungen nicht beobachtet werden, weist dies darauf hin, dass das Verhalten, was durch eine Problemeinsicht eigentlich hätte zutage treten sollen, nicht gezeigt wird. Das lässt oft darauf schließen, dass ein Problem nicht umfassend ernst genommen wird oder aber Hindernisse bei der Lösungsumsetzung aufgetaucht sind. Reden allein nützt hier nicht viel; deswegen ist die Disputationsebene der Übung in den allermeisten Fällen unerlässlich für eine Problemlösung.

Einsichten können auch erst durch Verhaltensänderungen entstehen. Wenn ein positiver Effekt durch ein verändertes Verhalten entsteht, kann das als Beweis für die Richtigkeit des Lösungsvorschlags gewertet werden und dies kann sehr viel überzeugender für ein Individuum sein als langes Überzeugen durch Gespräche. Ein/e Schüler/in zum Beispiel, der/die durch Zufall innerhalb einer freizeitbezogenen Verabredung auf einen Freund trifft, der mit ihm/ihr angesichts eines bevorstehenden Tests Vokabeln lernt statt an der PlayStation zu spielen, könnte zum ersten mal einen guten Test schreiben. Das wird ihn/sie sicherlich mehr vom Wert des Vokabellernens überzeugen als langes Reden. Die Argumente für ein Verhalten können klar sein, sie alleine nutzen aber oft nichts.

Auch hier muss unterschieden werden, ob es sich um einen 1:1 Kontext angesichts eines gravierenden individuellen Problems handelt oder ob es um das Klassenklima und die Gruppe insgesamt geht. Dennoch gibt es einige Kriterien dafür, was eine gute Übung ist, die allgemeinerer Natur sind.

18.4.1 Kriterien für die Qualität einer Übung

Die in der rational-emotiven Verhaltenstherapie entwickelten Kriterien für die Bewertung der Qualität einer Übung basieren auf der lernpsychologischen Grundlagenforschung und können teilweise, bis auf wenige Ausnahmen, auch auf allgemeine schulische Hausaufgaben übertragen werden, die in den nun kommenden Abschnitten kenntlich gemacht werden. Für alle Übungen gilt: Übungen haben keinen Selbstzweck, sondern sind zielgerichtet insofern sie mit einem vereinbarten Ziel in Zusammenhang stehen.

Kontinuität

Verteiltes Lernen ist besser und nachhaltiger als massiertes Lernen (Donovan & Radesevich, 1998). Verhaltensänderungen brauchen Zeit. Deswegen ist ein langer Atem wichtig. Übungen werden kontinuierlich und regelmäßig durchgeführt.

Sinnhaftigkeit

Wenn die Übungen sichtbar und explizit in Zusammenhang mit einem zuvor vereinbarten Ziel stehen, steigt die Wahrscheinlichkeit ihrer Umsetzung. Menschen nehmen mehr Anstrengung in Kauf, wenn sie wissen wofür die Anstrengung gut ist (Band I, Kapitel 7).

Konkretheit

Je jünger Menschen sind, desto stärker erleichtern konkrete Anweisungen die Durchführung, am besten noch durch Beispiele illustriert. Es ist zum Beispiel leichter zu verstehen, was gemeint ist, wenn es heißt "Schreibe zwei Seiten über das Ereignis x und gehe besonders darauf ein, was du in den entscheidenden Momenten gedacht hast" als wenn es heißt „Schreibe auf, was los war"

Kontrolle

Es ist ein Unterschied bei der Motivation etwas zu machen, wenn man weiß, dass niemand es jemals sehen wird versus wenn man weiß, dass andere Personen es sehen und dem Produkt auch Achtung und Aufmerksamkeit entgegenbringen wird (Dollase, 2012). Diese Formung von Wissen und Gedanken durch die antizipierte Perspektive anderer Personen ist ein Ausdruck der sozialen Bezogenheit von Menschen. Inhalte werden anders verarbeitet und geordnet, wenn Menschen wissen, dass sie von anderen zur Kenntnis genommen werden. Im Akt des Verhaltens selbst (bei einer verhaltensbezogenen Übung) werden diese dann durch die Augen des antizipierten Auditoriums erlebt. Die Standards des Modells werden so zu Standards des eigenen Verhaltens.

Schwierigkeitsgrad

Bei schulischen Hausaufgaben ist es mitunter sinnvoll, Schritt für Schritt aufeinander aufbauend vorzugehen, weil bestimmte Inhalte erst verstanden werden können, wenn voraussetzende Inhalte zuvor gelernt und geübt worden sind. Anders ist es mitunter bei psychologischen und verhaltensbezogenen Übungen. Hier empfiehlt es sich bei vielen Problematiken sofort mit einem sehr hohen Anspruch einzusteigen.

Es ist nicht von großem Wert Schüler/innen die Anweisung zu geben, sich ein bisschen weniger aggressiv zu verhalten, sondern es ist wichtig, dass der Standard, sich nicht aggressiv zu verhalten, klar und deutlich immer wieder als Verhaltensausrichtung eingeübt wird. Auch Eltern z.B. die Anweisung zu geben, sich ein bisschen mehr um ihre Kinder zu kümmern, bringt nicht viel. Durch eine Strategie der kleinen Schritte werden gravierende Probleme verharmlost. Es ist wichtig, die Verhaltensstandards von vorneherein so hoch zu hängen, wie sie für ein gutes Ergebnis erforderlich sind.

Partizipation

Je mehr Teilaspekte eines Problems gelöst worden sind, desto stärker können Schüler/innen in die Gestaltung von Übungen einbezogen werden. Das gilt natürlich auch für schulische Hausaufgaben: Je älter und besser Schüler/innen in den Fächern werden, desto stärker können sie bei der Frage partizipieren, was eine sinnvolle Übung für sie sein könnte. Es geht im fachlichen als auch im erzieherischen Bereich darum, die erwachsenen Bezugspersonen bei der Verfolgung eigener Fortschritte sukzessive auszublenden.

Arten von Übungen

Die Art der Übungen, die im schulischen Kontext auf Gruppenebene bzw. auf Individualebene eingesetzt werden können, ist vielfältiger Natur.

Lektüre

Wenn in einer Klasse viele Bücher stehen regt das eher zum Lesen und studieren an als wenn in einer Klasse keine Bücher zu sehen sind. Unter den Büchern einer Klasse können sich auch Bücher befinden, die sich mit so grundlegenden Dingen wie Emotionsentstehung oder anderen psychologischen Themen beschäftigen. Es gibt sehr viele gute Bücher für Heranwachsende jeden Alters, die als Begleitlektüre sehr wirksam für eigene Einsichten und Verhaltensänderungen sein können. Bibliotherapie wird hierzulande immer noch unterschätzt, dabei ist sie ein wirksames Instrument der Verhaltensänderung (Mc Cann, Lubman, Cotton, Murphy, Crisp et al., 2013; Moldovan, Cobeanu & David, 2013). Es kommt allerdings immer darauf an, was man liest. Lektüre kann auch einen präventiven Aspekt haben und muss nicht erst empfohlen werden, wenn bereits Probleme entstanden sind. Schulpsychologische Dienste können aktuelle Tipps für eine gute Lektüre geben.

Schriftliche Übungen

Schriftliche Übungen, die Einsicht fördernd sind, bestehen darin, dass ein/e Schüler/in, oder eine Gruppe darüber reflektiert, wie in einer spezifischen Situation Bewertungen, Emotionen und Verhalten zusammengehangen haben. Sie werden hierdurch befähigt mit Hilfe eines ABC Modells kritische Situationen zu analysieren. Die erarbeiteten Beispiele können dann in weiteren Übungen zum Anlass genommen werden, zu überlegen, wie es hätte anders gewesen sein können, so dass die Schüler/innen lernen selber zu disputieren.

Es empfiehlt sich hierfür einen Vorrat an Arbeitsblättern unterschiedlichen Strukturiertheitsgrads zu haben.

Denkaufgaben

Bei bestimmten Problematiken können Denkaufgaben aufgegeben werden. Eine Schülerin, die Redeangst hat, könnte sich zum Beispiel phantasievoll im Rahmen einer Geschichte mit dem denkbar schlimmsten Ereignis beschäftigen, das passieren könnte, wenn sie ein Referat hält. Oder ein Schüler könnte sich damit beschäftigen, was passieren könnte, wenn er sich nicht mit körperlicher Gewalt wehren würde und daraus eine kleine Geschichte machen.

Handlungsanweisungen

Handlungsanweisungen werden bei verhaltensbezogenen Zielen regelmäßig gegeben. Sie beschäftigen sich mit der Erreichung des festgesetzten Ziels. Mit einem/r Schüler/in, der/die Redeangst hat, kann vereinbart werden, wann er/sie wie viel sagt. Die vereinbarte Rate kann systematisch gesteigert werden. Oder ein/e Schüler/in mit einem Aggressionsproblem kann den Auftrag bekommen, sich in den nächsten zwei Wochen betont freundlich zu verhalten.

Schwierigkeiten

Wie im schulfachlichen Kontext mit der Anfertigung von Hausaufgaben Probleme mit der Durchführung auftreten können, kann dies auch im erzieherischen Kontext passieren. Oft sind es motivationale Probleme, die Schüler/innen daran hindern, sich mit einer Übung erfolgreich auseinanderzusetzen. Motivationale Schwierigkeiten sind ein kritischer Moment in Veränderungsprozessen. In unserer Gesellschaft herrscht der weit verbreitete Mythos vor, dass jemand, der will, es auch kann. Daher ist es vielen Menschen nicht verständlich, dass jemand nicht aktiv etwas zur Problemlösung beiträgt, obwohl die Einsicht da ist, dass es gut wäre. Menschen, die nicht aktiv zu ihrer Problemlösung beitragen, lösen bei anderen Ärger und/oder Verzweiflung aus, sind selber schuld und haben es nicht anders verdient. Sie gelten als beratungsresistent, faul und träge. Motivationale Schwierigkeiten sind aber oft schon Teil des Grundproblems und werden dementsprechend ebenfalls gelöst (siehe Band I, Kapitel 7).

18.5   Anmerkungen zur Disputation als Methode der Problemlösung

Die Methode der Disputation erscheint simpel. Es werden keine aufwändigen Materialien und Technologien benötigt. Gesprächsinhalte, Handlungsanweisungen, Denkaufgaben in Kombination mit Kontinuität, Freundlichkeit und Konsequenz sind wirksame Technologien von Verhaltensänderungen, die gratis zur Verfügung stehen. Simple Methoden haben den großen Vorteil, dass sie in Alltagsabläufe eingebaut werden können und eignen sich deswegen besonders für ständige interaktionale Kontexte, wie das Schulleben einen darstellt.

Allerdings haben sie als Lösungsmethode nichts Heroisches an sich, sondern zeichnen sich durch die Banalität des Alltäglichen aus. Die Methoden der rational-emotiven Verhaltenstherapie bestehen in sehr viel grundlegender und kontinuierlicher Anleitung zur Arbeit und Selbstreflexion und versprechen keine schnellen Lösungen, sondern Lösungen durch „sich realitätsorientiertes Kümmern um die Probleme". Zauberlösungen gibt es nicht, sondern nur die kontinuierliche, geduldige Arbeit an Lösungen.

18.6 Zusammenfassung

Das persönliche Gespräch ist eine der bewährtesten Methoden der Intervention bzw. des Einleitens weiterer Maßnahmen, wenn erforderlich (Steins & Welling, 2010). Hier wurde die Methode der Disputation dargestellt, mit deren Hilfe nicht nur eine Exploration komplexer werden kann, sondern mit deren Hilfe in Form einer Anwendung als Selbsttechnologie und als Einsatz zum Erkenntnisanstoß bei anderen durch gezielte Fragen ein tieferes Nachdenken über eine Problematik angeregt werden. Eine notwendige Voraussetzung ist eine freundliche und zugewandte Interaktionsgestaltung, der Einsatz von Humor ist ebenfalls hilfreich. Liegen diese Rahmenbedingungen nicht vor, ist die Anwendung dieser Methode ausgesprochen ungünstig.

18.7   Fragen, Übungen, Lektüre

18.7.1   Fragen

- Was heißt Disputieren?
- Welche Voraussetzungen für eine Disputation sind wichtig?
- Welche Ebenen der Disputation werden unterschieden?
- Welche Fragegruppen umfasst ein sokratischer Dialog?
- Welche Übungsarten eignen sich für den schulischen Kontext?
- Welche Kriterien erfüllt eine gute Übung?
- Was ist eine Hauptschwierigkeit beim Durchführen von Übungen?

18.7.2   Übungen

- Setzen Sie sich mit einem konkreten Problem, das Sie selber haben, disputierend auseinander. Beachten Sie, dass zuvor Übung 2 in Kapitel 6 gemacht worden sein muss.
- Sie haben folgendes Bewertungssystem eines Schülers/ einer Schülerin in Hinblick auf eines Ihrer Fächer exploriert: „Ich schreibe bestimmt wieder eine schlechte Note in x. Ich konnte noch nie x. Niemand in meiner Familie ist gut in x. Wie kann man x können? ich kann es einfach nicht." Der Schüler/ die Schülerin ist dementsprechend ängstlich und apathisch in leistungsbezogenen Situationen und unmotiviert bis störend in nicht leistungsbezogenen Situationen des Unterrichtes. Wie könnte ein sokratischer Dialog ablaufen? Und welche Übungen wären sinnvoll?

18.7.3 Weiterführende Lektüre

- Steins, G. (2011). Bewertungssysteme von Lehrkräften und das Sozialverhalten von Schülern und Schülerinnen. In M. Limbourg & G. Steins (Hrsg), *Sozialerziehung in der Schule* (499-522). Wiesbaden: Verlag für Sozialwissenschaften.

VI

19. Desintegration in der Klasse

Was kann eine Lehrkraft tun, wenn sich innerhalb einer Klasse verschiedene Gruppen gebildet haben, zwischen denen Konflikte entstanden sind, die sich nicht auflösen?

Laut der *Kontakthypothese* lösen sich Wahrnehmungsverzerrungen zwischen Gruppen auf, wenn diese in einem regelmäßigen Ausmaße miteinander interagieren. Würde es dementsprechend ausreichen, die Klasse in kurzen, wiederkehrenden Abständen miteinander arbeiten zu lassen? Versuche aus der Sozialpsychologie zeigen, dass diese Vorgehensweise unter Umständen nicht nur wenig förderlich sein, sondern sogar in vielen Fällen dazu beitragen könnte, dass sich Konflikte und Vorurteile zwischen Gruppen noch verstärken (Band I, Kapitel 16). Dementsprechend reicht es nicht aus, einen bloßen Kontakt zwischen zwei konfligierende Gruppen innerhalb einer Klasse herzustellen. Um Konflikte zwischen Gruppen wahrscheinlicher zu verringern, ist es gut, wenn der Kontakt explizit *positiv ist,* was auch bedeutet, dass die Norm möglichst einen positiven Kontakt hervorhebt und die Gruppenmitglieder an einer gemeinsamen Aufgabe arbeiten. Auch ist es wichtig, dass während des Aufeinandertreffens ein *gleicher Status* aller Gruppenmitglieder besteht und Raum für positive Interaktionen bleibt (Forsyth, 2010; Pettigrew & Tropp, 2006).

Des Weiteren kann durch eine *positive Abhängigkeit* sowie die Notwendigkeit, *übergeordnete, gemeinsame Ziele* erreichen zu können, eine gute Zusammenarbeit von verschiedenen Schüler/innen hergestellt werden, selbst wenn diese innerhalb verschiedener Gruppen der Klasse negativen Kontakt zueinander haben. Die Zusammenarbeit von Mitgliedern verschiedener Gruppen kann auch durch das erfolgreiche Bewältigen von Aufgaben und das Erreichen von gemeinsamen Zielen sowie durch viel Geduld, konsequentes Initiieren der Intergruppeninteraktionen und Zeit seitens der Lehrkräfte gelöst werden. Auch Aktivitäten, die die gesamte Klasse in den Blick nehmen, und bei denen nicht nur einzelne Gruppen zusammenarbeiten, können langfristig dazu führen, dass sich negativ miteinander interagierende Gruppen innerhalb des Klassenverbandes wieder einander annähern (Forsyth, 2010).

Johnson und Johnson (2002) stellen ein Programm mit Schulkindern vor, welches diesen zur Befähigung der Lösung von Konflikten dienen soll. Dabei weisen sie darauf hin, dass ein Haupthinderungsgrund für das angemessene Lösen von Konflikten in der Schule darin besteht, dass den Schüler/innen konstruktive Strategien fehlen würden (Band I, Kapitel 19). Roseth, Johnson und Johnson (2008) weisen außerdem darauf hin, dass sich kooperative Zielstrukturen besonders für die Zusammenarbeit von Kindern und Jugendlichen eignen und dass diese gleichzeitig mit besseren Ergebnissen und einer besseren Beziehung der Schüler/innen untereinander zusammenhängen.

Diese kurze Übersicht zeigt, dass Lehrer/innen, selbst unter Berücksichtigung der Tatsache, dass sich mehrere Subgruppen innerhalb einer Klasse gebildet haben, die miteinander Konflikte austragen, mit Hilfe der Berücksichtigung einiger gruppendynamischer Hinweise dazu beitragen können, eine konstruktive Interaktion zwischen allen Schüler/innen wiederherzustellen.

Im Folgenden geht es um das, was in der Alltagssprache häufig als *Mobbing* bezeichnet wird, es geht um *Bullying*, also um den Sachverhalt, dass Schüler/innen andere Schüler/innen *drangsalieren und quälen*. Die *Ausgrenzung anderer Personen* ist kein neues Phänomen; sie ist in der Schule vor allem deshalb ein ernstzunehmendes Problem, weil Ereignisse dieser Art die ganze Gruppe und die aktiv Beteiligten sowie die Betroffenen gravierend beeinträchtigen kann und die Betroffenen nicht einfach die Situation verlassen können. Die Individuen einer Klasse sind als Schicksalsgemeinschaft in gewisser Weise aneinander gebunden. Schul- und Klassenwechsel können nicht so einfach vollzogen werden.

Bullying ist ein inakzeptables Ereignis, dessen Auftreten so schnell wie möglich zu erkennen und zu beenden ist, denn es desintegriert eine Klassengemeinschaft in hohem Maße und ist für die betroffenen Schüler/innen eine extrem negative Erfahrung.

Die folgenden Ausführungen zum Bullying beruhen zentral auf einem hervorragenden Überblicksartikel über die empirische Forschung zum Bullying in der Schule von Hyman, Kay, Tabori, Weber, Mahon und Cohen, 2006.

19. 1   Bullying

Bullying ist in der Fachliteratur der Begriff für die Prozesse, die in der deutschen Umgangssprache allgemein als Mobbing bezeichnet werden. Während Mobbing fachsprachlich eher auf die Arbeitswelt bezogen ist, bezieht sich Bullying auf die Welt der Heranwachsenden, also besonders auf den schulischen Kontext.

19.1.1   Definition von Bullying

Bullying bezeichnet wiederholte Attacken auf eine/n Schüler/in, die physischer und/oder psychischer Natur sein können und beabsichtigen, die angegriffene Person sich schlecht fühlen zu lassen und ihr physischen und /oder psychischen Schaden. Insofern fällt das Verhalten, welches allgemein als Mobbing, hier als Bullying, bezeichnet wird, in einen breiteren Kontext (Hyman,

Kay, Tabori, Weber, Mahon & Cohen, 2006). Bullying ist ein *Indikator des Gewaltaufkommens* an einer Schule. Gewalt wird dort wahrscheinlich, wo sich Schüler/innen von ihrer Schule, ihren Schulkameraden/innen und Lehrern/innen entfremdet fühlen (Kapitel 13).

19.1.2 Möglichkeiten der sozialen Ausgrenzung

Es gibt viele Möglichkeiten seine Mitschüler/innen zu quälen. Ein Mitschüler kann *verbal* über die Zeit hinweg immer wieder beleidigt und verspottet werden, er kann *physisch* attackiert werden; auch Kombinationen dieser beiden aggressiven Verhaltensklassen sind möglich. *Nonverbale* Möglichkeiten des Bullying werden ebenfalls berichtet: Mimik und Gestik, die exkludierend ist, also den betroffenen Mitschüler aus einer Gemeinschaft ausschließt (Olweus, 1993; Hyman et al., 2006). Moderne elektronische Kommunikationsmittel spielen bei diesen desintegrierenden Verhaltensweisen heute eine zunehmend wichtige Rolle. Das so genannte *Cyberbullying* durch Internet-Foren und Internet-Chatrooms, Emails und SMS ist eine weitere Möglichkeit, Mitschüler/innen zu drangsalieren. Alle Verhaltensweisen, die eine/n attackierten Schüler/in sozial isolieren, und wiederholt über die Zeit auftreten, fallen unter Bullying. So definiert kann Bullying durchaus sehr subtile Formen annehmen. Schüler/innen können das Gefühl haben, dass sie merkwürdig angeguckt werden, wenn sie die Klasse betreten. Sie erhalten den Eindruck durch Blicke, die sich andere zuwerfen, dass sie irgendwie nicht dazu gehören; sie können aktiv vermieden werden, so dass sie in den Pausen und/oder auf Ausflügen alleine sind und keine gleichaltrigen Ansprechpartner/innen haben. Obwohl also nichts passiert, passiert doch einiges, das den ausgegrenzten Schüler/innen sehr deutlich signalisiert, dass sie nicht dazugehören. Menschen haben einen Sensor für diese subtilen Prozesse (Steins & Welling, 2010) und merken, wenn sie von einer Gruppe abgelehnt werden, ohne dass es zu offenen verbalen Episoden oder tätlichen Übergriffen gekommen sein muss. In Band I wurden die *Indikatoren von Sympathie bzw. Antipathie* erwähnt (Band I, Kapitel 4). Verringerter Blickkontakt, körperliche Distanz, verkürzte Kommunikationssequenzen und ein negatives Attributionsmuster spielen bei den subtilen Formen des Bullying sicherlich eine große Rolle.

Beispiel: Jennifer geht in die neunte Klasse einer Gesamtschule. Sie hat sich mit einem Jungen angefreundet, der ebenfalls in ihre Klasse geht. Die Exfreundin des Jungen empfindet diese Freundschaft als Verrat und wiegelt eine Gruppe von 5 Mädchen gegen Jennifer auf. Diese reden nicht mehr mit ihr. Jennifer erfährt von Dritten, dass sie vehement mit sehr negativen Ausdrücken von dieser Gruppe von Mädchen belegt wird. Sie wendet sich an die Sozialarbeiterin der Schule, die aber der Meinung ist, dass Jennifer sich diese Situation selbst eingebrockt hat, sie hätte eben dem anderen Mädchen nicht den Jungen „wegschnappen" sollen. Jennifer fühlt sich immer stärker ausgegrenzt, kann die Situation nicht ändern und beginnt der Schule fern zu bleiben. Sie verbringt die Vormittage im Bett und vor dem Fernsehen. Ihre Mutter, die berufstätig und alleinerziehend ist, schafft es nicht den Schulbesuch von Jennifer zu kontrollieren. Auf das Drängen der Mutter beginnt Jennifer nach ungefähr 7 Monaten eine Therapie in einer psychiatrischen Tagesklinik. Nach Therapieende kehrt sie nicht mehr auf die alte Schule zurück.

Auch offenere Formen des Bullying fordern die erwachsenen Bezugspersonen nicht immer zum Einschreiten auf:

Beispiel: Der Siebtklässler Nico berichtet, dass er seit Wochen auf dem Heimweg von Dominic und seinen Freunden verfolgt wird und diese ihm androhen, dass sie ihn demnächst so richtig verprügeln werden. Sie drohen, dass sie ihn und seine Eltern angreifen werden und zusammenschlagen, sollte Nico irgendjemandem von diesen Verfolgungen berichten. Der Vertrauenslehrer reagiert defensiv auf Nicos Erzählungen des Vorfalls und empfiehlt abzuwarten. Daraufhin kündigen die Eltern an, Nico von der Schule zu nehmen, wenn nicht sofort etwas unternommen wird. Da die Sommerferien anstehen, hoffen insgeheim alle Erwachsenen, dass sich das Problem von selber löst.

In beiden Beispielen, die sich in ihrer Subtilität enorm unterscheiden, nicht aber in ihren Auswirkungen auf die betroffenen Schüler/innen, reagieren die Erwachsenen durch das Unterlassen von aktiven offen legenden Handlungen, die den Taten der angreifenden Schüler/innen ein Ende setzen würden und die angegriffenen Schüler/innen sowohl schützen als reintegrieren könnten.

Selbst wenn physisch tätliche Übergriffe erfolgen, werden diese beiden Maßnahmenstränge nicht immer von den Lehrenden selbst ergriffen, sondern delegiert, wobei die Reintegration der angegriffenen Schüler/innen oftmals auf der Strecke bleibt, wie folgendes Beispiel zeigt:

Beispiel: Katharina, eine Schülerin der Klasse 8 einer Hauptschule schart vier Mädchen um sich herum, fährt zu einer Gesamtschule, fängt dort die Schülerin Friederike ab und verprügelt diese zusammen mit den anderen Mitschülerinnen. Ein Lehrer der Gesamtschule verständigt die Polizei, welche sich am folgenden Tag bei der Hauptschule meldet. Katharina und ihre Mitschülerinnen bekommen einen Verweis.

Aus den Beispielen soll zunächst vor allem deutlich werden, dass attackierende Schüler/innen keine Einzelpersonen sind. Im umgangssprachlichen Gebrauch des Begriffs Mobbing wird selten beachtet, dass ein/e angreifende/r Schüler/in oft den Rückhalt von mehreren Peers hat (Roland & Thormod, 2001) und durch ein aggressives Verhalten sich deren Anerkennung sichert. Angreifende Schüler/innen bekommen durch ihr Verhalten unter den gegebenen Umständen mehr Macht und mehr Freunde; Bullying ist also ohne eine bestimmte Gruppennorm kaum denkbar. Würden die Peers des/der drangsalierten Schülers/in diesen beschützen und sich gemeinsam gegen angreifende Verhaltensweisen des/der angreifenden Schülers/in wehren, also ihm/ihr Anerkennung verweigern, würde Bullying, dessen wesentliches Merkmal das wiederholte Auftreten exkludierender, aggressiver Verhaltensweisen über die Zeit ist, schwerlich vorkommen können.

19.1.3   Die Wahrnehmung von lehrenden Personen als beschützende Personen

Die Schulumwelt, die durch ein kompliziertes Arrangement verschiedener Gruppen charakterisiert ist, ist aber nicht immer sehr gut informiert und vorbereitet auf diese Prozesse. Aus der Forschung ist bekannt, dass Lehrer/innen selber diese Prozesse häufig nicht unbedingt wahrnehmen und auch nicht mitgeteilt bekommen, weil die betroffenen Schüler/innen glauben, dass diese ihre quälende Situation ignorieren würden, sie trivialisieren und/oder ineffektiv damit umgehen würden und sie dann als Petzen da stehen (zsf. in Hyman et al., 2006).

Beispiel: Maria, Katja und Luise sollen zusammen in einer mehrwöchigen Gruppenarbeit aus Pappmaché einen Obstkorb basteln. Es wird sowohl der individuelle Beitrag sowie die Gruppenleistung bewertet. Maria beweist großes Geschick und kann sehr schnell schöne Früchte aus Pappmaché herstellen. Katja bemüht sich, kommt aber nicht so schnell voran. Luise engagiert sich gar nicht. Nach jeder Stunde packen die Mädchen ihre Früchte an einen bestimmten Ort in ein Fach. Immer wenn sie wieder daran arbeiten, nimmt sich Luise die Früchte von Maria und behauptet, dass es ihre seien, malt sie nach ihrem Geschmack an und zeigt sie der Lehrerin. Maria muss immer wieder von vorne anfangen. Katja ist das egal, sie findet es eher lustig. Maria traut sich nicht zu ihrer Kunstlehrerin zu gehen. Sie hat schon mehrfach beobachtet, wie sie auf die psychischen Nöte anderer Mitschüler/innen abweisend reagiert hat, mit den Worten, dass sie das selber regeln und sich nicht so anstellen sollen.

Abgesehen davon, dass dieses Beispiel sehr gut zeigt, dass Gruppenarbeit nicht notwendigerweise soziales Lernen fördert, sondern umgekehrt dieses voraussetzt, zeigt das Beispiel ebenfalls, dass Schüler/innen mitunter zu Recht leider kein großes Vertrauen darin haben können, dass Lehrpersonen effektiv mit ihren Problemen umgehen.

Ebenfalls befürchten gerade die betroffenen Schüler/innen, dass die angreifenden Schüler/innen sich rächen würden; diese Wahrscheinlichkeit ist unter der Bedingung des Zutreffens der Annahme eines ineffektiven Umgangs der Lehrenden mit Bullying Prozessen hoch wahrscheinlich.

19.1.4   Prävalenzrate von Bullying: Einige Zahlen

Dieser weit verbreitete Umgang des Nicht Kommunizierens von aggressiven Attacken über die Zeit schlägt sich in sehr konkreten Zahlen nieder, die den Umfang des Problems verdeutlichen. Hierbei ist zu beachten, dass mit zunehmendem Alter (mit einem Höhepunkt in den Klassen 7-8) die Rate der Schüler/innen, die Bullying ertragen mussten, ansteigt und auch die Verteilung auf die unterschiedlichen Schulformen unterschiedlich ausfällt. Prinzipiell bedeutet das aber nicht, dass es Schulformen und Altersstufen gibt, wo Bullying nicht vorkommt. „So was gibt es bei uns nicht!", ist einer der Sätze, die eher darauf hinweisen, dass bestimmte Phänomene tabuisiert werden als dass sie nicht vorkommen.

75% der nordamerikanischen Schüler/innen gaben in einer Untersuchung, dass sie mindestens einmal während ihrer Schulzeit Bullying erfahren haben. Die Prävalenzrate in Norwegen war, wenn auch bemerkenswert, wesentlich niedriger (15 %; Olweus, 1993), auch die in einer Studie, die in England durchgeführt wurde (27%, zsf. in Hyman et al., 2006).

19.1.5 Folgen

Auch 15 % einer Schüler/innenpopulation ist eine ernstzunehmende Gruppe, denn Bullying ist ein psychisch und physisch ernstzunehmendes Problem. Attackierte Schüler/innen erfahren, nach der Definition des Bullying, eine systematische Exklusion aus einer wichtigen Bezugsgruppe. Da es den meisten Schüler/innen durchaus wichtig ist, in irgendeiner Form der Gruppe der Gleichaltrigen zuzugehören, ist diese Zurückweisung äußerst verletzend für die betroffenen Schüler/innen (Leary, 1990; Leary & Baumeister, 1995). Nachgewiesen sind gesundheitliche Symptome attackierter Schüler/innen wie Kopfschmerzen, Schlafstörungen, Magenbeschwerden, also vegetative Symptome, mit denen der menschliche Körper auf großen Stress reagiert. Die soziale Entwicklung der attackierten Kinder und Jugendlichen ist gefährdet, da die Wahrscheinlichkeit hoch ist, dass sie ein negatives soziales Selbstkonzept entwickeln bzw. bestätigt bekommen. Zwar kann die Exklusion aus einer Gruppe beispielsweise durch ein unterstützendes Elternhaus, in dem eine warme zwischenmenschliche Beziehungskultur gepflegt wird kompensiert werden (Band I, Abschnitt 2.4), aber dies ist auch nur dann kompensatorisch, wenn dem/r betroffenen Schüler/in der Status in der Gruppe nicht wichtig ist.

Diese Kombination ist aber selten. Deswegen ist eine häufiger vorkommende Folge von Bullying ein Fernbleiben von der Schule. Man schätzt, dass in den USA täglich 160.000 Schüler/innen deswegen der Schule fern bleiben. Auch aus England werden vergleichsweise hohe Raten von Schüler/innen berichtet, die aus genannten Gründen Angst haben zur Schule zu gehen (19-25%; Hyman et al., 2006).

Umgekehrt finden Steins et al. (2013), dass Jugendliche, die einen psychiatrischen Aufenthalt wahrnehmen, häufig Erfahrungen sozialer Ausgrenzung machen mussten, in denen Eposiden von Bullying eine Rolle spielten.

19.1.6 Wer attackiert, wer wird attackiert: Sind das die richtigen Fragen?

Wie bei vielen Aggressionsakten gibt es auch in der Bullying Forschung einen Forschungszweig, in dem man sich auf Täter- und Opferprofile konzentriert (zsf. in Hyman et al., 2006). Diese Begriffe werden aus unserer theoretischen Perspektive jedoch als hoch problematisch angesehen (Kapitel 5). Folgende Argumente werden aufgeführt:

- Es gibt viele Abweichungen von diesen Profilen. Profile geben keine 1:1 Verhältnisse wieder, sondern kombinieren bestimmte häufiger vorkommende Merkmale. Im besten Fall helfen sie bei der Identifizierung, im schlechtesten Fall jedoch schaffen sie Stereotype und kaschieren aggressive Personen, die unter dem Radar durchkommen, weil sie zu weit von den Profilen abweichen.

- Gruppennormen unterscheiden sich darin, welche Charakteristika als attraktiv und/oder unattraktiv gelten. Es sind diese Normen, inklusive der Normen der Lehrenden, die entscheidend für die Auftretensmöglichkeit von Bullying sind, weniger die Personen. Deswegen muss jede Gruppe erneut exploriert werden, um zu verstehen, nach welchen Regeln sie sich verhält. Auch aus diesem Grunde können Täter/in-Opfer-Profile häufig hinderlich für ein Verständnis der real existierenden Normen sein.

Die Profile weisen darauf hin, dass Schüler/innen, die wahrscheinlicher attackierende Verhaltensweisen zeigen als andere, körperlich stärker und größer sind, einen hohen Gruppenstatus aufweisen und in der Lage sind, Helfer/innen um sich zu scharen. Attackierende Personen weisen also mit höherer Wahrscheinlichkeit eine bestimmte soziale Intelligenz auf, die es ihnen ermöglicht, andere Schüler/innen von der Richtigkeit ihres aggressiven Handelns zu überzeugen.

Attackierte Schüler/innen sind analog wahrscheinlicher schwächer, kleiner, und/oder haben ein besonderes Stigma, das sie als anzugreifende Personen identifizierbar macht. Beispielsweise berichten Hyman et al. (2006), dass Schüler/innen mit Behinderungen mit einer gewissen Wahrscheinlichkeit eher attackiert werden, da sie durch diese Besonderheit sowieso schon ein gruppenabweichendes Merkmal aufweisen. Auch eine von der Majorität abweichende sexuelle Orientierung wird häufig als Anlass genommen, um Bullying Prozesse in Gang zu setzen.

Attackierte Schüler/innen werden in der Forschung in zwei grobe Kategorien geteilt. Es wird die Mehrheit der *passiven* attackierten Schüler/innen unterschieden (Olweus, 1993), die ein negatives Selbstkonzept haben. Diese Mehrheit der Schüler/innen reagiert eher wehrlos, defensiv und apathisch (Band I, Kapitel 7). Und die kleinere Gruppe der *aggressiv* reagierenden attackierten Schüler/innen (siehe Hyman et al., 2006), die bei ihren Mitschüler/innen aufgrund ihres feindseligen und provokanten Verhaltensstils relativ unbeliebt ist. Diese Schüler laufen natürlich eine besonders große Gefahr, dass sie im Falle des Attackiertwerdens für verantwortlicher gehalten werden als die erste Gruppe der passiven Schüler/innen (Band I; Kapitel 7).

Aber auch die Provokationen anderer Schüler/innen sind keine Rechtfertigung für Bullying Verhalten geben. Es ist hier wichtig für Lehrpersonen die eigene *Verantwortlichkeitswahrnehmung* zu reflektieren. Bei beiden Konstellationen muss unterschiedlich vorgegangen werden. Ein Schüler, der andere provoziert muss genauso lernen dieses Verhalten zu stoppen wie ein defensiver

Schüler lernen kann, sich effektiv zur Wehr zu setzen. Schüler/innen jedoch, die Bullying betreiben, können unabhängig von dem Anlass ihres Verhaltens umlernen und können in keinem Fall mildernde Umstände derart erfahren, dass ihr Verhalten durch provokantes Verhalten anderer gerechtfertigt wurde und wird.

19.1.7 Prävention und Intervention

Olweus war einer der bahnbrechenden Forscher auf dem Gebiet des Bullying und Mobbing, insofern er sich als einer der ersten Forscher empirisch mit diesem Phänomen auseinandersetzte. Seine gut gesicherten Präventions- und Interventionsmaßnahmen sind mittlerweile internationaler Standard bei der Umsetzung von Maßnahmen gegen Bullying in der Schule.

Eine besonders wichtige Rolle bei diesen Maßnahmen spielen *präventive* Aspekte. Nach Olweus spielen die Erwachsenen in der Schule durch ihr Verhalten eine zentrale präventive Rolle. Präventiv ist es außerordentlich wichtig, dass erwachsene Bezugspersonen warme und involvierte Modelle sind, die im positiven Sinne Autoritäten darstellen. Auf die präventiven Effekte von freundlichen Interaktionsmustern für die soziale, emotionale und kognitive Entwicklung von Heranwachsenden wird in diesem Band und in Band I bereits an zahlreichen Stellen hingewiesen. Es ist nicht zu unterschätzen, welche Modellfunktion die erwachsenen Bezugspersonen im Kontext heranwachsender Menschen haben.

Gleichzeitig empfiehlt Olweus die Einführung konsistenter, nicht feindlicher und nicht physischer *Sanktionsmaßnahmen*. Auch dieser Punkt ist extrem wichtig (Steins & Welling, 2010). Harte Strafen und der lieblose Umgang mit aggressiven Schüler/innen stellen ein sehr negatives modellhaftes Verhalten für die anderen Schüler/innen dar, insofern es zeigt, dass liebloses Verhalten eine Existenzberechtigung hat. Es ist extrem wichtig, dass eine Schule ein offensives Programm hat, in dem freundliche Umgangsformen eine zentrale Rolle spielen und zwar auch dann, wenn Schüler/innen sich fehlerhaft verhalten.

Es ist nicht selbstverständlich, dass Schüler/innen mit einem freundlichen Interaktionsstil vertraut sind. Aus gruppentheoretischer Perspektive betrachtet, hat es einen starken präventiven Aspekt, wenn Schüler/innen sehr früh sozial angemessene Umgangsnormen internalisieren und sich ihrer Funktion als individuelle Vertreter/innen dieser Normen sehr bewusst sind und wissen wie sie diese Normen verteidigen können. Es spielt also auch eine große Rolle, dass Schüler/innen wissen, wie Lehrer/innen anzusprechen sind und wie diese auf solche Vorfälle reagieren. Wenn Schüler/innen darauf vertrauen können, dass mit Bullying sachgerecht und effektiv umgegangen wird, steigt die Wahrscheinlichkeit dass Bullying-Vorfälle an Lehrer/innen kommuniziert werden und sich attackierte Schüler/innen nicht alleine und ungeschützt fühlen.

Was ist zu tun, wenn Bullying stattfindet? Zu erinnern ist an dieser Stelle, dass Probleme einzelner Schüler/innen nicht vor der Klasse öffentlich behandelt werden. Persönliche Gespräche sind deswegen getrennt mit den angreifenden Schülern/innen und deren Eltern sowie mit den angegriffenen Schülern/innen und deren Eltern zu führen. Zuvor ist es häufig informative explorierende Gespräche mit Betroffenen und anreifenden Schülern/innen getrennt zu führen, um sich ein realitätsorientiertes Bild des Geschehens machen zu können (siehe Kapitel 17). Ein deutliches Investment von den Eltern angreifender Schüler /innen ist notwendig und kann gefordert werden und die kurz-, mittel-, und langfristigen Konsequenzen des Verhaltens können in so einem Gespräch verdeutlicht werden.

Aber damit alleine ist es nicht getan, da es häufig, wie die Forschung zeigt, viele passive Zuschauer/innen gegeben hat, die sich teilweise schuldig fühlen werden, teilweise auch eine heimliche Freude und Genugtuung gespürt haben, je nach ihrer Beziehung zu den angegriffenen Schülern/innen. Oft haben solche Gruppen zu lernen, was der Unterschied zwischen Petzen und Hilfeleistung ist und was Zivilcourage bedeutet und warum sie notwendig ist. Auch konkrete Schulungen, wie man eine deindividuierte Gruppe, die jemanden anderen quält wieder individuiert (z.B. durch persönliche Nennung der Namen, durch Aufhebung der Anonymität, durch Ankündigungen von Informieren sanktionsmächtiger Zeugen wie Eltern bzw. Lehrende) sind gut investierte Interventionsmöglichkeiten. Viele fachliche Themen verweisen auf diese Dimension der Realität; in der Tat ist es ein Charakteristikum vieler totalitärer Staaten, dass Minoritäten unterdrückt wurden und werden, um die innere Gemeinschaft dominanter Subgruppen zu stärken, was ein Bezug wäre, der im Geschichtsunterricht hergestellt werden könnte (idealerweise präventiv). Schulpsychologische Dienste vor Ort haben häufig ein ganzes Maßnahmebündel anzubieten, um an der Re-integration der Klasse konstruktiv zu arbeiten; es empfiehlt sich, die Unterstützung dieser Dienste in Anspruch zu nehmen.

Sehr wichtig ist bei allen Interventionen dieser Art der Einsatz von Selbsttechnologien auf Seite der Lehrenden, um nicht zu moralischen Standpauken zu neigen; lange Appelle an die Moral der Beteiligten nutzen nichts, eine sachliche und konsequente Handlungsweise ist erfolgsversprechender.

19.2 Zusammenfassung

Einige zentrale Punkte werden an dieser Stelle aus der Bullying Forschung zusammenfassend herausgestellt:

- Von Bullying ist dann die Rede, wenn soziale ausgrenzende, physisch oder/und psychisch verletzende Verhaltensweisen wiederholt über die Zeit auftreten und von einer Gruppe von Schüler/innen unterstützt bzw. gebilligt werden.

- Bullying kann in vielen Formen auftreten: Cyberbullying, Worte, Taten, Gesten, Mimik.

- Der Interaktionsstil der Lehrenden spielt eine zentrale präventive Rolle bei Bullying-Prozessen.

- Interventionen bestehen in einer Mischung aus persönlichen Gesprächen und einer Reintegration der gesamten Schulklasse.

19.3 Fragen, Übungen, Lektüre

19.3.1 Fragen

- Was ist Bullying?
- In welchen Formen kann Bullying auftreten?
- Warum ist eine Opfer-Täter-Terminologie problematisch?
- Warum kommunizieren attackierte Schüler/innen nicht immer ihr Problem?
- Was sind präventive Aspekte?

19.3.2 Übungen

- Stellen Sie die Definition von Bullying im Freundeskreis vor und bringen Sie in Erfahrung, ob jemand schon einmal solche Erfahrungen (in einer attackierenden bzw. attackierten Rolle) gemacht hat. Stellen Sie Verständnisfragen und skizzieren Sie Ihre Ergebnisse vor dem Hintergrund der Ausführungen zu Bullying. Analysieren Sie besonders die Gruppenprozesse, die mit diesen Erfahrungen verbunden waren: Gab es Helfer/innen? Auf welcher Seite?

19.3.3 Weiterführende Lektüre

- Hyman, I., Kay, B., Tabori, A., Weber, M., Mahon, M. & Cohen, I. (2006). Bullying: Theory, Research and Intervention. In C.M. Evertson & C.S. Weinstein (Eds.). *Handbook of Classroom Management. Research, Practice, and Contemporary Issues* (855-884). NJ: Mahwah: Lawrence Erlbaum Associates.
- Olweus, D. (1995). *Gewalt in der Schule. Was Lehrer und Eltern wissen sollten und tun können*. Bern: Huber.

VI

20. Schluss

Band II neigt sich dem Ende zu. Im Folgenden wird zunächst zusammenfassend Rückschau gehalten, auch werden einige Aspekte des zuvor Dargestellten kritisch reflektiert. Abschließend weist ein Ausblick auf weitere Forschungsarbeiten im Bereich Sozialpsychologie des Schulalltags hin.

20.1 Rückschau

Angekündigt wurden zu Beginn drei Ziele des Bandes, die verfolgt würden: (1) *Wissenserwerb* zu den Fragen, welche Prozesse im Klassenzimmer eine wichtige Rolle spielen und wie sie gesteuert werden können, (2) Anregungen zur *Reflexion der eigenen Lehrpraxis* und (3) *eine diagnostische Hilfe* bei bestehenden Problematiken in der eigenen Lehrpraxis sollte dieser Band sein können.

Wissen wurde aus der Sozialpsychologie und weiteren Bezugsdisziplinen wie der Emotionspsychologie, Unterrichtsforschung, Arbeits- und Organisationspsychologie und Soziologie generiert und in Hinblick auf die Ebenen der Prävention und Intervention dargestellt. Tabelle 6 fasst diesen Wissensfundus zur Interaktionsgestaltung übersichtlich und möglicherweise vereinfachend in Bezug auf die in diesem Band thematisierten Handlungsebenen zusammen (siehe Tabelle 6).

Dimensionen des Wissensfundus	
Handlungsdimensionen	**Anforderungen**
Prävention	
Verhalten	Selbsttechnologien, hohes Reflexionsniveau, Realitätsorientierung, rational-konstruktiv, empathisch-zugewandt, hohe Erwartungen, hohe Selbstwirksamkeit, Führungskompetenzen, Grundkompetenzen des Unterrichtens
Sprache	
Intervention	
Probleme verstehen	Unvoreingenommen Explorationskompetenzen bei Problemen (Was sind Probleme?)
Probleme lösen	Kompetenzbereiche erkennen, niederschwellige Lösungen erkennen und einsetzen

Tabelle 6: Dimensionen des Wissensfundus

Explizit wurde durch die Darstellung einer traditionellen und bewährten, empirisch gut fundierten Selbstechnologie die *Bedeutung der Selbstreflexion* in der Schule hervorgehoben und ihre Anwendbarkeit demonstriert. Zahlreiche Beispiele aus dem Band verdeutlichen implizit, dass eine fundierte Selbstreflexion Verhalten wahrscheinlicher realitätsorientiert organisiert.

Die Unterscheidung in Prävention und Intervention kann eine *diagnostische Hilfe* sein. Probleme können auftauchen, weil relevante Aspekte der Prävention nicht beachtet werden. Dann ist es folgerichtig, dies nachzuholen. Wenn aber trotz präventiver Maßnahmen Probleme auftauchen, ist es wichtig, zu wissen, welche Probleme in den eigenen Kompetenzbereich gehören und welche nicht. Viele durch die Gruppenkonstellation in der Schule bedingte Probleme gehören neben fachlichen Problemen in den Kompetenzbereich der Lehrer/innen, insbesondere, wenn sie nur in der Schule auftauchen; gravierende individuelle Probleme, die kontextunabhängig vorzuliegen scheinen, können nur in Koordination und Kooperation mit den Eltern und Fachpersonen angegangen werden. Diese Arten von Problemen unterscheiden zu können, ist hilfreich.

Um den Wert dieses Wissens zu diesen drei Aspekten zu beurteilen, kann gefragt werden, was wäre, wenn wir das alles nicht wüssten? Könnten Frau Kern und Herr Konrad intuitiv genauso gut mit den 644 Personen wöchentlich umgehen? Würden die Studierenden die Geschichte zum kleinen Jantsch immer noch auf diese Weise zu Ende phantasieren? Wahrscheinlich nicht. Ein Zitat von Norbert Elias zu Nicht-Wissen und Wissen soll die Rückschau abschließen:

> „In jedem spezifischen Fall geht der Zustand des Nicht-Wissens dem des Wissens voraus. Ohne die Rekonstruktion des ersteren, des Zustandes des Nicht-Wissens, kann man den Zustand des Wissens und damit den Wissensprozeß selbst niemals verstehen. Die Schwierigkeit ist: Wenn einmal ein spezifischer Wissensinhalt sich als hoch realitätsgerecht in einer Gesellschaft etabliert hat, erwerben die Menschen dieses Wissen als Kinder, und es erscheint ihnen als selbstverständlich." (...) „So weit sind die Menschen im Bereich des Umgangs miteinander noch lange nicht. (Elias, 1987; 2003; S. 32).

20.2   Ausblick

Ohne Frage existiert detailliertes, empirisch fundiertes und theoretisch systematisch entwickeltes Wissen aus vielen Perspektiven zu dem Thema dieses Bandes. Hier wurde eine sozialpsychologische Perspektive angewandt, in Bezug auf einige Anwendungsdisziplinen. Wissen allein jedoch genügt nicht. Immer noch ist nicht wirklich gesichert *wie* dieses Wissen so transportiert werden kann, dass es auch ankommt *und* umgesetzt wird. Diese Schwierigkeit teilen sich alle Lehrkulturen, sie ist aber besonders virulent und oft diskutiert worden in Zusammenhang mit der

Lehrer/innenausbildung und es werden hierfür zahlreiche Gründe genannt (siehe für einen guten Überblick Levine, 2006).

Ein Argument aus der Sozialpsychologie findet selten Erwähnung, nämlich die Tatsache, dass in vielen Bildungsangeboten für Lehrämter der Aspekt der Interaktionsgestaltung nicht systematisch theoretisch wie anwendungsbezogen erschöpfend vermittelt, diskutiert und geübt wird. Letztendlich wird es Lehrern/innen selber überlassen wie diese entscheidende Dimension gestaltet wird, entscheidend, weil sie nachweislich gravierend Entwicklungspotenziale Heranwachsender in Bezug auf soziale, emotionale und kognitive Aspekte beeinflusst (Bauer, 2013; Kuck et al., 2008). Ohne aber grundlegende Kompetenzen der Selbstreflexion und der Umsetzung des Erkannten in einem wissenschaftlich fundierten Rahmen würde es vielen Personen schwer fallen, einen konstruktiven Interaktionsstil angesichts der multiplen Herausforderungen des Schulalltags zu enwickeln. In dem Projekt Classroom Management[2] wird derzeit an einem Vermittlungskonzept gearbeitet, das vor allem bezweckt, dass sich die Lehramtsstudierenden zunächst ihrer sozialen Involviertheit als Handelnde bewusst werden (Steins & Haep, 2014).

Abbildung 19 zeigt ein Auge, das zunächst an Hatties Schlußfolgerung erinnert (Hattie, 2009; S. 238), dass das Vermögen einer Lehrperson relevant ist, das Lernen durch die Augen des/r Schülers/in zu sehen und des Lernenden sich als eigene/r Lehrer/in zu sehen. Dem ist aus sozialpsychologischer Perspektive hinzuzufügen, dass es unverzichtbar hierfür ist, sich selber auch durch die Augen des Anderen zu sehen, nicht nur in Bezug auf Lernen, sondern auch in Bezug auf die Dimensionen der sozialen Realität; diese zentrale These des symbolischen Interaktionismus ist eine Voraussetzung, um überhaupt Selbsttechnologien Gang zu setzen, ohne die eine konstruktive Interaktionsgestaltung nicht möglich ist und die Übernahme der Perspektive der

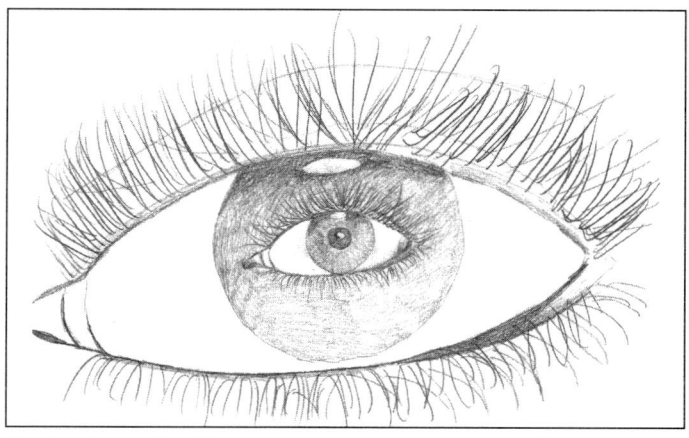

Abbildung 19: Sich sehen lernen durch die Augen der anderen und gleichzeitig die anderen sehen.

---

[2] Das Projekt Classroom Management ist ein Baustein des Teilprojekts „Identitäts- und Rollenfindung/-orientierung" des Bund-Länder-Programms „Bildungsgerechtigkeit im Fokus" für bessere Studienbedingungen und mehr Qualität in der Lehre (2011-2020).

Schüler/innen auf ihr eigenes Lernen auch nur bruchstückhaft gelingen kann, da Lehrende selber Teil dieser Prozesse sind. Abbildung 19 inkludiert also Hatties Position, erweitert sie aber nochmals um den Aspekt einer weiter aufgefassten Perspektivenübernahme.

Ebenfalls ist es ein Anliegen des Forschungsprojekts herauszufinden, was in der Vermittlung dieses hier präsentierten Wissensfundus geschehen muss in der Interaktion zwischen Ausbildern/innen und Auszubildenden, so dass Letztere sich über die Wichtigkeit der Kombination von hohen Erwartungen und freundlicher unterstützender Interaktion bewusst werden und dies am Modell gelernt habend, weitergeben können. Denn Lehrkultur ist Lernkultur ist Lehrkultur (siehe Abbildung 20). Anregungen für dieses hochschuldidaktische Thema zu finden ist die nächste Herausforderung.

20.3   Weiterführende Lektüre

- **Dollase, R. (2012).** *Classroom Management. Theorie und Praxis des Umgangs mit Heterogenität.* **Schulmanagement Handbuch, 142. München: Oldenbourg.**
  Dieser dünne Band mit 96 Seiten enthält kompakt extrem wichtige Grundlagen erfolgreichen Classroom Managements. Anders als die meisten Bände zum Classroom Management findet die Tatsache Berücksichtigung, dass Unterrichten bedeutet gleichzeitig idealerweise mit vielen Personen klar kommen zu können. Der Autor war viele Jahre aktiv in der ersten Phase der Lehrer/innenausbildung engagiert und hat seine Expertise als Wissenschaftler hervorragend verständlich eingebracht.

- Elias, N. (1987; 2006). *Engagement und Distanzierung*. In: R. Blomert, H. Hammer, J. Heilbron, A. Treibel & N. Wilterdink (Hrsg.), Aufsätze und andere Schriften, Band 8. Frankfurt/Main: Suhrkamp.

  Elias hat sich als Soziologe und Menschenwissenschaftler, wie er sich selbst nannte, zeit seines Lebens nie mit Classroom Management beschäftigt, wohl aber mit den Prozessen der gesellschaftlichen Entwicklungen. Die Erkenntnisse zur Notwendigkeit der Anerkennung der sozialen Wissenschaften für die Gestaltung gesellschaftlicher Beziehungen sind in diesem Band hervorragend und dicht erarbeitet und sie machen sehr deutlich, warum auch die aktuellen Gesellschaften hier noch eine weiten Weg vor sich haben, um den sozialen Umgang miteinander auf einem vergleichbaren Niveau zu gestalten wie sie die Welt technisch zu beherrschen gelernt haben. Es ist ein Buch für Personen, die sich auch durch abstrakte Überlegungen gerne anregen lassen.

- Evertson, C.M. & Weinsteins, C.S. (2006). *Handbook of Classroom Management. Research, Practice, and Contemporary Issues.* Lawrence Erlbaum Associates.

  Dieses Handbuch mit seinen 1346 Seiten enthält sehr viele Aspekte des Classroom Managements. Besonders interessant ist der Teil, in dem aus unterschiedlichen kulturellen Blickwinkeln auf Classroom Management geschaut wird. Wie bei vielen Handbüchern unterscheidet sich die Lesequalität der einzelnen Beiträge erheblich. Für einen umfassenden Eindruck, wie vielschichtig das Leben in der Schule ist, stellt das Handbuch eine faszinierende Zusammenstellung dar.

- Kounin, J.S. (2006). *Techniken der Klassenführung*. Münster: Waxmann.

  Obwohl alte Erkenntnisse, sind diese von Kounin zusammengeführten Beobachtungen anregend und frisch wie am ersten Tag. Sie eignen sich besonders gut zum Abgleich eigenen Verhaltens und lassen sich sowohl als Reflexionsmittel zur Anregung der Verbesserung eigener Verhaltensweisen in der Gruppenführung als auch zur Beobachtung der Anwendung von Techniken anderer Personen anwenden.

- Preußler, O. (1987). *Herr Klingsor kann ein bißchen zaubern*. Stuttgart: Thienemann.

  Ottfried Preußler war lange Volksschullehrer und hat in diesem zauberhaften märchenhaften Buch kritische Episoden des Schullebens verarbeitet. Herr Klingsor kann durch ein Fingerschnipsen meistens bewirken, dass sich kritische Situationen positiv entwickeln, aber nicht immer und dann hilft nur Akzeptanz. Metaphorisch werden hier wichtige Dimensionen der Interaktionsgestaltung verhandelt.

TEIL VII
Anhang

ANHANG
Literatur

Achee, J., Tesser, A. & Pilkington, C. (1994). Social Perception: A Test of the Role of Arousal in Self-Evaluation Maintenance Processes. *European Journal of Social Psychology, 24,* 147-159.

Achermann, N., Pecorari, C., Winkler-Metzke, C., & Steinhausen, H.-C. (2006). Schulklima und Schulumwelt in ihrer Bedeutung für psychische Störungen bei Kindern und Jugendlichen – Einführung in die Thematik. In: Steinhausen, H.-C. (Hrsg.), *Schule und psychische Störungen* (15-37). Stuttgart: Kohlhammer.

Anderson, S. (2003). *Pädagogische Kompetenz angesichts subjektiver Belastungsmerkmale von angehenden Lehrerinnen und Lehrern in Hauptschulen.* Frankfurt/Main: Lang.

Argyle, M. (2013). *Körpersprache & Kommunikation : nonverbaler Ausdruck und soziale Interaktion.* Paderborn: Junfermann.

Aronson, E., Wilson, T. D. & Akert, R.M. (2008). *Sozialpsychologie.* München: Pearson Studium.

Asch, S. E. (1940). Studies in the Principles of Judgments and Attitudes: II. Determination of Judgments by Group and by Ego Standards. *Journal of Social Psychology, 12,* 433-465.

Asch, S. E. (1946). Forming Impressions of Personality. *Journal of Abnormal and Social Psychology, 41,* 258-290.

Asch, S. E. (1955). Opinions and Social Pressure. *Scientific American, 193,* 31-35.

Bamberg, E. (2010). Feedback - eine Klärung. *Gruppendynamik & Organisationsberatung, 41,* 1-3.

Bandura, A. (1965). Influence of Models' reinforcement Contingencies on the Acquisition of Imitative Responses. *Journal of Personality and Social Psychology, 6,* 589-595.

Bandura, A. (1979). *Sozial-kognitive Lerntheorie.* Stuttgart: Klett-Cotta.

Bandura, A. (1986). *Social Foundations of Thought and Action: A Social Cognitive Theory.* Englewood-Cliffs, NJ: Prentice Hall.

Bauer, U. (2012). *Sozialisation und Ungleichheit.* Eine Hinführung. 2., korrigierte Auflage. Wiesbaden: Verlag für Sozialwissenschaften / Springer.

Bauer, J. (2013). *Das Gedächtnis des Körpers.* Frankfurt/M.: Piper.

Baumeister, R.F. & Leary, M.R. (1995). The need to belong. Desire for interpersonal attachments as a fundamental human motivation. *Psychological Bulletin, 117,*497-529.

Berger, J., Cohen, B.P. & Zelditch, M. (1972). Status Characteristics and Social Interaction. *American Sociological Review, 37,* 241-255.

Berger, L.B. & Luckmann, T. (1998). Die gesellschaftliche Konstruktion der Wirklichkeit. Frankfurt/Main: Fischer.

Bitan, K. (2014, in Druck). *Sozialpsychologische Betrachtungen des Umgangs mit Feedback und Evaluationen im Schulkontext.* Wiesbaden: VS Verlag für Sozialwissenschaften / Springer.

Bitan, K. & Steins, G. (2013). Einstellungen von Schulleiter/-innen zur Qualitätsanalyse NRW sowie Erfassung des Status quo von Aspekten der Schulentwicklung und Schulsteuerung: Querschnitt. Unveröffentlichter Bericht zur Vorlage beim Ministerium für Schule und Weiterbildung des Landes Nordrhein-Westfalen.

Bitan, K., Haep, A., & Steins, G. (2013). Psychology of Emotion and its Application in Educational Settings. In: Mohiyeddini, C., Eysenck, M. & Bauer, S. (Eds.), *Psychology of Emotion.* Hauppage, N.Y.: Nova Publishers, 101-114.

Blömeke, S., Müller, C. & Felbrich, A. (2006). Forschung – Theorie – Praxis. Einstellungen von Studierenden und Referendaren zur Lehrerausbildung. *Die Deutsche Schule, 98,* 2, 178-179.

Bowers, C. A., Weaver, J. L. & Morgan, B. B. (1996). Moderating the Performance Effects of Stressors. In: Driskell, J. E. & Salas, E. (Hrsg.), *Stress and Human Performance.* Mahwah, NJ: Erlbaum, 163-192.

Brackett M.A., Palomera, R., Mojsa-Kaja, J., Reyes, M.R. & Saloves, P. (2010). Emotion-Regulation Ability, Burnout, and job satisfaction among british secondary-school Teachers. *Psychology in the Schools, 47,* 406-417.

Brauckmann, S. (2012). Schulleitungshandeln zwischen deconcentration, devolution und delegation (3D) – empirische Annäherungen aus internationaler Perspektive. *Empirische Pädagogik, 26,* 78-102.

Brophy, J. (1988). Educating Teachers about Managing Classrooms and Students. *Teaching and Teacher Education, 4,* 1-17.

Brophy, J. (1999). Perspectives of Classroom Management: Yesterday, Today, and Tomorrow. In: Freiberg, H.J. (Ed.), *Beyond Behaviourism: Changing the Classroom Management Paradigm.* Boston: Allyn & Bacon, 43-56.

Bruner , J.S. & Tagiuri, R. (1954). The Perception of People. In: Lindzey, G. (Ed.), *Handbook of Social Psychology.* Cambridge: Addison-Wesley, 634-654.

Bundesministerium für Umwelt, Naturschutz, Bau und Reaktorsicherheit (2008). *Was ist Lärm?* (www.bmub.bund.de/P751, letzter Zugang: 24.05.2014).

Busch, C. & Steinmetz, B. (2002). Stressmanagement und Führungskräfte. *Gruppendynamik und Organisationsberatung, 33,* 385-401.

Coriand, R. (2014). *Von der (Unterrichts-)Führung zum (Classroom-)Management – die Wiederentdeckung des Zusammenhangs von Didaktik und Hodegetik?* In R. Coriand & A. Schotte (Hrsg.), „Einheimische Begriffe" und Disziplinentwicklung (149-159). Jena: Garamond

David, D., Lynn, S.J., & Ellis, A. (2010). *Rational and irrational beliefs.* Oxford: Oxford University Press.

De Villiers, R. (2013). 7 Principles of Highly Effective Managerial Feedback: Theory and Practice in Managerial Development Interventions. *The International Journal of Management Education, 11,* 66-74.

Dickhäuser, O., Butler, R. & Tönjes, B. (2007). Das zeigt doch nur, dass ich's nicht kann. Zielorientierung und Einstellung gegenüber Hilfe bei Lehramtsanwärtern. In: Zeitschrift für Entwicklungspsychologie und Pädagogische Psychologie, 39, 120-126.

Diener, E. (1979). Deindividuation, self-awareness, and disinhibition. *Journal of Personality and Social Psychology, 37,* 1160-1171.

Dollase, R. (2012). *Classroom Management. Theorie und Praxis des Umgangs mit Heterogenität.* Schulmanagement Handbuch, 142. München: Oldenbourg Verlag.

Dollase, R. (2014). Ein anderer Blick auf das Soziale Lernen: Nachteile der Schulklasse durch Selbstberrschung überwinden. *Gruppendynamik und Organisationsberatung, 45,* 45-56.

Donovan, J.J., & Radesovich, D.J. (1998). The moderating role of goal commitment on the goal difficulty – performance relationship: A meta-analytic review and critical reanalysis. *Journal of Applied Psychology, 83,* 308-315.

Doyle, W. (1986). Classroom Organization and Management. In: Wittrock, M.C. (Ed.), *Handbook of Research on Teaching.* New York: Macmillan, 392-431.

Dryden, W. (2009): *Rational Emotive Behaviour Therapy. Distinctive Features.* London; New York: Routledge.

Eagly, A. H., Karau, S. J. & Makhijani, M. G. (1995). Gender and the Effectiveness of Leaders: A Meta-Analysis. *Psychological Bulletin, 117,* 125-145.

Eder, F. (1996). *Schul- und Klassenklima. Ausprägung, Determinanten und Wirkung des Klimas an höheren Schulen.* Innsbruck: Studien-Verlag.

Elias, N. (1987; 2003). *Engagement und Distanzierung.* In: R. Blomert, H. Hammer, J. Heilbron, A. Treibel & N. Wilterdink (Hrsg.), Aufsätze und andere Schriften, Band 8. Frankfurt/Main: Suhrkamp.

Elias. N. (2003). *Die Gesellschaft der Individuen.* Frankfurt/M.: Suhrkamp.

Ellis, A. & Hoellen, B. (2004). *Die rational-emotive Verhaltenstherapie – Reflexionen und Neubestimmungen.* 2. Auflage. Stuttgart: Klett-Cotta (Leben lernen).

Ellis, A. (2003). Discomfort Anxiety: A New Cognitive-Behavioral Construct (Part I). *Journal of Rational-Emotive & Cognitive-Behavior Therapy, 21,* 173-191.

Ellis, A. (2008). *Grundlagen und Methoden der rational-emotiven Verhaltenstherapie.* 2. Auflage Stuttgart: Klett-Cotta (Leben lernen, 26).

Epiktet (2008). *Handbüchlein der Moral.* Aus dem Griechischen übersetzt von Kurt Steinmann. Stuttgart: Reclam.

Evertson, C.M. & Weinstein, C.S. (2006). *Handbook of Classroom Management.* Research, Practice, and Contemporary Issues. NJ: Mahwah: Lawrence Erlbaum Associates.

Faust, G. (2007). Wie viele Ecken braucht die Grundschule – Über die Qualität eines Raumprogramms für die Grundschule. *Grundschule, 39,* 14-16.

Fengler, J. (2010). Feedback als Interventions-Methode. *Gruppendynamik und Organisa-tionsberatung, 41,* 5-20.

Festinger, L. (1954). A Theory of Social Communication Processes. *Human Relations, 7,* 117-140.

Festinger, L. (1957). *A Theory of Cognitive Dissonance.* Stanford: University Press.

Feyerer, E. (2012). Allgemeine Qualitätskriterien inklusiver Pädagogik und Didaktik. Zeitschrift für Inklusion-online.net. (http://www.inklusion-online.net/index.php/inklusion-online/article/view/51/51, 04.06.2014)

Fischler, H. (2010). Lehrerausbildung und Lehrerfortbildung – nach „Bologna" und PISA. In: Kircher, E., Girwidz, R. & Häußler, P. (Hrsg.). Physikdidaktik. Berlin: Springer Verlag, 709-734.

Flade, A. (2003). Umweltpsychologie. In: Schorr, A. (Hrsg.), *Psychologie als Profession. Das Handbuch.* Bern: Verlag Hans Huber, 383-395.

Flade, A. (2011). Einflüsse der physischen Umwelt auf das Sozialverhalten in der Schule – zur Bedeutung des dritten Lehrers. In: Limbourg, M. & Steins, G. (Hrsg.), *Sozialerziehung in der Schule.* Wiesbaden: Verlag für Sozialwissenschaften / Springer, 157-172.

Forsyth, D. R. (2010). *Group Dynamics.* Belmont, CA: Wadsworth, Cengage Learning.

Freedman, J.L. (1975). *Crowding and Behavior.* San Francisco: Freemann.

Gibson, D.E. (2003). Developing the Professional Self-Concept: Role Model Construals in Early, Middle, and Late Career Stages. *Organization Science, 14,* 591-610.

Goldhammer, J. (1996). *Under the Influence: The Destructive Effects of Group Dynamics.* Amherst, NY: Prometheus Books.

Grawe, K. (2000). *Psychologische Therapie*, 2., korrigierte Auflage. Göttingen: Hogrefe.

Green, N. & Green, K. (2010). *Kooperatives Lernen im Klassenraum und im Kollegium. Das Trainingsbuch.* Seelze: Klett Verlag.

Greenwald, A. G. & Banaji, M. R. (1995). Implicit Social Cognition: Attitudes, Self-Esteem, and Stereotypes. *Psychological Review, 102,* 4-27.

Grünke, M. (2004). Die Wirksamkeit von rational-emotiver Erziehung bei Schülern mit Lernbehinderung. *Psychologie in Erziehung und Unterricht, 47,* 296-306.

Haep, A. & Steins, G. (2011). Rational-emotive Erziehung als Sozialerziehung im schulischen Kontext: Effekte und Implementierung. *Zeitschrift für Rational-Emotive & Kognitive Verhaltenstherapie, 22,* 17-37.

Haep, A., Steins, G. & Wilde, J. (2012). *Soziales Lernen Sekundarstufe I.* Donauwörth: Auer.

Haep, A., Weber, P.A., Welling, V., & Steins, G. (2010). Psychopathologisierung von Kindern und Jugendlichen, die Rolle des Elternhauses und der Schule und die Relevanz einer sozialpsychologischen Perspektive. In Witte, E., & Doll, J., 26. Hamburger Symposion zur Methodologie der Sozialpsychologie, Schwerpunktthema *"Sozialpsychologie, Sozialisation und Schule"* (255-279). Lengerich: Pabst Science Publishers.

Hall, E. (1966). *The Hidden Dimension*. New York: Doubleday.

Hamre, B.K. & Pianta, R.C. (2001). Early Teacher-Child Relationships and the Trajectory of Children's School Outcomes through Eighth Grade. *Child Development, 72*, 625-638.

Hamre, B.K. & Pianta, R.C. (2005). Can Instructional and Emotional Support in the First-Grade Classroom Make a Difference for Children at Risk of School Failure? *Child Development, 76*, 949-967.

Hasselhorn, M. & Gold, A. (2009). Pädagogische Psychologie: Erfolgreiches Lernen und Lehren. 2. durchgesehene Auflage. Stuttgart: Kohlhammer Verlag.

Hattie, J. & Timperley, H. (2007). The Power of Feedback. *Review of Educational Research, 77*, 81-112.

Hattie, J. (2009). *Visible Learning. A Synthesis of over 800 Meta-Analyses Relating to Achievement*. New York: Routledge.

Havlinova, M., & Schneidrova, D. (1995). Stress characteristics in schoolchildren related to different educational strategies and school climates. *Central European Journal of Public Health, 3*, 205-209.

Heidemann, R. (2011). *Körpersprache im Unterricht: Ein Ratgeber für Lehrende*. Quelle & Meyer.

Helmke, A (2004). *Unterrichtsqualität: Erfassen-Bewerten-Verbessern*. Seelze: Kallmeyersche Verlagsbuchhandlung GmbH.

Hirnstein, M. & Hausmann, M. (2010). Neuropsychologie. Kognitive Geschlechtsunterschiede. In: Steins, G. (Hrsg.), *Handbuch Psychologie und Geschlechterforschung*. Wiesbaden: VS Verlag für Sozialwissenschaften / Springer, 69-85.

Hofstadter, D.R. (1988). *Metamagicum. Fragen nach der Essenz von Geist und Struktur*. Stuttgart: Klett-Cotta.

Hyman, I., Kay, B., Tabori, A., Weber, M., Mahon, M. & Cohen, I. (2006). Bullying: Theory, Research and Intervention. In C.M. Evertson & C.S. Weinstein (Eds.). *Handbook of Classroom Management. Research, Practice, and Contemporary Issues* (855-884). NJ: Mahwah: Lawrence Erlbaum Associates.

Ingham, A. G., Levinger, G., Graves, J. & Peckham, Vaughn (1974). The Ringelmann Effect: Studies of Group Size and Group Performance. Journal of Experimental Social Psychology, 10, 371-384.

Janis, I. L. (1982). *Groupthink: Psychological Studies of Policy Decisions and Fiascoes*. Boston: Houghton Mifflin.

Jerusalem, M. & Klein-Heßling, J. (2002). Soziale Kompetenz, Entwicklungstrends und Förderung in der Schule. *Zeitschrift für Psychologie, 210,* 164-174.

Jerusalem, M., & Schwarzer, R. (1991). Entwicklung des Selbstkonzepts in verschiedenen Lernumwelten. In: R. Pekrun & H. Fend (Hrsg.), *Schule und Persönlichkeitsentwicklung: ein Resümee der Längsschnittforschung* (115-128). Stuttgart: Enke.

Johnson, R.T. & Johnson, D. W. (2002). Teaching Students to Be Peacemakers: A Meta-Analysis. *Journal of Research in Education, 12,* 25-39.

Jonas, K. & Brömer, P. (2002). Die sozial-kognitive Theorie von Bandura. In Frey, D. & Irle, M. (Hrsg.), *Theorien der Sozialpsychologie.* Band III. Bern: Huber.

Kagan, J. (2012). Psychology's Ghosts. The crisis in the profession and the way back. New Haven: Yale University Press.

Kanning, U. (2002). Soziale Kompetenz. Definition, Strukturen und Prozesse. *Zeitschrift für Psychologe, 210,* 154-163.

Kemnitz, H. (2007). Der dritte Erzieher. Was der Raum für Leben und Lernen in der Schule bedeutet. *Grundschule, 39,* 6-8.

Keßler, B. H. & Hoellen, B. (1982): *Rational-emotive Therapie in der klinischen Praxis. Eine Einführung.* Weinheim [u.a.]: Beltz.

Kleberg, J.R. (1994). Über die Qualität von Lernräumen. *Bildung und Erziehung, 47,* 29-36.

Klünker, H. (1994). Schulbaudiskussion und Schulbauforschung in Deutschland. *Bildung und Erziehung, 47,* 5-17.

Knaus, W. (1974). *Rational-emotive education: A manual for elementary school teachers.* New York: Institute for Rational Living.

Koch, K.-C. (2014). Klassenführung und Gruppendynamik in der Grundschule – Eine empirische Untersuchung zur Popularität und Trivialität von Klassenführung. *Gruppendynamik und Organsationsberatung, 45,* 57-72.

Konferenz der Kultusminister (2000). Aufgaben von Lehrerinnen und Lehrern heute – Fachleute für das Lernen". (http://www.kmk.org/fileadmin/veroeffentlichungen_beschluesse/2000/2000_10_05-Bremer-Erkl-Lehrerbildung.pdf, letzter Zugang: 24.05.2014).

Korzybski, A. (1994). *Science and Sanity. An Introduction to Non-Aristotelian Systems and General Semantics.* Fifth Edition. Fort Worth, Texas, USA: Institute of General Semantics.

Kounin, J.S. (1970). *Discipline and Group Management in Classrooms.* New York: Holt, Rinehart and Winston.

Kounin, J.S. (2006). *Techniken der Klassenführung.* Münster: Waxmann.

Krause, A. (2002). Psychische Belastungen im Unterricht – Ein aufgabenbezogener Untersuchungsansatz, Analyse der Tätigkeit von Lehrerinnen und Lehrern. Universität Flensburg: Flensburg.

Kuck, E., Maas, M., del Monte, M., Parker, B., & Steins, G. (2007). *Pädagogische Arbeit als Beziehungsarbeit - Entwicklungsförderung benachteiligter Grundschulkinder in einem Essener Patenschaftsprojekt.* Berlin: Pabst Science Publishers.

Laireiter, A. & Lager, C. (2006). Soziales Netzwerk, soziale Unterstützung und soziale Kompetenz bei Kindern. *Zeitschrift für Entwicklungspsychologie und Pädagogische Psychologie, 38,* 69-78.

Lamborn, S.D., Mounts, N.S., Steinberg, L. & Dombusch, S.M. (1991). Patterns of competence and adjustment among adolescents from authoritative, authoritarian, indulgent, and neglectful families. *Child Development, 62,* 1049-1065.

Landes, M. & Steiner, E. (2013). Psychologie der Wirtschaft. Wiesbaden: Springer VS Verlag.

Lazarus, R.S. (1966). *Psychological Stress and the Coping Process.* New York: McGraw-Hill.

Lazarus, R.S. & Folkman, S. (1984). *Stress, appraisal and coping.* New York: Springer.

Leary, M.R. (1990). Responses to social exclusion: Social anxiety, jealousy, loneliness, depression and low self-esteem. *Journal of Social and Clinical Psychology, 9,* 221-229.

Levine, A. (2006). *Educating School Teachers. The Education Schools Project.* New Jersey: www.edschools.org.

Lersch, R. (2006). Lehrerbildung im Urteil der Auszubildenden. Eine empirische Studie zu beiden Phasen der Lehrerausbildung. *Zeitschrift für Pädagogik, 51,* 164-171.

Lewin, K., Dembo, T., festinger, L., & Sears, P.S. (1944). Level of aspiration. In J.M. Hunt (Hrsg.), *Personality and the Behavior Disorders.* New York: Ronald.

Lewis, J.T. & Sugai, G. (1999). Effective Behaviour Support: A Systems Approach to Proactive Schoolwide Management. *Focus on Exceptional Children, 31,* 1-24.

Liew, J., Chen, Q. & Hughes, J.N. (2010). Child Effortful Control, Teacher-Student-Relationships, and Achievement in Academically At-Risk Children: Additive and Interactive Effects. *Early Childhood Research Quarterly, 25,* 51-64.

Limbourg, M. & Steins, G. (2011). *Sozialerziehung in der Schule.* Wiesbaden: Verlag für Sozialwissenschaften.

Lott, A. J. & Lott, B. E. (1966). Group Cohesiveness and Individual Learning. *Journal of Educational Psychology, 57,* 61-73.

Maas, M., & Steins, G. (2012). *Zeit für Kinder - Erfahrungen und Wirkungen eines Patenschaftsprojektes.* Berlin: Pabst Science Publishers.

Martin, H. (1994). *Grundlagen der menschengerechten Arbeitsgestaltung: Handbuch für die betriebliche Praxis.* Köln: Bund-Verlag.

McCann, T.V., Lubman, D.I., Cotton, S.M., Murphy, B., Crisp, K., Catania, L., Marck, C., & Gleeson, J.F.M. (2013). A randomized controlled trial of bibliotherapy for carers of young people with first-episode psychosis. *Schizophrenia Bulletin, 39,* 1307-1317.

Mecca, A.M., Smelser, N.J. & Vasconcellos, J. (1989). *The social importance of self-esteem.* Berkeley, CA: University of California Press.

Meichenbaum, D., Turk, D.C.(1994). *Therapiemotivation des Patienten.* Bern: Huber

Meyer, H. (2003). 10 Merkmale guten Unterrichts. *Pädagogik, 10,* 36-42.

Meyer, H. (2004). *Was ist guter Unterricht.* Berlin: Cornelsen Scriptor.

Meyerhöfer, W. (2011). Vom Konstrukt der Rechenschwäche zum Konstrukt der nicht bearbeiteten stofflichen Hürden. *Pädagogische Rundschau, 65,* 401-426.

Meyer-Probst, B. (2004). Zur Verlässlichkeit von Entwicklungsprognosen im Kindes- und Jugendalter. In W. von Suchodoletz (Hrsg.), Welöche Chancen haben Kinder mit Entwicklunsstörungen? (1-32). Göttingen: Hogrefe.

Meyerhöfer, W. & Rienits, C. (2006). Evaluation des Referendariats im Land Brandenburg, Fachseminare Mathematik. In: Schubarth, W. & Pohlenz, P. (Hrsg.), *Qualitätsentwicklung und Evaluation in der Lehrerbildung. Die zweite Phase: Das Referendariat.* Potsdamer Beiträge zur Lehrevaluation 2, Potsdam: Universitätsverlag, 209-231.

Ministerium für Schule und Weiterbildung des Landes Nordrhein-Westfalen: *BASS- Bereinigte Amtliche Sammlung der Schulvorschriften 2008/2009.* Frechen: Ritterbachverlag, 1-2.

Moldovan, R., Cobeanu, O., & David, D. (2013). Cognitive bibliotherapy for mild depressive symptomatology: Randomized clinical trial of efficacy and mechanisms of change. *Clinical Psychology & Psychotherapy, 20,* 482-493.

Moreland, R. L. & Levine, J. M. (2002). Sozialization and Trust in Work Groups. *Group Processes & Intergroup Relations, 5,* 175-201.

Moreno, J. L. (1937). Sociometry in Relation to Other Social Sciences. *Sociometry, 1,* 206-219.

Moreno, J. L. & Jennings, H H. (1938). Statistics of Social Configurations. *Sociometry, 1,* 342-372.

Neumann, H.-D. & Swoboda, W. (2010): Lärm in Kindertageseinrichtungen. Zahlen, Daten, Fakten, Möglichkeiten der Prävention. *Praktische Arbeitsmedizin. Zeitschrift für betrieblichen Gesundheitsschutz und Betriebssicherheit, 17,* 10.

Nilson, L. B. (2003). Improving Student Peer Feedback. *College Teaching, 51,* 34-38.

Nolting, H.-P. (2002). *Störungen in der Schulklasse.* Weinheim: Beltz.

Olweus, D. (1993/2002). Bullying at school. Oxford, England: Blackwell.

Pennebaker, J.W. (1997). Writing about emotional experiences as a therapeutic process. *Psychological Science, 8,* 162-166.

Petermann, F. & Petermann, U. (2012). *Training mit aggressiven Kindern.* Weinheim: Beltz.

Petermann, F. & Petermann, U. (2013). Störungen des Sozialverhaltens. *Kindheit und Entwicklung, 22,* 123-126.

Petermann, F. (2002). Klinische Kinderpsychologie. Das Konzept der sozialen Kompetenz. *Zeitschrift für Psychologie, 210,* 175-175.

Petermann, U. & Petermann, F. (2010). *Training mit sozial unsicheren Kindern.* Weinheim: Beltz.

Pettigrew, T. F. & Tropp, L. R. (2006). A Meta-Analytic Test of Intergroup Contact Theory. *Journal of Personality and Social Psychology, 90,* 751-783.

Pianta, R.C. & Walsh, D. (1996). *High-Risk Children in the Schools: Creating Sustaining Relationships.* New York: Routledge.

Preiser, S. (2011). Sozialkompetenz-, Gewaltfreiheits- und Kreativitätserziehung. Psychologische Beiträge. In: Limbourg, M., & Steins, G. (Hrsg.), *Sozialerziehung in der Schule.* Wiesbaden: Verlag für Sozialwissenschaften / Springer, 131-156.

Rauin, Z., & Meier, U. (2007). Subjektive Einschätzungen des Kompetenzerwerbs in der Lehramtsausbildung. In M. Lüders & J. Wissinger (Hrsg.), *Forschung zu Lehrerbildung* (103-133). Münster: Waxmann.

Ridgeway, C. L. (2001). Gender, Status, and Leadership. *Journal of Social Issues, 57,* 637-655.

Riemann, R. (2006). Implizite Persönlichkeitstheorien. In: Bierhoff, H.-W. & Frey, D. (Hrsg.), *Handbuch der Sozialpsychologie und Kommunikationspsychologie.* Göttingen: Hogrefe, 19-26.

Rittelmeyer, C. (1994). Zu diesem Heft. *Bildung und Erziehung, 47,* 1-3.

Rittelmeyer, C. (2007). Von brutalen und freundlichen Häusern: Wie das Schulgebäude das Lernen beeinflusst. *Grundschule, 39,* 9-12.

Rivlin, L.G. & Weinstein, C.S. (1984). Educational Issues, School Settings, and Environmental Psychology. *Journal of Environmental Psychology, 4,* 347-364.

Roland, E., & Thormod, I. (2001). Aggression and bullying. *Aggressive Behavior, 27,* 446-462.

Rollet, B. (2005). Die Genese des Anstrengungsvermeidungsmotivs im familiären Kontext. In R. Vollmeyer & J. Brunstein (Hrsg.), Motivationspsychologie und ihre Anwendung (92-198). Stuttgart: Kohlhammer.

Roseth, C. J., Johnson, D. W. & Johnson, R. T. (2008). Promoting Early Adolescents' Achievement and Peer Relationships: The Effects of Cooperative, Competitive, and Individualistic Goal Structures. *Psychological Bulletin, 134,* 223-246.

Rutter, M., Maughan, B., Mortimer, B., & Ouston, I. (1979). *Fifteen Thousand Hours.* London: Open Books.

Samdal, O., Nutbeam, D., Wold, B., & Kannas, L. (1998). Achieving health and educational goals through schools – a study of the importance of the school climate and the student's satisfaction with school. *Health Education Research, 13,* 383-397.

Samstag, L.W., Muran, J.C., Wachtel, A., Slade, A., Safran, J.D., & Winston, A. (2008). Evaluating negative process: A comparison of working alliance, interpersonal behavior, and narrative coherency among three psychotherapy outcome conditions. *American Journal of Psychotherapy, 62,* 165-194.

Schaarschmidt, U. (2009). Beanspruchung und Gesundheit im Lehrberuf. In K. Beck & D. Sembill (Hrsg), *Lehrerprofessionalität, Bedingungen, Genese, Wirkungen und ihre Messung* (604-616). Basel: Beltz.

Schachter, S. & Singer, J.E. (1962). Cognitive, Social and Physiological Determinants of Emotional State. *Psychological Review, 69,* 379-399.

Schicke, C. (2007). Oder doch lieber im Hufeisen? Von Experimenten mit Sitzordnungen. *Grundschule, 39,* 17-21.

Schlee, J. (2004). *Kollegiale Beratung und Supervision für pädagogische Berufe, Hilfe zur Selbsthilfe.* Ein Arbeitsbuch. Stuttagrt: Kohlhammer.

Schmidt, M. (2000). Role Theory, Emotions, and Identity in the Department Headship of Secondary Schooling. In: *Teaching and Teacher Education, 16,* 827-842.

Schneewind, K. (2012). *Familienpsychologie.* Stuttgart: Kohlhammer.

Schönwälder, H.-G., Berndt, J., Ströver, F. & Tiesler, G. (2004): *Lärm in Bildungsstätten. Ursachen und Minderung.* Bremerhaven: Wirtschaftsverlag NW.

Schorr, A. (2003). Pädagogische Psychologie. In: Schorr, A. (Hrsg.), *Psychologie als Profession. Das Handbuch.* Bern: Hans Huber, 383-395.

Schubarth, W. & Seidel, A. (2013). Gewalt an Schulen in Deutschland: Diskurse, Befunde und Prävention. In: Marchwacka, M. A. (Hrsg.), *Gesundheitsförderung im Setting Schule.* Wiesbaden: Springer Fachmedien, 259-273.

Schubarth, W., Speck, K., Große, U., Seidel, A. & Gemsa, C. (2006). Die zweite Phase der Lehrerausbildung aus Sicht der Brandenburger Lehramtskandidatinnen und Lehramtskandidaten. Die Potsdamer LAK-Studie 2004/05. In: Schubarth, W. & Pohlenz, P. (Hrsg.), *Qualitätsentwicklung und Evaluation in der Lehrerbildung. Die zweite Phase: Das Referendariat.* Potsdamer Beiträge zur Lehrevaluation 2, Potsdam: Universitätsverlag, 13-176.

Semmer, N. K. & Jacobshagen, N. (2010). Feedback im Arbeitsleben – eine Selbstwert-Perspektive. *Gruppendynamik & Organisationsberatung, 41,* 39-55.

Shaw, M. E. & Shaw, L. M. (1962). Some Effects of Sociometric Grouping upon Learning in a Second Grade Classroom. *Journal of Social Psychology, 57,* 453–458.

Shute, V. J. (2008). Focus on Formative Feedback. *Review of Educational Research, 78,* 153-179.

Sieland, B. (2008). Lehrkräfte als Experten für die eigene Lern- und Emotionsarbeit. In: Schweer, M. K. W. (Hrsg.), *Lehrer-Schüler-Interaktion. Inhaltsfelder, Forschungsperspektiven und methodische Zugänge.* Wiesbaden: Verlag für Sozialwissenschaften / Springer, 101-126.

Siller, R. (2011). Geschichte der sozialen Erziehung in der Schule. In: Limbourg, M. & Steins, G. (Hrsg.), *Sozialerziehung in der Schule.* Wiesbaden: Verlag für Sozialwissenschaften / Springer, 67-90.

Spanhel, D. & Hüber, H.-G. (1995). *Lehrer sein heute – berufliche Belastungen und Wege zu deren Bewältigung.* Bad Heilbronn: Klinkhardt.

Speck, K., Schubarth, W. & Seidel, A. (2007). Theorie-Praxis-Verhältnis in der zweiten Phase der Lehrerbildung. Empirische Befunde und theoretische Implikationen. In: Giest, H. & Zentrum für Lehrerbildung der Universität Potsdam (Hrsg.). Lehrerbildung. Lern- und Lehr-Forschung. LLF-Berichte 22. Potsdam: Universitätsverlag, 5-26.

Stahl, U. (1995). *Professionalität und Zufriedenheit im Beruf.* Weinheim: Deutscher Studienverlag.

Steele, C. M. & Aronson, J. (1995). Stereotype Threat and the Interellectual Test Performance of African Americans. *Journal of Personality and Social Psychology, 69,* 797-811.

Steiner, I. D. (1972). Group Process and Productivity. New York: Academic Press.

Steins, G. (2007). *Sozialpsychologie des Körpers. Wie wir unseren Körper erleben.* Stuttgart: Kohlhammer.

Steins, G. (2008a). *Identitätsentwicklung. Die Entwicklung von Jungen zu Männern, von Mädchen zu Frauen.* 3. überarb. Auflage. Lengerich: Pabst Science Publisher.

Steins, G. (2008b). *Schule trotz Krankheit.* Lengerich: Pabst Science Publisher.

Steins, G. (2011). Bewertungssysteme von Lehrkräften und das Sozialverhalten von Schülern und Schülerinnen. In: Limbourg, M. & Steins, G. (Hrsg.), *Sozialerziehung in der Schule.* Wiesbaden: Verlag für Sozialwissenschaften/ Springer, 499-522.

Steins, G. (2014). *Sozialpsychologie des Schulalltags.* Lengerich: Pabst Science Publishers.

Steins, G. & Haep, A. (2013). *99 Tipps Soziales Lernen.* Berlin: Cornelsen.

Steins, G. & Haep, A. (2014). Soziales Lernen in der Schule. Angewandte Sozialpsychologie auf allen Ebenen der Bildung und Erziehung. *Zeitschrift für Gruppendynamik und Organisationsberatung, 45,* 5-23.

Steins, G., Haep, A., & Bitan, K. (2014). Ausbildung von Lehrerinnen und Lehrern. Schulverwaltung, Februar, S. 36 ff.

Steins, G., Weber, P.A. & Welling, V. (2013). Von der Psychiatrie zurück in die Schule: Reintegration bei Schulvermeidung. Konzepte - Begründungen - Materialien. 2. Auflage 2014: 'Von der Psychiatrie zurück in die Schule: Reintegration bei Schulvermeidung. Konzepte - Begründungen - Materialien. Wiesbaden: Springer /VS.

Steins, G. & Welling, V. (2010). *Sanktionen in der Schule.* Wiesbaden: Verlag für Sozialwissenschaften / Springer.

Still, A. & Dryden, W. (1998). The Intellectual Origins of Rational Psychotherapy. *History of the Human Sciences, 11,* 63-86.

Strietholt, R. & Terhart, E. (2009). Referendare beurteilen. Eine explorative Analyse von Beurteilungsinstrumenten in der Zweiten Phase der Lehrerausbildung. In: Zeitschrift für Pädagogik, 55, 622-645.

Sugai, G., Horner, R. H., Dunlap, G., Hienemann, M., Lewis, T. J., Nelson, C. M., Scott, T., Liaupsin, C., Sailor, W., Turnbull, A. P., Turnbull, H. R., Wickam, D. Wilcox, B. & Ruef, M. (2000). Applying Positive Behaviour Support and Functional Behavioural Assessement in Schools. *Journal of Positive Behaviour Inventions, 2,* 131-143.

Taylor-Greene, S., Brown, D. K., Nelson, L., Longton, J., Gassman, T., Cohen, J., Swartz, J., Horner, R. H., Sugai, G., & Hall, S. (1997). School-Wide Behavioural Support: Starting the Year Off Right. *Journal of Behavioral Education, 7,* 99–112.

Terhart, E. (2007). Strukturprobleme der Lehrerausbildung in Deutschland. In: Ohidy, A., Terhart, E. & Zsolnai, J. (Hrsg.), *Lehrerbild und Lehrerbildung. Praxis und Perspektiven der Lehrerausbildung in Deutschland und Ungarn.* Wiesbaden: VS Verlag für Sozialwissenschaften / Springer, 45-65.

Tesser, A. & Campbell, J. (1982). Self-Evaluation Maintenance and the Perception of Friends and Strangers. *Journal of Personality, 50,* 261-279.

Tesser, A. (2000). On the Confluence of Self-Esteem Maintenance Mechanisms. *Personality and Social Psychology Review, 4,* 290 – 299.

Thiel, F., Richter, S. G. & Ophardt, D. (2012). Steuerung von Übergängen im Unterricht. Eine Experten-Novizen-Studie zum Klassenmanagement. *Zeitschrift für Erziehungswissenschaften, 15,* 727-757.

Thomson, P. & Blackmore, J. (2006). Beyond the Power of One: Redesigning the Work of School Principals. In: *Journal of Educational Change, 7,* 161-177.

Thorndike, E.L. (1920). A Constant Error in Psychological Ratings. *Journal of Applied Psychology, 4,* 25-29.

Todt, E. (2008). Auffälliges Verhalten im Klassenzimmer. In: Schweer, M. K. W. (Hrsg.), *Lehrer-Schüler-Interaktion. Inhaltsfelder, Forschungsperspektiven und methodische Zugänge.* Wiesbaden: VS Verlag für Sozialwissenschaften, S.361-394.

Triplett, N. (1798). The Dynamogenic Factors in Pacemaking and Competition. The American Journal of Psychology, 9, 507-533.

Ulich, K. (1996). Lehrer/innen-Ausbildung im Urteil der Betroffenen. Ergebnisse und Folgerungen. *Die Deutsche Schule, 88,* 81-97.

Wahl, K. (2010). *Aggression und Gewalt. Ein biologischer, psychologischer und sozialwissenschaftlicher Überblick.* Heidelberg: Spektrum Akademischer Verlag.

Walden, R. (2008). *Architekturpsychologie: Schule, Hochschule und Bürogebäude der Zukunft.* Lengerich: Pabst Verlag.

Watson, M., & Ecken, L. (2003). *Learning to trust: Transforming difficult elementary classrooms through developmental discipline.* San Francisco: Jossey-Bass.

Warwas, J., Seifried, J. & Meier, M. (2008). Change Management von Schulen – Erfolgsfaktoren und Handlungsstrategien aus Sicht der Schulleitung an beruflichen Schulen. In: Voss, R. (Hrsg.), *Innovatives Schulmanagement.* Gernsbach: Deutscher Betriebswirte-Verlag, 102-124.

Weber, A. (2003). Frühpension statt Prävention? Zur Problematik der Frühinvalidität im Schuldienst. In *Arbeitsmedizin, Sozialmedizin, Umweltmedizin,* 376-384.

Welling, V. (2008). *Sanktionssysteme und –maßnahmen im Schulalltag – Eine Untersuchungsserie zur Lehrer- und Schülersicht.* Universität Duisburg-Essen. Unveröffentlichte Examensarbeit.

Wilton, T. (2011). Umgang von Lehrenden mit Stress. Unveröffentliche erste Staatsarbeit. Universität Duisburg-Essen.

Wilton, T. & Steins, G. (2012). Umgang von Lehrenden mit Stress: Zur Bedeutung des Konzeptes rationaler Gedanken in der Lehrerausbildung. *Zeitschrift für Rational-Emotive & Kognitive Verhaltenstherapie, 23,* 7-32.

Wittrock, K. (2013). Entwicklung eines Lernangebotes mit dem Ziel der Reflexion des eigenen Verhaltens in sozialen Netzwerken im Rahmen der schulischen Medienbildung anhand einer beispielhaften Unterrichtssequenz in der gymnasialen Oberstufe. Diplomarbeit. Universität Duisburg-Essen.

Zajonc, R. B. (1965). *Social Facilitation.* Science, 149, 269-274.

Ziegler, A., Kuhn, C., & Heller, K. A. (1998). Implizite Theorien von gymnasialen Mathematik- und Physiklehrkräften zu geschlechtsspezifischer Begabung und Motivation. *Psychologische Beiträge, 40,* 271-287.

ANHANG
Verzeichnis der Tabellen

Verzeichnis der Abbildungen

---

[3]   Die Abbildungen 19 und 20 wurden von Steven Schepanski im Rahmen eines Forschungspraktikums in unserer Arbeitsgruppe entwickelt.

ANHANG
Danksagung

Unserer Kooperationsschule, der Gesamtschule Osterfeld in Oberhausen, sei wärmstens gedankt für die langjährige und kooperative Entwicklungsarbeit in der Sozialerziehung. Frau Rektorin Ingrid Wenzler vielen Dank für diese Möglichkeit. Herrn Klaus Wenzel möchten wir an dieser Stelle unsere besondere Verbundenheit ausdrücken, wir freuen uns regelmäßig über seinen qualifizierten, warmherzigen Einsatz. Ohne die langjährige Unterstützung dieser Schule wäre unsere kontinuierliche Entwicklungsarbeit in den Bereichen Classroom Management und Sozialerziehung nicht möglich gewesen.

Auch an Professorin Dr. Isabel van Ackeren einen herzlichen Dank aus unserer Arbeitsgruppe für ihr langjähriges Engagement als Studiendekanin unserer Fakultät. Sie hat die strukturellen Bedingungen dafür geschaffen, dass Classroom Management, die konstruktive Interaktionsgestaltung in der Schule, nun auch ein Forschungs- und ein verpflichtendes Lehrthema unserer bildungswissenschaftlichen Fakultät geworden ist[4], das auch aus sozialpsychologischer Perspektive differenziert betrachtet werden kann. Hoffen wir, dass die Studierenden davon viel in ihr interessantes Berufsleben mitnehmen mögen – Motivation, Kenntnisse, Fertigkeiten.

Frau Susanne Kemmer danken wir für die ebenso sorgfältige wie kreative Gestaltung von Band I. und Band II. unserer Publikation. Über die loyale, wertschätzende und unkomplizierte Zusammenarbeit mit Renate und Wolfgang Pabst im Verlag freuen wir uns immer wieder.

---

[4] Auch die Arbeit in diesem Band entstand innerhalb des Projekts Classroom Management, im Teilprojekts „Identitäts- und Rollenfindung/-orientierung", Bund-Länder-Programm „Bildungsgerechtigkeit im Fokus" für bessere Studienbedingungen und mehr Qualität in der Lehre.

ANHANG
Angaben zu den Autorinnen

Kristin Bitan, 1. und 2. Staatsexamen, Gymnasium und Gesamtschule; seit 2012 wissenschaft-liche Mitarbeiterin in der Arbeitsruppe Allgemeine Psychologie und Sozialpsychologie; Univer-sität Duisburg-Essen, Fakultät für Bildungswissenschaften. Promotion in Psychologie 2014. Forschungsschwerpunkt: Schulentwicklung, Nutzung von Feedback auf verschiedenen Ebenen im Kontext Schule.
E-Mail: kristin.bitan@uni-due.de

Anna Haep, 1. Staatsexamen, Gymnasium und Gesamtschule, Sekundarstufe I und II; seit 2006 wissenschaftliche Mitarbeiterin in der Arbeitgruppe Allgemeine Psychologie und Sozialpsycho-logie; Universität Duisburg-Essen, Fakultät für Bildungswissenschaften. Forschungsschwerpunkt: Schulische Sozialerziehung, Classroom Management.
E-Mail: anna.haep@uni-due.de

Gisela Steins, Diplom, Promotion, Habilitation in Psychologie; seit 2003 Professorin für Allge-meine Psychologie und Sozialpsychologie an der Universität Duisburg-Essen, Fakultät für Bildungswissenschaften; Forschungsschwerpunkt: Relevanz und Veränderung von Beziehungs-qualität in Schule und Erziehung.
E-Mail: gisela. steins@uni-due.de
Homepage: www.uni-due.de/biwigst

ANHANG
Index

324 Seiten, ISBN 978-3-89967-933-5, Preis: 30,- €

Gisela Steins

Sozialpsychologie des Schulalltags

Grundlagen und Anwendungen, Band I

2. substanziell überarbeitete Auflage

Erziehung und Bildung in der Schule gelingen nur bei guter Zusammenarbeit von Lehrenden, Lernenden, Erziehungsberechtigten, Sozialarbeitern, Psychologen usw. Doch oft belasten Fremdheit und Konflikte die Atmosphäre.

Zum Verständnis der Problematik beschreibt Professorin Gisela Steins psychosoziale Mechanismen im schulischen Alltag und bietet praktische Lösungsansätze.

In der vorliegenden zweiten Auflage liefert die Autorin wesentliche neue Details – u.a speziell zur schulischen Sozialerziehung, zur Geschlechterspezifität und Geschlechtergerechtigkeit.

Gisela Steins hat das Buch ambitioniert leserfreundlich getextet. Schulrelevante Theorien werden konsequent anhand alltagspraktischer Beispiele veranschaulicht. Problemlösungsansätze sind empirisch fundiert und allgemeinverständlich nachvollziehbar.

Das Buch richtet sich schwerpunktmäßig an alle Personengruppen, die im schulischen Kontext arbeiten oder sich auf pädagogische Berufe vorbereiten.

PABST SCIENCE PUBLISHERS
Eichengrund 28
D-49525 Lengerich
Tel. + + 49 (0) 5484-308
Fax + + 49 (0) 5484-550
pabst.publishers@t-online.de
www.psychologie-aktuell.com
www.pabst-publishers.de

Gisela Steins

Identitätsentwicklung: Wie Mädchen zu Frauen werden – und Jungen zu Männern

Woher kommen wir, wer sind wir und wohin gehen wir? Diese drei Fragen beantworten zu wollen, heißt, sich mit Identität zu beschäftigen.

Je nach unserem kulturellen und individuellen Hintergrund kommen wir zu sehr unterschiedlichen Antworten.

Diese fallen aber auch sehr unterschiedlich aus, wenn wir die Identität eines Mädchens, einer Frau oder die eines Jungen, eines Mannes beschreiben.

In diesem Buch werden vor dem Hintergrund der Beschäftigung mit Identität unterschiedliche Menschenbilder aufgezeigt, die gänzlich verschiedene Facetten von Jungen und Mädchen sowie Männern und Frauen beleuchten.

Die kritische Reflexion der Menschenbilder kommt nicht zu einer letzten Antwort, sondern verdeutlicht, dass die Beschäftigung mit Identität, auch die geschlechtsspezifische Betrachtung, sich einfachen Antworten entzieht.

164 Seiten
ISBN 978-3-89967-010-3
Preis: 12,- €

PABST SCIENCE PUBLISHERS
Eichengrund 28
D-49525 Lengerich
Tel. + + 49 (0) 5484-308
Fax + + 49 (0) 5484-550
pabst.publishers@t-online.de
www.psychologie-aktuell.com
www.pabst-publishers.de

Gisela Steins (Hrsg.)

Geschlechterstereotype in der Schule – Realität oder Mythos?

Anregungen aus und für die schulische Praxis

**228 Seiten, ISBN 978-3-89967-491-0,
Preis: 20,- €**

PABST SCIENCE PUBLISHERS
Eichengrund 28
D-49525 Lengerich
Tel. + + 49 (0) 5484-308
Fax + + 49 (0) 5484-550
pabst.publishers@t-online.de
www.psychologie-aktuell.com
www.pabst-publishers.de

Die Geschlechter ähneln sich eher in ihren Fähigkeiten, als dass sie sich unterscheiden. Das biologische Geschlecht einer Person hat dennoch auch heute noch soziale Folgen. Unter der Annahme, dass geschlechtsspezifische Unterschiede existieren, deren Notwendigkeit jedoch ein Mythos ist, werden unterschiedliche Aspekte des schulischen Kontextes empirisch untersucht. Im Bereich der Spiele, der Lesepräferenzen, des Selbstkonzeptes, der Lernstrategien, der Freundschaftsentwicklung, der Körperzufriedenheit, des Umgangs mit Regeln finden wir weibliche und männliche Subwelten. Unser Beitrag will das Auge für die Subwelten und vor allem für die Prozesse ihrer Entstehung schärfen. Wenn der Mythos der Geschlechterunterschiede kein notwendiger ist, was hilft dann, die Realität so zu beeinflussen, dass die Asymmetrien zwischen den Geschlechtern aufgehoben werden? Unsere Arbeit stellt einen Beitrag zu der komplexen Frage: Was wünschen wir uns für unsere Töchter und Söhne? Was wünscht sich eine Gesellschaft für ihre Kinder?

Schule ist ein Ort, an dem jeden Tag Sozialisation geschieht: Lehrer und Lehrerinnen sind hier wichtige Modelle. Was können sie dazu beitragen, dass Erziehung geschlechtsneutraler wird? Unsere Ergebnisse sind komplex: Die Realität in der Schule gestaltet sich komplizierter als zunächst gedacht. So können aus unterschiedlichen Perspektiven keine einfachen Lösungen, jedoch zahlreiche Anregungen für die Gestaltung der Praxis gegeben werden.

Mit Beiträgen von:
Jennifer Alfänger, Katharina Benger, Alexandra Bremkens, Sandra Bülow, Dennis Knospe, Kristina Kessel, Julia Smaxwil, Gisela Steins, Lydia Strack

512 Seiten, ISBN 978-3-89967-987-8, Preis: 40,- €

PABST SCIENCE PUBLISHERS
Eichengrund 28
D-49525 Lengerich
Tel. + + 49 (0) 5484-308
Fax + + 49 (0) 5484-550
pabst.publishers@t-online.de
www.psychologie-aktuell.com
www.pabst-publishers.de

Günther Deegener

Risiko- und Schutzfaktoren des Kinder- und Jugendhilfesystems bei Prävention und Intervention im Kinderschutz

Im Praxisalltag der Kinder- und Jugendhilfe und des Kinderschutzes werden die Risikofaktoren/Belastungen sowie Schutzfaktoren/Ressourcen der KlientInnen erfasst. Günther Deegener lenkt diese Blickrichtung auf das Helfersystem um: Er beschreibt dessen Stärken und Chancen sowie Schwächen und Risiken u.a. in Bezug auf die HelferInnen, die Vernetzung und Kooperation, die Organisationen, die Fehlerkultur sowie die gesellschaftlichen/politischen Rahmenbedingungen. Dabei wird ein großer Zeitrahmen aufgespannt, um aus den (Fehl-)Entwicklungen der Vergangenheit zu lernen, die Gegenwart vertieft zu begreifen und die wichtigen Perspektivvornahmen für die Zukunft zu erkennen. Die umfangreiche einschlägige Fachliteratur wird ausführlich und verständlich inclusive ihrer Kontroversen aufbereitet – immer mit Blick auf das breite Spektrum der beteiligten Professionen sowie deren inhaltlich sehr unterschiedlichen Aus-, Fort- und Weiterbildungen.